EL ARTE DEL MASAJE

EL ARTE
DEL
MASAJE

Para aprender y aplicar, paso a paso, todas las técnicas de masaje

- *Masaje sensitivo • Masaje terapéutico*
- *Shiatsu • Los otros masajes*

integral

ESPECIAL MONOGRÁFICO

La presente obra es fruto de un largo proceso de elaboración y preparación.
En ella han colaborado muchas personas, a las que agradecemos su participación.

Proyecto inicial: Begoña Odriozola, Tomás Mata, Jordi Pigem y Jaume Roselló.

Colaboraciones: Jaume Brot, Aurea Sierra (Asociación Shiatsu Barcelona), Nina Hallinger (masaje básico), Aurea Gómez (masaje terapéutico), Georges Feiss (Do-in, automasaje), Jesús Montoya (kinesiología, masaje y psicoterapia), Marcelino Vega (quiromasaje terapéutico), Francesc Aragall (biomecánico, integración postural), Rosalina Sicart (quiromasajista), Mª Antonia Plaxats (masaje sensitivo), Carme Fradera (aromaterapia), Ramón Roselló (anatomía, masaje sensitivo, quiropráctica), Dr. Frederic Vinyes (drenaje linfático manual DLM; reflexoterapia), Francisco Naval (relaxología), Marie Carrasquedo (osteopatía craneal, m. y estética natural), Mª José Portal (masaje a los ancianos), Gaston Saint-Pierre y Bárbara D'Arcy (técnica metamórfica), Jaume Iserte (shiatsu), María Fuentes (Do-in), Samy Frenk (rolfing), Juan Porteros (rolfing), Begoña Odriozola (masaje y energía, traducciones), Alfredo Embid (documentación), Juana Lillo (shiatsu), Jaume Roselló (bibliografía y direcciones), Dr. Ignacio Preciado (masaje y nuevas terapias), Dr. Pedro Ródenas (masaje terapéutico, ducha escocesa), Brigitte Hansmann (Educación del Movimiento DFA), Dr. Aittor Loroño (Reeducación Postura Global RPG), Dr. Michel Marmier (quiropráctica), Katsumi Mamine (Escuela Seitai)

Redacción y coordinación: Estanis Peinado

Fotografías: Jordi García, con la colaboración de: Silvia y Pedro Jiménez (masaje sensitivo), Aurea y Gabriel (masaje terapéutico); Juana Lillo y Estanis Peinado (shiatsu); Frederic Vinyes (reflexioterapia y drenaje linfático); Tomás Mata (coordinación de imágenes)
Fotocomposición: Integral Ediciones (Oasis, PGC, S.L.)
Portada: Fotografía de Jordi García, sobre un diseño de Montse Vilarnau
Compaginación y diseño: Franc Vall Soler
Coordinación producción: Jaume Roselló y Oriol Molas

© 1990, 1992, 1993, 1994, 1995 y 1997 OASIS Prod. Grales. de Comunicación, S.L.
© 2000, RBA Libros, S.A.
   Pérez Galdós, 36 - 08012 Barcelona
   www.rbalibros.com / rba-libros@rba.es
Treceava edición: febrero de 2004
Ref.: SM-20 / ISBN: 84-7901-084-3
Depósito legal: B. 4589 - 2004
Impreso y encuadernado por Gayban Grafic

Índice

Presentación

Finalmente, y trás una muy larga gestación, podemos ofreceros una obra largamente esperada por todos. Recabamos documentación y material a muchos profesionales y conocedores de todo lo relacionado con el quiromasaje, y al cabo de una laboriosa tarea de clasificación de la abundante información recibida, el resultado es este monográfico, que incluye lo esencial de cada tipo de masaje. Hemos querido hacer un libro bien documentado, pero sobre todo muy práctico, pensado tanto para los que quieran aprender lo más importante del masaje para practicarlo con su pareja o amistades, como para quien desee conocer un poco más acerca de sus asombrosas posibilidades terapéuticas. En el futuro probablemente se completará con otra obra sobre técnicas más complejas y especializadas, tanto desde una perspectiva médica como holística. Recordemos que existen unos 60.000 quiromasajistas en nuestro país, la mayoría con un notable nivel, si bien los benéficos efectos equilibradores y vitalizantes del masaje son practicados y conocidos por muchos miles de personas más.

«Las manos. El secreto está en ellas. Qué expresivas sobre la mente ajena, sobre el cuello, los hombros, el brazo, la cintura... Pero hemos rebajado la caricia al masaje. Acaso porque, pagando nos da menos vergüenza que alguien nos aborde y roce nuestros límites. Olvidamos que nacemos envueltos en la piel, expuestos dentro de ella; que padecemos hambre y sed de piel... En el Tercer Mundo (qué risible ufanía la que distribuye el ordinal) aún se toca la gente sin precisar la excusa del amor: van los hombres del brazo, cogidos de las manos, enlazados los dedos, por la calle. No temen la ternura. Se encuentran con júbilo, se besan, se oprimen uno a otro, se separan, se miran y vuelven a oprimirse.»

(Antonio Gala, «Dedicado a Tobías. La caricia»).

Durante los últimos veinte años, Occidente ha redescubierto una técnica conocida desde hace más de tres mil años en Egipto, en la India, en China, en el Tíbet y en Japón, en donde constituye el fundamento de la medicina tradicional. El masaje es tan antiguo como el mundo; es la experiencia del tacto, algo primordial y, no obstante, descuidado hasta hace bien poco por nuestra civilización. Es el primer contacto del niño, el gesto que reconforta, la mano que acaricia o fricciona instintivamente el sitio dolorido, el contacto más amorosamente íntimo. Se sabe que los griegos lo practicaban ya 500 años a. de C., con la intención de alargarle la vida a sus pacientes de edad avanzada, y que era uno de los tratamientos favoritos tanto del propio Hipócrates como de curanderos y chamanes. En la antigua Roma el masaje era terapéutico y lúdico a la vez; hasta el mismísimo Julio César hacía que cada día le dieran un masaje con aceite de oliva. Sin embargo, en Occidente las técnicas de masaje conocieron épocas de olvido, hasta que a finales del siglo pasado se desarrollaron en Suecia las grandes escuelas de masaje,

cuya enseñanza es célebre en todo el mundo. Lo que se ha dado en llamar *«masaje sueco»*, muchos de cuyos movimientos básicos se reflejan en esta obra, consiste en un conjunto de técnicas inspiradas en los masajes tradicionales de China, Grecia o Egipto, con un acento especialmente rehabilitador, terapéutico e higiénico. Pero el puritanismo de la época victoriana marcó durante décadas el olvido de los aspectos más gozosos y sensuales del masaje, al limitar el tacto y el contacto físico al ámbito de la pareja. Ha sido en los últimos veinte años cuando hemos asistido a un verdadero renacimiento del aprecio por el propio cuerpo. Se ha desterrado cualquier sentimiento de culpa relacionado con el mismo, con lo que se reafirman las agradables y placenteras sensaciones de un masaje, que se convierte así en un excelente medio de comunicación e intercambio. A través del tacto podemos conocernos mejor y también conocer mejor a quien nos dé o reciba el masaje; con ello se establece una relación de intercambio expresivo sensible y desinteresado.

«Toco tu boca, con un dedo toco el borde de tu boca, voy dibujándola como si saliera de mi mano, como si por primera vez tu boca se entreabriera, y me basta cerrar los ojos para deshacerlo todo y comenzar, hago nacer cada vez la boca que deseo, la boca que mi mano elige y te dibuja en la cara, una boca elegida entre todas, con soberana libertad elegida por mí para dibujarla con mi mano en tu cara, y que por un azar que no busco comprender coincide exactamente con tu boca que sonríe por debajo de la que mi mano te dibuja...Entonces mis manos buscan hundirse en tu pelo, acariciar lentamente la profundidad de tu pelo...»

(Julio Cortázar, «Rayuela»).

Sin embargo, a menudo nos sentimos torpes ante este tipo de comunicación. Por eso proponemos un conjunto de técnicas que constituye el mejor soporte de la propia confianza, pues un buen masaje no consiste únicamente en realizar una serie de movimientos, sino que va más allá, se vive desde el interior en tanto que constituye una forma de comunicación profunda con el otro. Demasiado a menudo el masaje es considerado sólo desde el punto de vista médico, reservándolo a los profesionales de bata blanca. Pero salvo en casos muy contados —que, por supuesto, confirman la regla, como es el caso del rolfing, o del masaje rehabilitador—, las páginas que tenéis entre las manos confirman que es posible aprender unas técnicas simples, que todo el mundo puede aplicar sin riesgo y con placer. Por otra parte, algunos ejercicios y consejos sirven para adiestrarnos en la práctica del masaje con una mejor disposición interior. Y finalmente también será útil a los profesionales quiromasajistas, algunos de los cuales descubrirán, por ejemplo en el shiatsu, o en el masaje sensitivo, otra manera de considerar el cuerpo y de enfocar la relación terapéutica.

Hemos pensado pues en todo ello para transmitir la mayor confianza posible en la propia capacidad para dar un masaje, siempre favorecedor a otro. Podéis disminuir sus tensiones, aliviar alguna zona dolorida, intercambiar energías y en general, comunicar más allá de las palabras.

En nuestro cuerpo existen canales por donde circula energía, y músculos endurecidos y acortados que a menudo hacen de canal de contención, aprisionándola, incluso secuestrándola. La *energía vital* nos permite la actividad, pero su bloqueo involucra a la zona afectada y puede manifestarse del modo más imprevisible: insomnio, dolor de cabeza, de espalda, de cuello, agujetas, manos o pies fríos... Aunque cada técnica de masaje tiene su estilo particular, todas coinciden en trabajar la totalidad del cuerpo/persona. Conectan partes aletargadas, movilizan energía y contribuyen a algún tipo de corrección; todo esto suele también reactivar la tensión psíquica concentrada en esas zonas afectadas.

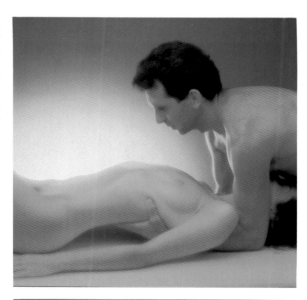

> *«Todas las manifestaciones dinámicas del organismo humano —sus continuos movimientos y los diversos procesos de flujo y fluctuación— afectan al sistema muscular. Por eso las investigaciones sobre el sistema muscular son muy importantes para conocer y favorecer el equilibrio fisiológico y psicológico. Desde esta perspectiva existen estudios detallados del organismo físico que demuestran que las distinciones convencionales entre nervios, músculos, piel y huesos muchas veces son del todo artificiales y no reflejan la realidad física. Todo el sistema muscular del organismo está recubierto de tejidos conjuntivos que integran los músculos en un conjunto funcional y no pueden separarse ni física ni conceptualmente del tejido muscular, las fibras nerviosas o la piel. Existen segmentos de este tejido conjuntivo asociados a diferentes órganos, y una gran variedad de trastornos fisiológicos pueden detectarse y curarse mediante técnicas especiales de masaje del tejido conjuntivo.*

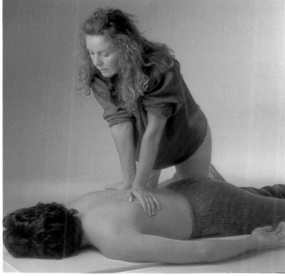

> *Dado que el sistema muscular es un todo integrado, un trastorno en cualquier parte del mismo se propagará a través de todo el sistema, y puesto que todas las funciones corporales están sostenidas por músculos, cualquier debilitamiento del equilibrio del organismo se reflejará de manera específica en el sistema muscular.»*

(Fritjof Capra, «El punto crucial»).

Finalmente, quisiéramos insistir en el masaje como *celebración*. Sea el *shiatsu*, esa especie de digitopuntura de origen oriental que presiona sobre determinados puntos de energía; o bien el masaje sensitivo, ampliamente desarrollado en California, o cualquier otro masaje: superficial, circulatorio, correctivo o *profundo*, que dará elasticidad al tejido conjuntivo, desintegrará nódulos dolorosos y diluirá corazas musculares. Sea cual fuere, todo masaje es un ritual de celebración, un acto en el que la experiencia de quien lo da importa tanto como la del que lo recibe. Es *siempre* una comunicación no-verbal, emocional y energética. Entre dos y entre uno.

¡Ojalá este libro llegue a arrugarse de tanto practicarlo!

Introducción

Preparativos

Independientemente del tipo de masaje que decidas aprender, hay una serie de requisitos previos que son de gran importancia si queremos conseguir que un masaje sea eficaz.

Desde la sala de masaje a unas nociones básicas de anatomía, pasando por la ropa, un ambiente cálido, o los aceites, antes de empezar a dar masaje es preciso conocer las condiciones básicas que os ayudarán, tanto a ti como a tu compañero, a sentirse cómodos, relajados y seguros durante la manipulación.

LA SALA DE MASAJE

Crear un entorno confortable hará que el tratamiento resulte más eficaz.

Es imprescindible que la sala del masajista dé una impresión de suficiente amplitud, claridad, orden e higiene.

Deberemos procurar que la habitación sea tranquila y bien caldeada (24 ó 25 °C), con una iluminación suave y sedante, y de colorido agradable y alegre, que invite a la relajación (colores suaves y claros). Además, debe evitarse toda corriente de aire para impedir cualquier enfriamiento.

Se puede masajear al aire libre si el clima lo permite, pero en ese caso debe prestarse atención a los insectos y pequeños animales de toda clase.

LA SUPERFICIE DE TRABAJO

El shiatsu siempre se da en el suelo. Sin embargo, las otras técnicas de masaje expuestas en el libro pueden aplicarse tanto en el suelo como en una mesa de masaje.

Si vamos a trabajar en el suelo, la mejor solución será instalar al compañero sobre un colchón de poco espesor o una manta plegada que cubriremos con una sábana o toalla grande, sobre todo si vamos a emplear aceite durante el masaje. Y si tienes las rodillas frágiles, utiliza un cojín pequeño, o dispón la superficie acolchada de manera que se extienda más allá del cuerpo de tu compañero, para así poder apoyar tus rodillas en ella.

No obstante, si tu intención es dar masajes a menudo, merece la pena que dispongas de una mesa especial de masaje, pues trabajar sobre ella es más cómodo. Deberá ser una camilla almohadillada, con unas dimensiones de 70×190 cm. Mejor si tiene debajo y en su misma estructura una plataforma para disponer varios cojines y almohadas, que nos ayudarán a que el compañero pueda adoptar posiciones cómodas, así como toallas y sábanas.

La altura de la camilla debe facilitar al masajista realizar los movimientos con comodidad, manteniéndole en una postura sana que no dañe ni sus dorsales ni sus lumbares (unos 90 cm).

Una camilla doblemente articulada presenta también ventajas a la hora de trabajar, pues la persona puede estar echada boca arriba mientras se trabaja sobre su cue-

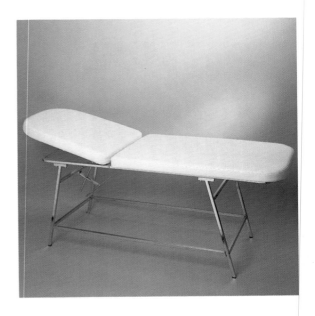

llo y extremidades superiores, y sus piernas descargarse espontáneamente al tener la última articulación de la camilla ligeramente elevada.

No es conveniente masajear sobre una cama. Por una parte, tu espalda, que al trabajar inclinado se fatigará con mayor rapidez; por la otra, es necesario que quien recibe el masaje esté colocado sobre una superficie firme: por antagonismo, uno se relaja más rápidamente sobre una superficie dura que sobre una blanda.

LA IMPORTANCIA DEL SILENCIO

La importancia de los sonidos sobre la mente es indudable. A algunas personas les gusta escuchar de fondo algún tipo de música relajante, pero a otras les puede molestar.

Debe guardarse silencio, salvo para avisar de lo doloroso o desagradable que puede resultar determinado ejercicio. El masaje, como momento de recogimiento y concentración, es incompatible con una conversación, incluso con pensamientos distraídos. Saber mantener el silencio será uno de los aspectos importantes que facilitarán la obtención de los resultados deseados.

En definitiva, lo mejor es una habitación silenciosa, con una prudente música ambiental si se prefiere.

DESNUDEZ

Pese a que evidentemente lo mejor para quien recibe el masaje es estar desnudo, pues permite una mejor fluidez de movimientos sobre todo el cuerpo, si ello impide que la persona se distienda, no insistas y permítele que se quede en traje de baño.

No obstante, el shiatsu se recibe normalmente vestido, fundamentalmente por razones de pudor, puesto que en el tratamiento hay que adoptar posturas muy expuestas.

LOS ACEITES ESENCIALES

Actualmente podemos encontrar centenares de aceites esenciales. Hemos seleccionado un grupo de ellos (por ser fáciles de obtener y por su valor), acompañándolos de datos relativos a sus propiedades y a los trastornos que pueden tratar. Darán los mismos resultados que las esencias más difíciles de obtener.

LOS ACEITES	PROPIEDADES	TRATAMIENTO
Albahaca	Estimulante, refrescante	Depresión, desmayos, fatiga mental, migraña, náuseas, tensión nerviosa
Canela	Estimulante, afrodisíaco, antídoto	Debilidad general, enfermedades contagiosas, infecciones, impotencia
Cedro	Sedante, expectorante, afrodisíaco	Congestión pulmonar, eccemas, estimula la respuesta sexual
Ciprés	Relajante, refrescante, reconstituyente	Tos, reumatismo, heridas, varices
Enebro	Refrescante, estimulante digestivo, relajante, diurético	Digestión lenta, retención de líquido, reumatismo, llagas
Eucalipto	Tranquilizante, estimulante, repelente de insectos	Trastornos senos paranasales, laringitis, asma, reumatismo, tos, heridas.
Geranio	Refrescante, tónico, analgésico, astringente	Mala circulación, neuralgias, heridas, quemaduras. Tonifica la piel
Laurel	Antiséptico, tónico, descongestivo	Trastornos pulmonares, resfriados
Lavanda	Refrescante, relajante, terapéutica general	Trastornos nerviosos, heridas, quemaduras, excelente para la ducha
Limón	Refrescante, estimulante, tónico, antiséptico, preventivo del escorbuto, retrasa la vejez	Reumatismo, gota, alteraciones gástricas, cuidado de la piel
Manzanilla	Tónico, calmante, analgésico, estimulante, digestivo	Problemas de la piel y digestivos, tensión nerviosa, neuralgia, reumatismo, insomnio
Menta	Estimulante del sistema nervioso, digestivo, analgésico, refrescante	Fatiga, indigestión, flatulencias, migraña, asma, bronquitis
Mirra	Antiséptico, astringente, tónico, agente curativo	Infecciones, heridas, tos, úlceras de la boca y de la piel
Pino	Antiséptico, diurético	Retención de líquido, infecciones, fatiga, desinfectante
Romero	Estimulante, tónico, antiséptico pulmonar, descongestivo, repelente de insectos	Fatiga, resfriados, reumatismo, gota, llagas y quemaduras
Rosa	Agente antibacteriano, sedante, antidepresivo, tónico cardíaco	Depresión, náuseas, dolor de cabeza, insomnio, cuidado de la piel
Salvia	Tónico, antiséptico, diurético, descongestionante circulatorio	Fatiga, nerviosismo, asma, bronquitis, presión baja
Sándalo	Antiséptico, tónico, afrodisíaco	Fatiga, bronquitis, infección vías urinarias
Tomillo	Estimulante general, antiséptico	Fatiga, problemas digestivos, enfermedades infecciosas, asma, parásitos intestinales
Ylang-Ylang	Regulador de la presión sanguínea, sedante, antiséptico, afrodisíaco	Presión alta, infecciones intestinales, impotencia

Las esencias aromáticas son productos concentrados olorosos, oleosos y volátiles que se extraen de las plantas por destilación y otros procedimientos.

Son productos que presentan aplicaciones terapéuticas precisas, gracias a su gran poder de penetración. Y el masaje, al facilitar la penetración del aceite, es una de las prácticas más empleadas en aromaterapia.

El masaje distiende los músculos y tejidos bloqueados concentrándose en puntos centrales del sistema de energía. A medida que la piel responde al masaje, sus terminaciones nerviosas se comunican con los órganos internos, las glándulas, los nervios y el aparato circulatorio. Dependiendo tanto de la necesidad de la persona a quien se le da el masaje, como del tipo de aceite empleado, el efecto puede ser estimulante o calmante.

Cuando el cuerpo recibe el masaje con estos potentes aceites, cada uno de los cuales es seleccionado por sus únicas y saludables cualidades, tanto los efectos fisiológicos como los psicológicos son asombrosos.

Si queremos elaborar nuestro propio aceite de masaje, debemos tener en cuenta que la proporción de aceite esencial que debe mezclarse con el aceite vegetal es del 2%.

No obstante, ciertos problemas responden mejor a un aceite esencial muy diluido, mientras que otros lo hacen a uno más concentrado; las concentraciones bajas dan mejor resultado si el problema es emocional, mientras que las altas lo dan con problemas físicos.

A continuación os ofrecemos algunas recetas para masaje. Las cifras indican las gotas de esencia que hay que mezclar por 50 ml de aceite vegetal.

Dolores musculares:

Enebro	*10*
Lavanda	*7*
Romero	*8*

Dolores menstruales:

Amaro	*15*

Herpes:

Lavanda	*17*
Rosa	*8*

Desarrollo del pecho:

Geranio	*9*
Ylang-Ylang	*16*

Adelgazar el muslo:

Enebro	*12*
Ciprés	*13*

Afrodisíaco:

Jazmín	*5*
Rosa	*5*
Sándalo	*10*
Bergamota	*5*

Tónico de masaje:

Palo de rosa	*17*
Bergamota	*6*
Geranio	*2*

Estrías de embarazo:

Lavanda	*20*
Azahar	*5*
Romero	*8*

Mezclar con aceite de trigo.

Artritis y reumatismo:

Eucalipto	*6*
Enebro	*8*
Mejorana	*6*
Romero	*8*

Estreñimiento durante el embarazo:

Mejorana	*20*
Rosa	*5*

Para el parto:

Amaro	*14*
Rosa	*5*
Ylang-Ylang	*6*

Aguas estimulantes de la piel:
(mezclar con 50 ml de agua destilada)

Bergamota	*4*
Jazmín	*10*

o también:

Geranio	*10*
Rosa	*7*

Para la resistencia:

Lavanda	*20*
Bergamota	*5*

Antiestrías:

Incienso	*10*
Lavanda	*15*
Citronela	*5*

Bronquitis:

Eucalipto	*15*
Hisopo	*10*
Sándalo	*5*

Calambres:

Albahaca	*15*
Lavanda	*7*
Romero	*8*
y	
Albahaca	*12*
Citronela	*8*
Mejorana	*8*

Hipertensión arterial:

Lavanda	*15*
Ylang-Ylang	*15*

Dermatitis:

Geranio	*12*
Enebro	*6*
Lavanda	*6*
Benjuí	*6*

Repelente insectos:

Eucalipto	*12*
Menta	*6*
Cedro	*6*

Menstruaciones irregulares:

Manzanilla	*10*
Toronjil	*10*
Rosa	*10*

Cefalea:

Lavanda	*5*
Mejorana	*5*
Toronjil	*10*
Salvia	*10*

Tono muscular:

Pimienta negra	*12*
Lavanda	*8*
Citronela	*8*

Tensión nerviosa:

Bergamota	*4*
Mejorana	*4*
Azahar	*4*
Sándalo	*4*

Mala circulación:

Benjuí	*8*
Pimienta negra	*12*
Enebro	*12*

Celulitis:

Hinojo	*12*
Enebro	*4*
Romero	*8*
Salvia	*8*

MASAJE Y FLUIDEZ

La mano desnuda se desliza mal por la piel, pues se calienta rápidamente con la fricción, produce tirones y, como consecuencia, una sensación desagradable.

Por tanto, para contribuir a la fluidez del masaje conviene que utilices aceite, o una crema o pomada, incluso talco. Pero, sobre todo si no se trata de masaje terapéutico, no debes emplear nunca cremas nutritivas o linimentos, ni productos que contengan medicinas.

El más utilizado y el más antiguo de todos los medios deslizantes es el aceite. Puedes calentarlo a la temperatura del cuerpo para no sorprender desagradablemente al compañero con un contacto frío. En los comercios existen diferentes aceites especiales para masajes, pero tú mismo puedes fabricártelo según tus gustos y los efectos que quieras obtener (ver recuadros). Es preferible escoger un aceite bastante fluido, que se deslice bien, y que sea vegetal y natural antes que sintético y animal.

En el caso concreto del masaje terapéutico, la utilización de medios deslizantes ha sido más bien moderada, puesto que pese a facilitar enormemente manipulaciones como vaciajes, drenajes, fricciones y demás acariciamientos, impide profundizar meticulosamente a la hora de hacer presiones, amasamientos, etc. No obstante, actualmente ya se emplean estos medios con mayor frecuencia, incluso hay escuelas que los usan desde los primeros pasos del aprendizaje, pese a que no esté demasiado claro que sea la mejor forma de desarrollar la destreza y el poder de las manos.

Anatomía

Para dar un buen masaje es necesario poseer un buen sentido de la orientación, a la vez que un buen propósito. Cuando el masajista reúne ambas disposiciones, la persona que recibe el masaje las percibirá, de tal manera que la experiencia se convertirá en un muy positivo intercambio de energía y, en su caso, en una terapéutica agradable y beneficiosa.

Y para ello son necesarias algunas nociones de anatomía, que, aunque puedan parecer complicadas, en el fondo no lo son. Tan sólo se trata de tener una mínima capacidad de observación y pasar poco más de una hora mirando dibujos, esquemas, fotografías o pósters de los músculos del cuerpo humano.

Aprenderse los nombres de los músculos ayuda a comunicarse con la otra persona, pero sólo si también ella está familiarizada con ellos. Por este motivo nos hemos limitado a poner sólo el nombre de aquellos que son más importantes.

Lo que sí es indispensable es tener una imagen mental de las estructuras que se esconden bajo la piel, siendo capaces de identificar la manera como discurren, por ejemplo, las fibras musculares. Pero esto es, básicamente, todo lo que hay que conocer.

El masaje es un buen modo de familiarizarse con las tensiones cotidianas, la gran mayoría de ellas ignoradas por nosotros, de las que somos plenamente conscientes. Con la comprensión de las estructuras del cuerpo es más fácil entender la naturaleza del dolor. Es cierto que se necesita tiempo para ello, pero para «trabajar» el cuerpo debe conocerse cómo está formado. Poco a poco nos iremos dando cuenta de la relación entre ciertos dolores y los músculos.

En este capítulo vamos a ofreceros una visión general de la anatomía y fisiología del cuerpo humano con el fin de que os familiaricéis un poco con ellas antes de pasar al estudio del masaje.

EL ESQUELETO

Compuesto por más de doscientos huesos, no sólo tiene una función de sostén, pues soporta el peso del cuerpo, sino que también protege algunos de los órganos más delicados del organismo (los que conforman el sistema nervioso central, el corazón, los pulmones), y además hace posible el movimiento, puesto que los huesos hacen de palanca en las articulaciones en los puntos de conexión entre ellos mismos.

Como principal reserva de minerales del organismo, el esqueleto puede intervenir en el mantenimiento de la adecuada concentración de calcio en el plasma, esencial para la actividad nerviosa y muscular, así como para la coagulación de la sangre. Finalmente, en la médula ósea se halla el tejido hematopoyético, que es el encargado de la renovación continua de las envejecidas poblaciones celulares de la sangre.

Anatomía de un hueso

Todos los huesos son húmedos y activos y necesitan ser alimentados, como cualquier otro órgano. Están compuestos por una parte exterior dura que recubre una parte inferior porosa —la médula del hueso—, la cual recibe de la sangre todo el alimento que necesita el hueso, produce glóbulos rojos y sirve como reserva mineral del organismo.

Las estrías que se ven en la superficie de algunos huesos sirven para adherir los músculos al hueso.

Las articulaciones

Las distintas piezas del esqueleto se unen entre sí de diferentes modos para constituir las articulaciones, que no son más que el conjunto de partes blandas y duras que constituyen la unión entre dos o más huesos próximos.

Su estructura y función varía enormemente. Unas son móviles, como las de las extremidades; otras, como las que unen los huesos del cráneo, inmóviles.

Los extremos de los huesos donde hay articulaciones móviles están cubiertos de cartílago y unidos por una cápsula fibrosa, reforzada por un tejido blanco llamado membrana sinovial, que segrega el lubricante de las articulaciones (líquido sinovial). Con el masaje se estimula la producción de este líquido.

LOS MÚSCULOS

Los músculos nos permiten movernos y dan forma a nuestro cuerpo, además de ayudarnos en las funciones respiratoria, digestiva y en la circulación de la sangre. Además realizan un sinfín de funciones corporales. Hay dos tipos principales: los músculos del esqueleto, que se mueven voluntariamente, y los llamados músculos involuntarios, como los del corazón, que se mueven automáticamente.

Cada extremo de los músculos del esqueleto está unido al hueso en un lado de la articulación. La mayoría de los músculos trabajan a pares, uno hace mover la articulación en un sentido y el otro en el sentido contrario.

Los músculos presentan una relación más o menos íntima con las siguientes estructuras:
• Con los huesos (o cartílagos), a los cuales se unen.
• Con las articulaciones, a las que cubren, cruzan, envuelven o penetran.
• Con la aponeurosis, que los envuelve en toda su extensión o sólo en una parte de su superficie.
• Con los vasos sanguíneos, los cuales se adosan a ellos y, a veces, los atraviesan; por ejemplo, el aductor mayor del muslo es perforado por vasos femorales.
• Con los nervios, que como los vasos se adosan íntimamente a los músculos y, a veces, los atraviesan; por ejemplo, el esternocleidomastoideo, perforado por el nervio espinal, o el músculo coracobraquial, atravesado por el nervio musculocutáneo. Cada músculo puede recibir uno o varios nervios.
• Con los músculos vecinos, que se aplican a sus caras o bordes. Entre dos músculos siempre se extiende una aponeurosis o, por lo menos, una capa celular que los aísla

EL ESQUELETO

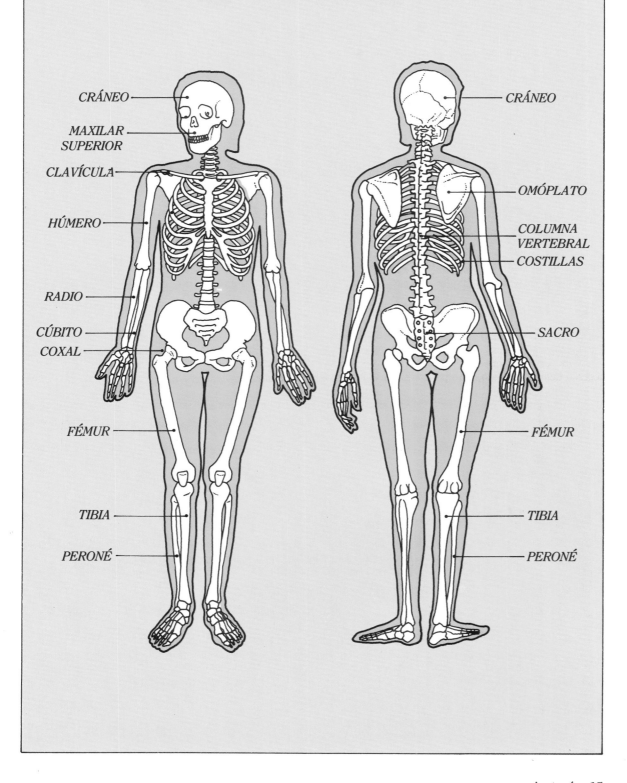

CRÁNEO

MAXILAR SUPERIOR

CLAVÍCULA

HÚMERO

RADIO

CÚBITO

COXAL

FÉMUR

TIBIA

PERONÉ

CRÁNEO

OMÓPLATO

COLUMNA VERTEBRAL

COSTILLAS

SACRO

FÉMUR

TIBIA

PERONÉ

uno de otro y asegura su independencia, tanto desde el punto de vista anatómico como fisiológico.

Estructura y función de los músculos

Los músculos están constituidos por capas de fibras superpuestas donde llega la sangre, la linfa y los nervios. Los tendones que están en los extremos de los músculos los unen a los huesos. La parte más abultada es el centro.

La serie de fibras del centro del músculo están compuestas de pequeños haces de fibrillas o filamentos capaces de contraerse.

En el momento en que a un músculo le llega del cerebro la orden de contraerse, sus fibras se deslizan unas sobre otras, con lo que se acorta y se hincha. Con ello, los huesos a los que está unido se aproximan, produciéndose así el movimiento.

Los músculos que acercan los huesos por la articulación se llaman flexores, mientras que los que los alejan son los extensores.

El espasmo muscular

La lesión muscular siempre viene acompañada de cierto grado de «espasmo», que consiste en una contracción muscular continua o estática (*contracción tetánica*) en la que unas cuantas (o todas) las fibras de un músculo se contraen al máximo.

Esta contracción tetánica puede originarse de dos maneras, una de las cuales es la respuesta refleja a una lesión: el dolor causa espasmo, que a su vez origina más

TIPOS DE ARTICULACIONES

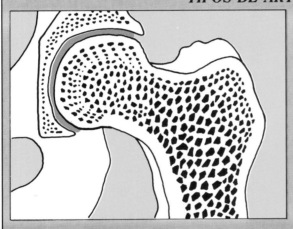

Enartrosis. *En ellas, una superficie esférica se corresponde con otra cóncava, de modo que permite el máximo recorrido y potencia muscular posibles. Por ejemplo, la articulación de la cadera.*

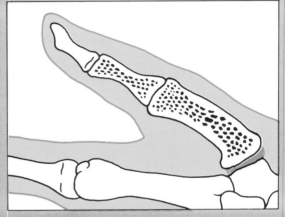

Silla de montar. *Este tipo de articulación también permite movimientos en todas las direcciones, pero no son tan fuertes como las enartrosis. Por ejemplo, la articulación del pulgar.*

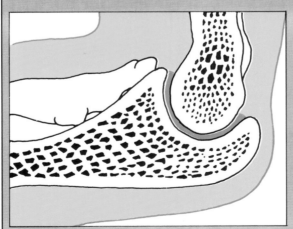

Trocleartrosis. *Estas articulaciones sólo permiten movimientos de flexión y extensión. Por ejemplo, la articulación del codo o la articulación de la rodilla.*

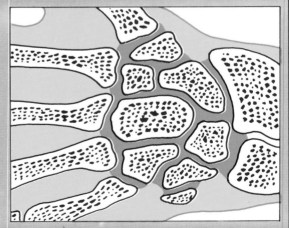

Artrodias. *Estas articulaciones sólo permiten movimientos de deslizamiento muy restringidos. Por ejemplo, las articulaciones entre los huesos del carpo.*

dolor, el cual, de nuevo, generará otra vez un espasmo.

La contracción tetánica también puede originarse por tensión emocional mantenida durante un largo período de tiempo. Esta tensión produce primero una contracción suave; por ejemplo, cuando conducimos en un tráfico denso. Pero si este estado de estrés emocional se prolonga, se originará la máxima contracción muscular, es decir, la contracción tetánica, que es una de las causas más frecuentes de desequilibrio físico, malas posturas, distorsiones, dolores de cabeza o de espalda crónicos...

EL espasmo muscular se percibe como una masa de tejido duro y consistente, tanto que a veces cuesta diferenciarlo de un hueso, variando considerablemente de tamaño (puede ser del tamaño de un guisante o de una pelota de golf, y en músculos como los de la espalda, adoptar una forma de cilindro alargado).

Es frecuente encontrar cierto grado de espasmo en la zona media del trapecio, fácil de hallar si se sigue la dirección de sus fibras con la yema del pulgar.

Ocasionalmente, podemos encontrarnos que toda la persona está tensa y rígida, a causa de perpetuar una suave tensión durante mucho tiempo. Entonces, a causa de la infiltración de tejido conjuntivo, empiezan a aparecer cambios estructurales en los músculos que al cabo los endurecen, tensión que tan sólo podrá aliviarse mediante el masaje regular y programado.

Tras encontrar un espasmo, se debe tratar de identificar a los músculos afectos, para masajearlos en toda su extensión, pues aunque el endurecimiento esté localizado en un punto, en realidad resulta afectado todo el músculo. Es importante, por otra parte, que el masaje se realice en la dirección de las fibras musculares.

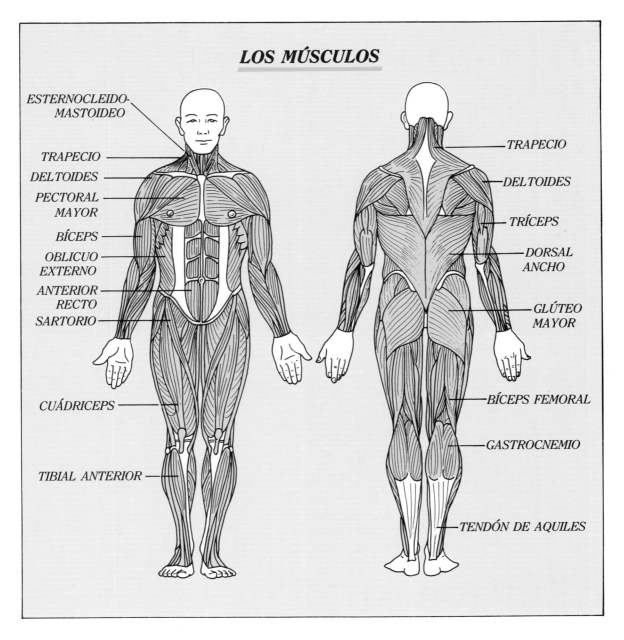

LOS MÚSCULOS

ESTERNOCLEIDO-MASTOIDEO

TRAPECIO

DELTOIDES

PECTORAL MAYOR

BÍCEPS

OBLICUO EXTERNO

ANTERIOR RECTO

SARTORIO

CUÁDRICEPS

TIBIAL ANTERIOR

TRAPECIO

DELTOIDES

TRÍCEPS

DORSAL ANCHO

GLÚTEO MAYOR

BÍCEPS FEMORAL

GASTROCNEMIO

TENDÓN DE AQUILES

Otra manera de eliminar un espasmo consiste en presionar con la yema del pulgar, durante 30 segundos y dentro de los límites de la tolerancia del dolor, de forma directa y constante sobre él.

Es importante señalar que una sola sesión no puede eliminar definitivamente un espasmo muscular.

LA CIRCULACIÓN

El sistema circulatorio es el que transporta la sangre por todo el cuerpo. Al circular, ésta lleva oxígeno y otros alimentos a las células, elimina los productos residuales y, con los glóbulos blancos, destruye las bacterias.

Este sistema está dirigido por el corazón, una bomba muscular que bombea hasta 24 litros de sangre por minuto durante esfuerzos fuertes y continuados (unos 6 litros en reposo).

La sangre oxigenada sale del corazón por las arterias y llega a unos vasos muy pequeños, los capilares, donde se produce el intercambio entre el oxígeno y el alimento que la sangre lleva a las células y los productos de desecho de éstas —el dióxido de carbono y residuos metabólicos—, que ahora transporta la sangre, a través de las venas, de nuevo hacia el corazón, donde pasa a los pulmones para limpiarse.

Las venas están más cerca de la superficie y, por tanto, su presión es menor. El masaje favorece la circulación venosa que vuelve al corazón y contribuye a la eliminación de residuos, disminuyendo la tensión sanguínea y aumentando la proporción de oxígeno existente en los tejidos corporales.

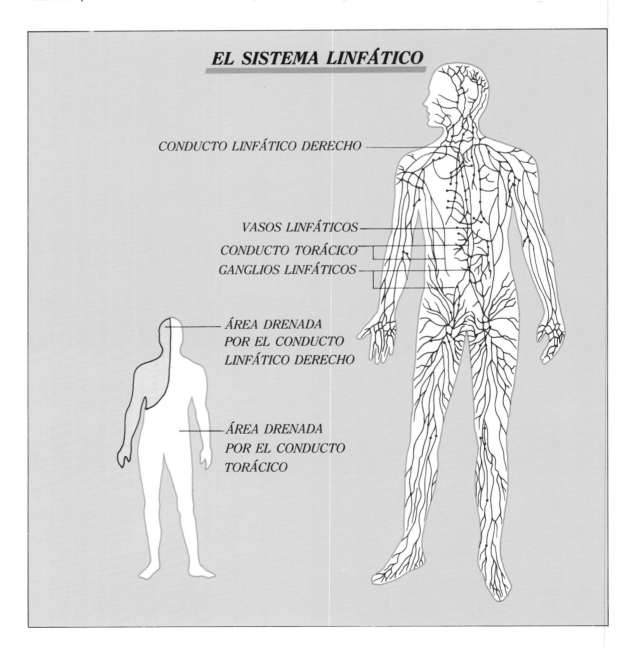

EL SISTEMA LINFÁTICO

CONDUCTO LINFÁTICO DERECHO

VASOS LINFÁTICOS

CONDUCTO TORÁCICO

GANGLIOS LINFÁTICOS

ÁREA DRENADA POR EL CONDUCTO LINFÁTICO DERECHO

ÁREA DRENADA POR EL CONDUCTO TORÁCICO

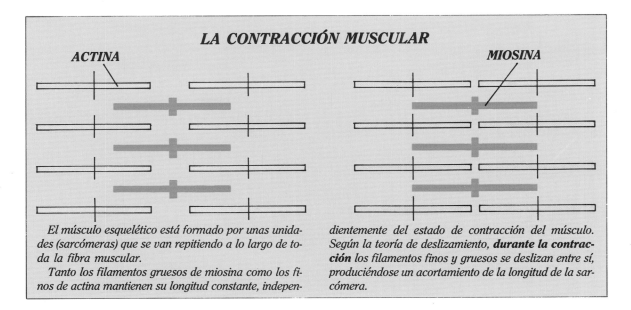

LA CONTRACCIÓN MUSCULAR

ACTINA

MIOSINA

El músculo esquelético está formado por unas unidades (sarcómeras) que se van repitiendo a lo largo de toda la fibra muscular.

Tanto los filamentos gruesos de miosina como los finos de actina mantienen su longitud constante, independientemente del estado de contracción del músculo.

Según la teoría de deslizamiento, **durante la contracción** los filamentos finos y gruesos se deslizan entre sí, produciéndose un acortamiento de la longitud de la sarcómera.

EL SISTEMA LINFÁTICO

El sistema linfático ayuda a mantener el adecuado equilibrio de líquidos en los tejidos y en la sangre, para proteger al cuerpo de la enfermedad, conservar las proteínas y eliminar bacterias y otros residuos celulares.

Es un complejo sistema de filtro compuesto por pequeños vasos linfáticos por los que circula un líquido blanquecino: *la linfa*, que procede originalmente de la sangre y que cuando ha sido purificada vuelve a ella por dos conductos; el conducto linfático derecho, que drena la parte superior derecha del cuerpo, y el conducto torácico, que drena el resto del cuerpo.

La linfa está en continuo movimiento, el cual se favorece mediante la acción de frotamiento de los músculos, pues el sistema linfático carece de mecanismo de bombeo.

Los vasos linfáticos se llevan el líquido sobrante y las bacterias de los tejidos, que se filtran a través de los ganglios linfáticos durante la circulación, ganglios que también producen los glóbulos blancos o linfocitos.

El masaje estimula la corriente linfática y contribuye a eliminar el ácido láctico y otros residuos generados por la realización de un ejercicio excesivamente fuerte.

EL SISTEMA NERVIOSO

El sistema nervioso recibe sensaciones de estímulos tanto internos como externos, los descifra y los comunica al cerebro, generando una respuesta.

Consta de dos partes; una central y otra periférica. El sistema nervioso central comprende el cerebro y la médula espinal, que constituye un sistema de comunicación en dos direcciones, unido con las demás partes del cuerpo por medio del sistema periférico, el cual, a su vez, tiene dos partes: la voluntaria (nervios espinales y craneales) y la involuntaria o autónoma (responsable de las funciones del tipo de la digestión o la respiración).

Hay dos tipos de células periféricas o neuronas: las sensoriales llevan los impulsos desde los receptores de los órganos sensibles hasta la médula espinal y el cerebro. Las neuronas motoras llevan la información y las órdenes del cerebro a los órganos y tejidos a través de la médula espinal.

Por tanto, al relajar y tonificar los nervios, el masaje mejora el estado de todos los órganos del cuerpo.

LA PIEL

La piel está compuesta por una capa exterior de células, llamada *epidermis*, que se renueva constantemente y contiene las células receptoras que responden al tacto, mientras que la *dermis* contiene las glándulas sebáceas y de sudor. Debajo de la dermis hay otra capa de grasa, conocida como *tejido subcutáneo*.

La piel es el órgano más extenso de nuestro cuerpo, es el órgano del tacto. Proporciona un resistente e impermeable recubrimiento en todo el cuerpo, y ayuda a eliminar los residuos y a regular la temperatura. Por encima de todo, nos manda gran cantidad de información sobre el entorno gracias a las neuronas receptoras; las células sensibles al tacto, al dolor, al calor y al frío están muy cerca de la superficie de la piel, y las que reconocen la presión están más profundas. El mayor número de células receptoras son las sensibles al dolor, siendo el menor las sensibles a la temperatura.

También se encuentran en la piel las glándulas del sudor, que eliminan los residuos y ayudan a enfriar el cuerpo a través de la transpiración, y las glándulas sebáceas, que segregan un líquido aceitoso para proteger la piel de las bacterias.

Usa las ilustraciones de este capítulo para familiarizarte con la anatomía muscular y esquelética. Utiliza los pequeños valles y colinas de la superficie del cuerpo para orientarte. Deja que el tacto te guíe... Cuanto más masajees, más sensibles se volverán tus manos.

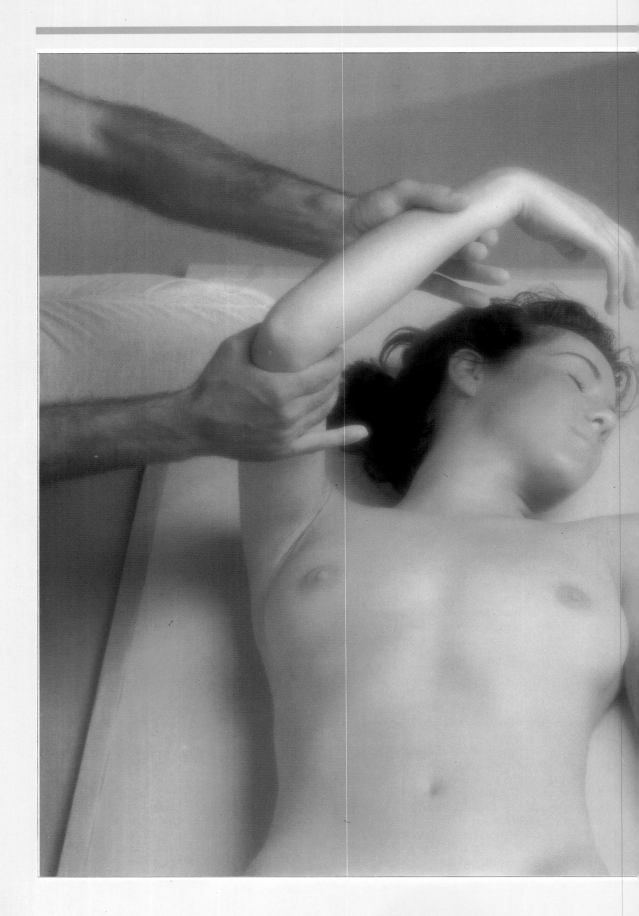

Masaje Sensitivo

Introducción

El «masaje sensitivo» que desarrollamos tiene sus raíces en el llamado Masaje Californiano, también llamado Masaje Esalen y Masaje Relajador, introducido por Bernard Gunther y Molly Day en el Instituto Esalen de California en los años 60, cuando se iniciaba lo que se llamó movimiento de Potencial Humano, del cual forma parte la Psicología Humanista.

Generalizando, puede decirse que este masaje reúne aspectos occidentales de trabajo muscular y circulatorio, con conceptos orientales vinculados con los centros nerviosos y la circulación de energía entre el emisor y el receptor. Es una técnica que no tiene por objetivo ofrecer resultados médicos o fisioterapéuticos; su intención principal es proporcionar bienestar y distensión y pone su acento en la calidad del tacto y la conciencia sensorial, proporcionando asimismo seguridad y reconocimiento a quien lo recibe.

Para dar masaje es preciso que permanezcas centrado, en contacto contigo mismo a la vez que con la otra persona, para poder así emitir energía positiva y proporcionar bienestar, seguridad, atención y reconocimiento a la persona que recibe el masaje, cubriendo con ello buena parte de las necesidades básicas que como seres humanos tenemos.

El intercambio de masaje se convierte de esta forma en un medio de relajarse, de meditar con otra persona en un sutil ritual de comunicación.

Masajeando y haciéndote masajear volverás a hallar el placer de sentirte habitando tu cuerpo, de abandonarte, de dar y recibir sensaciones que enriquecerán tus relaciones con el prójimo. Más allá de esta satisfacción, un día verás que entras en contacto con lo más profundo de tu ser, como en la creación artística, la meditación y el acto amoroso. Y será una puerta, que a través del cuerpo, se abrirá a lo invisible y lo imponderable. En ese momento este libro habrá alcanzado su objetivo, y nosotros habremos compartido contigo la búsqueda de una relación humana más esencial, que dé un sentido a la vida.

Características del masaje sensitivo

• Es un masaje aplicado de forma sensitiva y con distintos grados de lentitud, a fin de facilitar una más profunda distensión.
• El emisor del masaje sensitivo entiende el cuerpo humano como una compleja unidad física, mental, emocional y social, y aprecia la creatividad y la intuición como herramientas a manejar junto a los imprescindibles conocimientos técnicos y teóricos.
• Por ello, el masaje sensitivo puede utilizarse como método por sí mismo, o como valioso complemento de otras técnicas habituales de masaje, que con ello quedan extraordinariamente enriquecidas.
• En el masaje sensitivo el emisor efectúa la mayor parte de toques y manipulaciones acompasándolas a la respiración del receptor, la cual normalmente se regula de forma espontánea, al regularse también el flujo energético por efectos del masaje.
• El grado de presión efectuada sobre las distintas capas musculares está en función de las características de quien recibe el masaje, de la zona tratada y del tipo de tensión que se detecte.
• El masaje sensitivo se adentra sutilmente en las más profundas capas físicas y anímicas, proporcionando la integración psicofísica tanto del receptor como del emisor.

Esta es una característica muy especial del masaje sensitivo, ya que una actitud de predisposición en el momento de aplicarlo, junto a la concentración en sí mismo del emisor, proporcionan un especial bienestar y recirculación de energía también en éste.
• Algo también muy característico del masaje sensitivo es la no interrupción del contacto durante una sesión, a fin de evitar que se entorpezca la sutil relación que se establece desde los primeros momentos de la aplicación del masaje.
• Las diferentes partes de quien recibe el masaje quedan unificadas por toques globalizadores e integradores.
• La respiración del emisor es importante también, pues en la medida que éste unifica sus movimientos a su propia respiración, y en los momentos adecuados con la del receptor, el flujo de energía se potencia al máximo, evitando el cansancio y proporcionando un automasaje en el propio emisor.
• El cuidado y la atención prestados a la armonía y fluidez, no entorpecer el contacto, los pases unificadores, el silencio, el ritmo, la circulación energética, etc., facilitan un grado de consciencia corporal, sensibilización y capacidad de percepción a niveles internos, que redundan en un mejor contacto consigo mismo.
• Es habitual recibir testimonios de vivencias de «recomposición» después de un masaje sensitivo; piezas que antes se sentían «sueltas», parecen —como en un rompecabezas— recomponerse, tomar forma.

OBJETIVOS Y RESULTADOS

El cuidado y la atención prestados a la armonía y fluidez en la aplicación del masaje, no entorpecer el contacto durante una sesión, los pases unificadores, el silencio, el ritmo, la circulación energética, etc., facilitan a quien lo recibe el descubrimiento o incremento de conciencia de su esquema corporal, junto al aumento de sensibilidad y capacidad de percepción a niveles internos y externos, lo cual redunda en un mejor contacto consigo mismo y el mundo.

Podemos concluir, por tanto, que el masaje sensitivo consigue:

- Re-equilibrio energético.
- Bienestar.
- Profunda y sutil distensión física y mental.
- Autoconciencia del esquema corporal.
- Aumento de la sensibilidad y capacidad de percepción interna y externa.
- Seguridad y auto-reconocimiento, a través del reconocimiento recibido por el tipo de actitud del masajista.
- Reconciliación consigo mismo y con el exterior.

Todo ello, que redunda en una profunda integración psicofísica, hay que unirlo a todos los efectos obvios del masaje en cuanto a mejorar la toxicidad muscular, la circulación sanguínea y linfática, etcétera.

El masaje sensitivo es, pues, un gran complemento para tratamientos que estén enfocados hacia el bienestar de la persona; por ejemplo, los procesos psicoterapéuticos, los tratamientos naturistas, las terapias corporales, el yoga y el deporte. No obstante, está contraindicado —ya sea a todo el cuerpo, o evitando la zona afectada— en caso de estados febriles, infecciosos, inflamatorios, erupciones cutáneas, tumores, cálculos, varices...

Primer acercamiento

Fundamentalmente, en el masaje entra en juego la relación de confianza que se establecerá entre el masajista y el masajeado. Dicha confianza no es sólo fruto del azar, o de la simpatía que pueda sentir uno por el otro, consiste más bien en un estado interior de disponibilidad para todo lo que allí suceda, al mismo tiempo que en un profundo recogimiento en sí mismo. De hecho, el estado interior ideal del masajista es la receptividad a todos los men-

La posición del masajista

sajes, a todos los movimientos que irán apareciendo en la relación, mientras permanece anclado en ese lugar inmóvil de sí mismo que continúa siendo el testigo, y de donde partirá la acción hacia el otro. Esto se trasluce en la posición que adopta el masajista: está sentado junto a la cabeza de la persona a la que va a masajear, con los brazos abiertos, la columna vertebral derecha, y toda su atención concentrada en el centro del cuerpo, en el Hara, es decir, en el lugar del abdomen situado dos dedos por debajo del ombligo.

RESPIRACIÓN Y MEDITACIÓN

Puedes experimentar el lugar de contacto con tu centro interior practicando la siguiente meditación: siéntate en el suelo, con la espalda erguida en una posición cómoda, las manos colocadas sobre las rodillas, los hombros relajados, la cabeza en el eje de la columna vertebral, y empieza por tomar conciencia de la respiración. Porque aprendiendo, entre otros métodos, a respirar conscientemente, a armonizar nuestra respiración con el gesto, a centrarnos y enraizarnos, a establecer un intercambio entre las energías interiores y las exteriores, convertimos la aplicación del masaje sensitivo en una útil forma de automasaje cuyo objetivo es, no sólo evitar nuestro cansancio, sino re-establecer nuestro equilibrio energético durante la aplicación del masaje.

Concentra tu atención lo más abajo posible en el abdomen y suelta el aire. No debes modificar el ritmo de la respiración, ni forzarlo, sino seguir simplemente su movimiento, la alternancia de la inspiración y la espiración, como una ola que llena y luego vacía el cuerpo. Mantén la atención hasta sentir que estás completamente dentro de ese movimiento de oleaje.

Entonces, haz un esfuerzo para percibir el punto de pasaje —el calderón— que tiene lugar entre la espiración y la próxima inspiración... y luego deja que vuelva a venir de forma natural la inspiración. En esta pausa de silencio e inmovilidad es cuando se puede entrar en contacto con el propio centro interior.

Debes tomar clara conciencia del momento en que va a desencadenarse el movimiento de inspiración.

Luego, en un segundo tiempo, debes ser capaz de percibir esta misma pausa al final de la inspiración, cuando al absorber el aire te sientas lleno de energía. Es preciso sentir cómo en ese momento uno se ha enriquecido con dicha energía y está dispuesto a volver a darla al mundo exterior, así como el bienestar que se experimenta al dejar salir esa energía al exterior en el momento en que se desencadena la espiración.

Este doble movimiento es indispensable para entrar en el estado del masajista, para:

- ir a su centro para encontrar allí la inmovilidad;
- a partir de ese centro dar y recibir en un doble movimiento hacia el otro.

En el tercer tiempo de la meditación harás pasar ese estado interior por las propias manos.

Debes sentir el aire que desciende a los brazos, que llena todo el volumen de las manos, que irradia alrededor de ellas, como si espirase por todos los poros de la piel.

Este ejercicio es un medio básico excelente para desarrollar el magnetismo de las manos.

Ahora estás preparado para entrar en contacto con el otro.

TOMA DE CONTACTO

Como es sabido, el masaje es una forma de contacto corporal que produce beneficios psicofísicos, al sentirse la persona que lo recibe atendida, cuidada, aceptada, mediante un lenguaje que difícilmente engaña: *el tacto*.

El primer contacto determinará todo el ambiente del masaje. El calor de tus manos es crucial para ese primer contacto, pues favorece la relajación permitiendo que el masajeado se abandone más fácilmente a una sensación de placidez. Si tus manos están frías, es aconsejable que las frotes vigorosamente, una palma contra la otra, antes del masaje y/o que realices la tercera parte de la meditación explicada más arriba.

En los primeros masajes las manos frías acostumbran a ser el síntoma de una falta de confianza en sí mismo. Si te sientes intimidado, torpe o inexperto, es importante que vuelvas a concentrarte practicando las dos primeras meditaciones. Y deja de lado la idea de «hacer un masaje perfecto». Concéntrate en lo que sabes, no en el presunto efecto que tus gestos van a producir en el otro. Sólo así lo harás «lo mejor posible».

El primer contacto debe ser firme y suave a la vez. Quien recibe el masaje debe sentir que «tiene en sus manos la situación», que puede abandonarse sin temor. Pero atención, tampoco seas demasiado emprendedor. No se trata de una «toma de poder» sobre el otro, sino de una «toma de contacto». No olvides que por medio de ese contacto te adentras en el mundo interior de la otra persona.

Comienza por aproximar tus manos, lentamente, muy lentamente, y siente entonces el calor del cuerpo de tu compañero. Percibe cómo «conectas» con él incluso an-

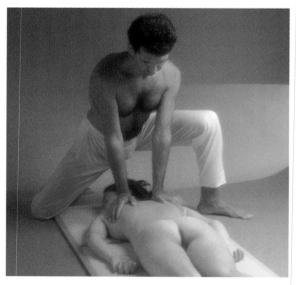

La presión se ejerce con el peso del cuerpo (arriba)
La toma de contacto (abajo)

La postura incorrecta

tes de tocar su piel. La piel no es una frontera que delimite el cuerpo, sino el lugar de interacción del cuerpo con el mundo exterior. Notarás que el cuerpo irradia más allá de la piel.

Una vez que tu compañero esté instalado de espaldas, siéntate junto a su cabeza y deja que tus manos se posen suavemente sobre la parte superior del tórax.

El primer contacto se hace sin ejercer presión, simplemente apoyando el peso de tus manos para seguir exactamente la forma de esa parte del cuerpo de tu compañero. No olvides dejar tus muñecas, codos y hombros bien relajados.

Mantén esta inmovilidad hasta que sientas que el calor de tus manos y el del cuerpo de la otra persona están en armonía. Toma conciencia del ritmo respiratorio de tu compañero y respira al mismo tiempo que él, lenta y calmadamente. Poco a poco ambos sentiréis que acomodáis vuestra respiración, y entonces podrás introducir la presión en tu masaje. Presiona ligeramente en la espiración, y disminuye la presión en la inspiración. No olvides que esta presión, aunque sea ligera, se hace con todo el peso de tu cuerpo y no exige ningún esfuerzo, puesto que se lleva a cabo en la espiración. De alguna manera, la energía de tu espiración es la que proporciona la fuerza y el movimiento.

Con este movimiento, la persona que recibe el masaje empezará a respirar más profunda y lentamente, a distenderse... Nunca tengas demasiada prisa por comenzar el masaje propiamente dicho. Tómate el tiempo necesario para adaptarte, como acabamos de ver. Pronto constatarás que cuanto mayor sea la armonía «invisible» que se establezca entre tú y quien recibe el masaje, más profundo y saludable será éste.

INTERCAMBIO DE ENERGÍA

El *contacto* no es siempre revitalizador. Quienes están familiarizados con el tema saben que el flujo de energía se nota en muchas ocasiones solamente con el contacto verbal. Mientras que conversar con una persona es agotador, hacerlo con otra es regenerador. Es fácil, pues, deducir que cuanta más proximidad física se dé, más posibilidades de llenarse, vaciarse o revitalizarse existen.

Se habla de «vampiros» de energía, es decir, personas que consciente o inconscientemente chupan la energía de las personas con quienes se relacionan. Cualquiera de nosotros puede ser un vampiro de energía en ocasiones, aunque no lo sea habitualmente. Ello tendría que ver con esos estados de ánimo en que uno se siente profundamente necesitado emocionalmente, por tanto, cuando estamos en íntimo contacto con otras personas es sumamente útil mantenernos en contacto con nosotros mismos, con nuestro propio centro. Y para ello, en el caso de dar y recibir masaje, debe mantenerse una actitud meditativa en la que

se respire hasta el bajo vientre y desde allí, enviar la respiración, y, por tanto, la energía vital, por el pecho hasta los hombros, bajándola por los brazos para emitirla por las manos. Es importante en este punto completar el ciclo «retomando» con la próxima inhalación una parte de la energía vital de la persona a quien se le aplica el masaje, con lo cual se potencia el circuito energético y disminuyen así las probabilidades de vaciarse en la otra u otras personas. La misma actitud de *visualizar* el circuito de energía positiva la recomiendo en otros casos como, por ejemplo, el estar abrazado, o atendiendo a una persona que se sienta mal.

Es interesante ampliar la visualización hacia el «Cosmos» y la «Tierra» entendiéndote a ti mismo y a la persona con la que estás en contacto, como transmisores de *energía positiva*, vital... Evidentemente, puede ser válida cualquier otra forma de visualizar un *reciclaje energético*, pero en ningún caso se trata de obsesionarse con ello, sino simplemente conocer las posibilidades y tenerlas en cuenta de vez en cuando, hasta que se integren y prácticamente no sea necesario pensar en ello.

CONSEJOS GENERALES

Durante el masaje procura que tus manos estén siempre relajadas y las muñecas flexibles, de forma que puedas seguir los contornos de las partes del cuerpo que masajeas. Debe darte la impresión de que tus manos se adhieren al cuerpo de la persona. Las manos deben adaptarse a las formas del cuerpo. Obtendrás más fácilmente esa sensación si cuando comienzas a masajear realizas movimientos lentos. No modifiques bruscamente el ritmo del masaje, ni el grado de presión que ejerzas. Siente, sin embargo, cómo puedes jugar con el ritmo para favorecer la distensión y adaptar la presión a las diferentes partes del cuerpo, así como al efecto que deseas obtener.

Al igual que en la toma de contacto, es importante que

 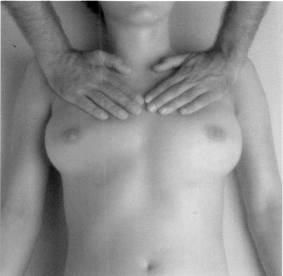

El primer contacto se hace sin presión, para tomar conciencia del ritmo respiratorio del compañero

el movimiento venga de tu propio centro. Masajea con todo el cuerpo. Para ejercer la presión utiliza más bien el peso de tu cuerpo antes que el esfuerzo muscular. Recuerda que das energía en la espiración, cuando tu cuerpo se adelanta hacia la persona masajeada y tus manos se alejan. Con la inspiración, tu cuerpo se endereza y tus manos van otra vez hacia ti. Tén siempre conciencia de tu centro. No te dejes atrapar por el ademán que estás haciendo; sé siempre receptivo a los mensajes que permanentemente te envía tu compañero. Y, sobre todo, no procures hacerlo demasiado bien. Tu masaje debe «fluir», sin esfuerzos inútiles. Comienza siempre con una ligera presión, la cual debes ir ampliando progresivamente. Date cuenta de que vas aumentando la presión de las diferentes capas que componen el cuerpo: los músculos, los huesos, la sangre. Siente a través de la piel la anatomía viva de ese cuerpo. Esa percepción te permitirá encontrar a lo largo de los masajes el grado de presión adecuado. Si no quieres fatigarte demasiado, vigila tu propia postura. Y, por encima de todo, debes ser receptivo: no pienses todo el tiempo en hacer, en actuar; permanece sensible a la calidad de los ademanes de tu compañero, de sus movimientos, escuchando en silencio los mensajes que te devuelve.

ABANDONARSE

Si para el masajista se trata de tener el control de la situación, para quien recibe el masaje el problema consistirá en abandonarse. En efecto, la persona masajeada no es simplemente pasiva, en el sentido de que no hace nada, sino receptiva. Y de su actitud interior dependerá en gran parte el efecto del masaje.

Abandonarse es realmente más difícil de lo que se piensa. La posición de espaldas ya es de por sí una postura abierta en la que algunos pueden sentirse demasiado vulnerables. La persona masajeada puede sentir también que está bajo tu mirada, y experimentar una cierta incomodidad cuando le pidas que cierre los ojos para que pueda relajarse mejor. En ese caso pídele que se eche boca abajo y así evitarás el problema de la mirada. Sintiéndose más confiada, la persona poco a poco irá relajándose. Entonces deberás establecer el contacto, poniendo directamente las manos sobre la espalda y sintiendo allí el ritmo respiratorio. A menudo resulta útil colocar un cojín bajo el vientre para que la zona de los riñones no esté tan arqueada, y bajo los tobillos si éstos están rígidos.

Si percibes que la persona masajeada tiene dificultades para abandonarse, puedes sugerirle que tome conciencia de su contacto con el suelo. También puedes indicarle el siguiente ejercicio de relajación, que es sencillo y da muy buenos resultados.

Ejercicio de relajación

Echado de espaldas, imagina que estás tendido en la arena, tomando conciencia de la manera en que descansas sobre el suelo. Todas las partes de tu cuerpo deben tocar el suelo: los talones, las pantorrillas, las nalgas, las manos, los brazos, las partes de la espalda que están en contacto, la parte posterior de la cabeza. Percibe el contorno del cuerpo sobre el pavimento como si dejaras la marca ahuecada en la arena. Imagina que las extremidades se hunden en la arena, y siente que se vuelven cada vez más pesadas. Poco a poco te dará la impresión de que el cuerpo se extiende en el suelo y se relaja.

Este ejercicio ayuda enormemente a abandonarse. Por otra parte, la persona masajeada puede practicarlo durante el masaje, sobre todo si necesita concentrarse en algo para alejar pensamientos molestos.

Movimientos y posiciones de las manos

Tal vez aún no te sientas suficientemente seguro de ti mismo para de entrada comenzar dando un masaje. Pero puedes entrenarte con los siguientes movimientos que luego serán puntos de referencia técnicos útiles para el masaje. Lo mejor es encontrar un compañero con quien puedas aprenderlos y que a continuación los experimente sobre ti. En efecto, es preferible aprender a hacerlo y también a sentirlo sobre el propio cuerpo. Alternándoos podréis tomar mayor conciencia de los efectos que originéis en el otro. Por esto es por lo que a menudo se obtiene más provecho aprendiendo a masajear en seminarios, donde cada cual desea a la vez aprender y recibir el masaje, y no sólo aprender a ser un «masajista» trabajando sobre alguien totalmente pasivo.

En el programa de masaje que se describirá a continuación se podrán encontrar tres grandes categorías de movimientos, que ahora vamos a resumir.

MOVIMIENTOS GENERALES

No conciernen a una parte del cuerpo en particular o a tensiones específicas, sino que sirven para unir las diferentes partes del cuerpo entre sí. Están destinados a favorecer una percepción global del esquema corporal, a despertar una sensibilidad mayor y una mejor coordinación del movimiento. Te permitirán un masaje de conjunto que tiene la ventaja de ser bastante corto, orientado esencialmente a la distensión interior. Es la técnica ideal para tus primeros masajes.

Estos movimientos son:

El rozamiento

Hay toda una serie de posiciones y movimientos básicos de las manos que durante el masaje encontrarás que están adaptados a las distintas partes del cuerpo. Cada uno de ellos tiene efectos fisiológicos y psicológicos. Es importante conocer estas posiciones, puesto que todos los

Abandonarse: primer contacto

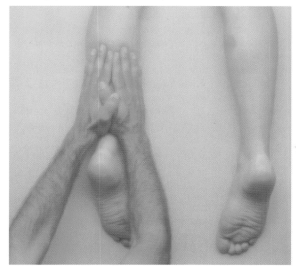

Rozamiento sobre la pierna: movimiento ascendente

Rozamiento con estiramiento: movimiento de retorno

masajes las contienen. Después de la toma de contacto, un masaje comienza generalmente con unos movimientos superficiales amplios, poco insistentes, que cubren grandes zonas del cuerpo. Se les llama *rozamientos*.

El rozamiento se efectúa con toda la mano, mediante una presión ligera y suave. La mano se desliza sobre la piel y se adhiere al cuerpo siguiendo su contorno. Los dedos van juntos, el ritmo es regular, sin paradas bruscas, y la presión uniforme. Se pueden utilizar las dos manos simultánea, sucesiva o independientemente, pero sin perder nunca el contacto.

Al principio del masaje, este movimiento permite iniciarlo con tranquilidad y prolonga el contacto. Es un paso progresivo de la inmovilidad al movimiento. También sirve para extender el aceite sobre todo el cuerpo; calienta, desarrolla la sensibilidad y activa la circulación sanguínea y linfática de superficie. Además, por su acción relajante prepara para los movimientos que vendrán. Permite al masajista un contacto técnicamente sencillo, importante para detectar las tensiones, las zonas de calor y de frío y la circulación de la energía en el otro, facilitando así la orientación posterior del masaje. Permite por tanto concentrarse en lo que se siente globalmente en la relación masajista-masajeado. Dado que no tiene una acción profunda, es un movimiento sin riesgos que se puede efectuar en todas direcciones (no se corre el peligro de ir en el sentido contrario del músculo, o de ejercer una acción anatómica inadecuada). Por otra parte, al efectuarse en todas las direcciones distribuye la energía en la superficie. Así, quien recibe el masaje se abandona aún más fácilmente, puesto que no puede seguir el movimiento en función de sus puntos de referencia anatómicos habituales.

Para entrenarte, pide a tu compañero que se estire boca abajo. Después de haber establecido el contacto comienza a masajearlo por rozamiento, sin presión, deslizando simplemente las manos sobre la piel de acuerdo a lo que sientas. Cuida siempre de que tus manos se peguen al cuerpo y que tus movimientos sean regulares y armoniosos. Siente también que percibes el cuerpo del otro y que éste reacciona al contacto. Practica también largos rozamientos sobre los miembros, deslizando tus manos en el sentido del eje de los mismos.

Para mantener el máximo contacto durante el movimiento es importante que tus muñecas sean muy flexibles y se muevan en todas las direcciones. Ello permitirá que la superficie de tus manos se adhiera plenamente al cuerpo.

Además de los efectos físicos, el rozamiento proporciona una gran relajación interior gracias a la suavidad de su acción. Como se puede efectuar sobre todas las partes del cuerpo, favorece una percepción global y una reintegración del esquema corporal. Es suave y envolvente.

La presión con deslizamiento

El rozamiento también permite una acción más profunda y dirigida: *la presión con deslizamiento*.

La posición de las manos es idéntica a la del rozamiento, pero la presión es más fuerte y empuja la piel, que forma un pequeño pliegue delante de las manos.

Es el movimiento básico para la relajación muscular,

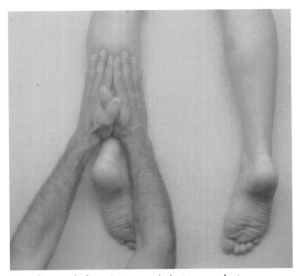

Presión con deslizamiento: movimiento ascendente

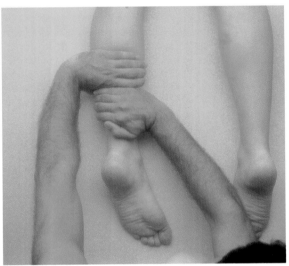

Manos en brazalete

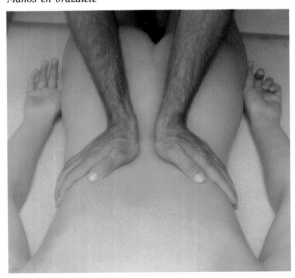

Presión con deslizamiento sobre la espalda

así como para favorecer la irrigación sanguínea de los tejidos en profundidad. La presión con deslizamiento debe ser lenta, para respetar la velocidad de la circulación de la sangre y la linfa (algunos centímetros por minuto). Tradicionalmente se efectúa en el sentido de la circulación sanguínea de retorno, o sea, hacia el corazón. En este movimiento hacia el corazón y sobre la espiración, la presión se hace con todo el peso del cuerpo. Para no perder el contacto, el movimiento de vuelta es un rozamiento con estiramiento.

El mejor efecto de drenaje sobre la circulación sanguínea se obtiene con las manos en brazalete, donde el borde de la mano ejerce mayor o menor presión.

Así, las manos se utilizan una al lado de la otra en diversas posiciones, y, según la constitución de la zona a masajear, una parte de la mano imprime una presión más o menos fuerte. La presión se ejerce perpendicularmente al cuerpo. Una mano puede apoyarse sobre la otra para reforzarla. En los primeros movimientos de presión con deslizamiento, ésta se hace prudente y progresivamente para evitar sensaciones dolorosas bruscas cuando se pasa sobre los nudos musculares.

Da la impresión de que uno se hace cargo de la situación en mayor medida que en el rozamiento, sobre todo en caso de personas muy musculosas o depresivas. Por otra parte, es el movimiento básico del masaje deportivo.

Para adquirir práctica retoma el movimiento de rozamiento indicado más arriba sobre el miembro, con las manos en brazalete, y aumenta progresivamente la presión. Siente cómo la piel reacciona diversamente al movimiento y localiza las tensiones más profundas. Siente los diferentes planos anatómicos bajo tu presión, pero evita presionar la columna vertebral. Intercambia los lugares con tu compañero para así poder apreciar los efectos de lo que estás haciendo.

Tanto el rozamiento como la presión son movimientos generales, pero adaptando la posición de las manos se los puede utilizar para todo el cuerpo. Sin embargo, los siguientes movimientos son más específicos.

MOVIMIENTOS ESPECÍFICOS

Destinados a disolver las tensiones de una parte concreta del cuerpo. Puedes integrarlos en el masaje global, según el tiempo de que dispongas y cuando observes una zona del cuerpo que lo necesita particularmente. Cada persona tiene zonas de tensiones musculares que son características de su constitución, si bien por lo general encontramos tensiones en el cuello, los pies, la columna vertebral y el abdomen.

Torsión

Las dos manos en brazalete giran en sentido opuesto, provocando un movimiento en «S» sobre los miembros (es como el brazalete indio o brazalete de fuego, juego que hacen los niños retorciendo las muñecas). La torsión se hace perpendicularmente al eje del miembro. Sobre la espalda y, en general, las grandes superficies, se convierte en un movimiento de ida y vuelta.

Amasamiento

Coge el músculo con toda la mano y amásalo en profundidad con un movimiento alternativo de las dos manos. Este movimiento se emplea fundamentalmente sobre los músculos importantes que se prestan a ser malaxados. Favorece la eliminación de las toxinas, activa el metabolismo muscular, y despega las diferentes capas del cuerpo.

Fricción

Consiste en aplastar en el plano subyacente los nudos musculares y los puntos doloridos en un movimiento circular o vibratorio bastante insistente. Se efectúa ya sea con la punta de los dedos, ya sea con los pulgares o la parte carnosa de la base del pulgar, sobre una zona muy específica del cuerpo, frecuentemente en los huecos que hay alrededor de las articulaciones, o a lo largo de la columna vertebral. Se trata de un movimiento que puede ser doloroso, por lo que sólo debe emplearse tras haber preparado muy bien la zona masajeada con otros movimientos menos específicos.

MANIPULACIÓN DE PUNTOS ESPECÍFICOS

Además de los movimientos globales y específicos, hemos seleccionado una serie de puntos empleados en las técnicas orientales de masaje como el shiatsu o el do-in. Se han escogido los puntos más importantes, que permiten producir un efecto sobre la salud general, y unos puntos muy específicos que alivian los pequeños problemas de la vida cotidiana (dolores de cabeza, constipados, dolores de espalda, cansancio de piernas, nerviosismo, ansiedad...).

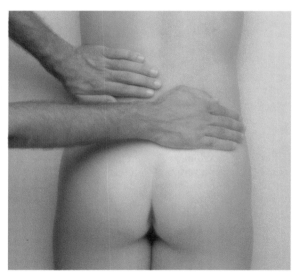 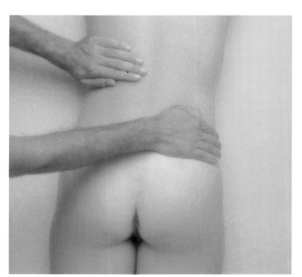

La torsión: movimiento de ida y vuelta sobre la espalda (en general, sobre grandes superficies)

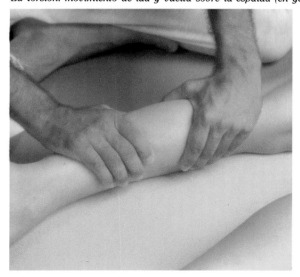 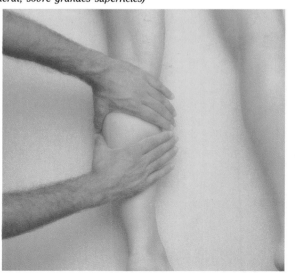

Movimiento de torsión en «S»

Amasamiento: posición de partida

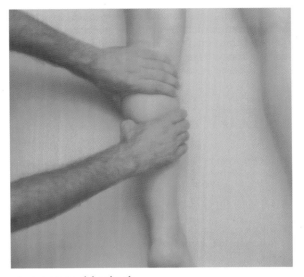

Amasamiento del músculo

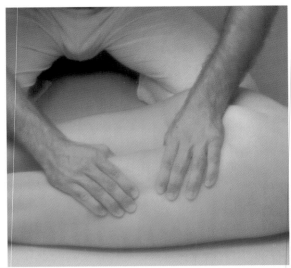

Despegar el músculo

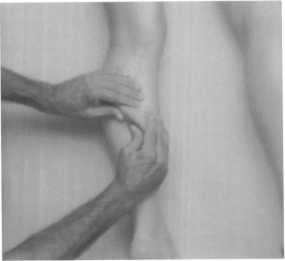

Amasamiento con los dedos

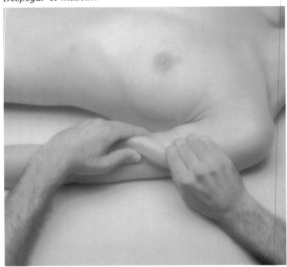

Debe evitarse el amasamiento con estiramiento de la piel

Fricción con la punta de los dedos

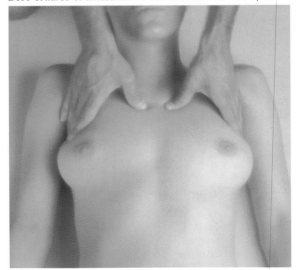

Fricción con los pulgares

Las ventajas del masaje sensitivo

Como ya hemos visto a lo largo del estudio de los diferentes movimientos básicos, los efectos del masaje son de diferentes tipos. Durante mucho tiempo, en Occidente se pensó que el masaje tenía sobre todo efectos mecánicos, aun cuando la tradición oriental le atribuyera efectos orgánicos desde siglos atrás. Más recientemente, la investigación biológica ha demostrado los efectos bioquímicos del masaje y ya nadie niega sus efectos psicológicos.

EFECTOS MECÁNICOS

Los efectos mécanicos son de dos órdenes y están íntimamente vinculados a la manera de llevar a cabo los movimientos. El primer efecto es de drenaje, ya que la presión ejercida en los movimientos con deslizamiento favorece el retorno de la circulación venosa hacia el corazón, en particular a lo largo de los miembros. Este efecto se ejerce igualmente sobre la circulación linfática. En los EE.UU. las estadísticas han constatado que prácticamente no había infartos entre las personas que se hacían masajear regularmente: la disminución del estrés y la acción sobre la circulación explican dicho fenómeno. Este efecto de drenaje da lugar a una afluencia de sangre fresca que produce una mejor irrigación de los tejidos, y, por tanto, un mejor aprovisionamiento de alimento y oxígeno para los músculos. Este último beneficio se ve acentuado por el calentamiento, a menudo descuidado en el masaje, y los movimientos de amasamiento-fricción que disuelven las acumulaciones de restos en los tejidos y ayudan a su eliminación por medio del drenaje.

La utilización de aceites esenciales refuerza este fenómeno de eliminación, pues penetran rápidamente en la piel y tienen la propiedad de disolver localmente las grasas y los azúcares. Drenaje y eliminación de toxinas se traducen concretamente en una sensación de alivio y desaparición de la fatiga, razón principal por la que los deportistas utilizan el masaje. Masaje vivo, rápido, de amasamiento, para el calentamiento; masaje lento de drenaje depués del esfuerzo... Otro tanto ocurre en los tratamientos de estética: acción sobre la circulación sanguínea y eliminación. En estos casos, el masaje va muy bien acompañado de una ducha caliente o de una sauna, que con la sudación contribuye a la eliminación.

EFECTOS BIOQUÍMICOS

Los científicos han demostrado que bajo los efectos del masaje se produce una modificación de los tejidos a tres niveles: en primer lugar, y más aún en los masajes profundos reflejos, como la integración postural o el masaje reflejo alemán, se observa una modificación bioquímica de los tejidos, en particular del tejido conjuntivo, que ad-

quiere así una flexibilidad mucho mayor. El oxígeno que necesita dicha modificación química muestra la importancia de acompañar el masaje con una liberación respiratoria. El esfuerzo físico que precede al masaje, una respiración voluntaria profunda, y el calentamiento que atrae localmente el oxígeno de la sangre, cumplen este papel. A continuación se observa que las producciones hormonales cambian bajo el efecto del masaje, ya sea por medio de diversas glándulas diseminadas bajo la piel, o globalmente, como consecuencia de la disminución del estrés. Por último, gracias a su acción local superficial, el masaje activa los mecanismos de asimilación y eliminación de la piel, cuyo primordial papel funcional se olvida a menudo. En efecto, ésta respira por los poros, digiere (especialmente para producir la vitamina D a partir de las grasas y las radiaciones solares), elimina a través de las glándulas sudoríparas (transpiración), y, aunque sea impermeable al agua, absorbe gran cantidad de sustancias y radiaciones.

EFECTOS NERVIOSOS

A nivel de la piel existe una gran cantidad de receptores nerviosos. El masaje sensitivo provoca una sedación, estimulando de manera suave y armoniosa el conjunto de terminaciones nerviosas. El hecho de que éstas sean más densas en el rostro, los pies y las manos explica el efecto particularmente relajante del masaje en dichas zonas. Lo mismo ocurre sobre la columna vertebral, donde el masaje libera, entre otras cosas, las salidas de los nervios, al tiempo que relaja la musculatura estática de la espalda. El efecto relajante o tonificante de esta acción sobre el conjunto del sistema nervioso depende del ritmo del masaje. Un masaje rápido producirá excitación, un masaje lento sedación. Las células del sistema nervioso y de la piel han salido de la misma capa del embrión; podemos considerar la piel como un sistema nervioso externo, encargado de asegurar nuestra interacción con el mundo exterior. Por ello, el masaje disminuye el estrés, regularizando los impactos sensoriales y favoreciendo así el equilibrio nervioso.

EFECTOS BIOELÉCTRICOS Y MAGNÉTICOS

Charles Laville demostró a comienzos de este siglo que una persona enferma, física o psíquicamente, pierde sus cargas negativas y se polariza positivamente. En efecto, estamos permanentemente sumergidos en un campo eléctrico terrestre que influye en nuestra salud.

Más recientemente se encontró una explicación a este fenómeno, al observarse una diferencia de potencial entre las paredes interna y externa de la célula, teniendo en cuenta que la anulación de dicha diferencia está vinculada a problemas de asimilación celular propios del estado de enfermedad. Este conjunto de fenómenos eléctricos se traduce en el cuerpo en una irradiación alrededor del mismo, cuya importancia y forma están relacionadas con el estado de salud: irradiación térmica utilizada, por ejemplo, para detectar el cáncer, irradiación electromagnética que los curanderos llamaban el *cuerpo etéreo* o *energético*, primera capa del «aura». La fotografía Kirlian que materializa este cuerpo sutil permite verificar el efecto positivo del masaje sobre dicha capa, que aparece mejor repartida y reforzada. Parecería, por tanto, que la teoría del «fluido vital» transmitido por el masajista-magnetizador a su enfermo encontraría así una verificación objetiva. Por otra parte, se constata una disminución del potencial vital del masajista después de su tarea. En el masaje sensitivo los movimientos de retorno sin presión pueden ser asimilados a pases magnéticos, más allá de su efecto mecánico de estiramiento y apertura de las articulaciones.

EFECTOS ORGÁNICOS

Son numerosos, globales o directos. Con la disminución del estrés se constata un mejoramiento general del funcionamiento orgánico, tal como ha quedado demostrado por cantidad de estadísticas sobre la influencia de la relajación y la meditación en las enfermedades psicosomáticas. Los principales efectos constatados son: un mejoramiento de la digestión, disminución de la tensión sanguínea, regularización de las eliminaciones intestinales o renales y aumento de los intercambios respiratorios. Pero mediante la acción refleja, es decir, a distancia por medio del sistema nervioso, se pueden obtener efectos específicos muy precisos. Las principales zonas utilizadas son la cara, los pies y la espalda. También se obtienen otros efectos específicos con el masaje a lo largo de los meridianos de acupuntura o el masaje directo de los órganos en el abdomen.

EFECTOS PSICOLÓGICOS

Es el grupo de efectos más importante.

Aquí reside la originalidad del masaje terapéutico, único entre las diferentes técnicas que insiste en la importancia del contacto y la relación entre el masajista y el masajeado para la distensión de la persona, e incluso para el éxito del tratamiento.

El contacto corporal es un elemento esencial para la estructuración de la personalidad, algo que nuestras sociedades occidentales, basadas en el aprendizaje del lenguaje, habían olvidado en cierto modo. En los grandes monos se observa que si se priva a un mono joven de los contactos prodigados por su madre en un primer momento, se vuelve depresivo, luego asocial y agresivo, y a partir de esta última fase ni siquiera si se le permiten nuevamente contactos corporales puede volver a integrarse a su tribu. El pequeño acaba por morir de hambre.

Por ello podemos afirmar que una buena integración social y el desarrollo personal dependen en gran medida de la cantidad y calidad de los contactos corporales recibidos. Los niños autistas son un desdichado ejemplo de esto.

Detallaremos ahora los beneficios psicológicos del masaje sensitivo:

Despertar a la sensibilidad

Quien ha recibido un masaje recupera la percepción de su forma (*gestalt*) corporal, lo que se traduce en mayor sensibilidad y mejor coordinación. En efecto, un niño vive su cuerpo de manera global como un todo indiferenciado, luego su socialización y su historia personal le conducen a privilegiar ciertas zonas, a adquirir un «cuerpo dividido». Más tarde el trabajo lleva esta especialización a su punto extremo, y numerosas zonas del cuerpo pierden sensibilidad por falta de estímulos sensoriales y movilización muscular, en tanto otras acumulan tensiones excesivas. Una experiencia con animales muestra claramente la importancia de las estimulaciones sensoriales y somete nuevamente a discusión la noción de organismo orientado a la supervivencia. Una rata colocada frente a dos palancas, una de las cuales le asegura el alimento y la otra tan sólo estímulos luminosos, elige accionar permanentemente aquélla que le proporciona un estímulo sensorial máximo (luminoso), aun a riesgo de morir de hambre. Por tanto, podemos decir que, ante todo y sobre todo, somos un organismo perceptivo, un ser sensible más que un ser pensante, y que en ello reside el sentido de la vida.

Por esta razón en el masaje sensitivo insistimos tanto en la calidad del contacto y en la integración del cuerpo en un masaje completo y coordinado, que distienda las zonas doloridas (masaje lento) y despierte la sensibilidad escondida en las zonas «muertas» (masaje más rápido). Esta es la razón por la que el masajista debe estar siempre a la escucha de las sensaciones del cuerpo de su compañero, de modo que pueda responder a sus demandas. En efecto, las zonas «muertas» reaccionan poco ante el masaje, dan la sensación de ser inertes, con frecuencia frías y deprimidas. Resulta interesante hacer que una persona dibuje rápidamente su cuerpo antes y después del masaje. Generalmente se advierten grandes diferencias: aparición de ciertas partes del cuerpo olvidadas en el primer dibujo, representación de partes internas (por ejemplo, huesos), o de detalles (diferenciación de los dedos), mejor proporción relativa de las partes, actitud general del dibujo diferente (brazos abiertos y ya no cerrados, representación del suelo bajo los pies, mirada más segura...). Este despertar a la sensibilidad permite que la persona que ha recibido el mensaje tome conciencia de ciertas necesidades, por ejemplo, afectivas, y le alienta a que en la vida cotidiana utilice su cuerpo de modo que acumule menos tensiones. La noción de ritmo de vida adquiere aquí toda su importancia. Son muchos los que después de un ciclo de masajes nos han comunicado su necesidad de cambiar su ritmo de vida y prestar más atención a sí mismos.

Una expansión afectiva

«Necesitamos tanto el calor como el pan», decía un animador de grupo de masaje. En efecto, vivimos en una sociedad que ha descuidado, incluso rechazado, el contacto físico como medio de expresión de la afectividad y el deseo, excepto en circunstancias muy precisas: relaciones sexuales, contactos con los niños, palmadas en el hombro entre compañeros de trabajo... En nuestros países los contactos corporales de un adulto son la décima parte de los de un asiático (cinco contactos como media diaria fuera de su casa). Y éstos a menudo se limitan a las manos. Basta ver y escuchar a los participantes de un cursillo cuando hablan de su situación personal, y constatar el ambiente del grupo al final del cursillo para convencerse de ello. Con frecuencia al cabo de unos días tienen la impresión difusa de conocer (con-nacer) mejor a los participantes del grupo que a sus compañeros habituales. Los americanos han desarrollado toda una serie de «juegos-experiencias» llamados de conciencia sensorial (*sensory awareness*) destinados a hacernos tomar conciencia de los límites que nos fijamos en la percepción, y de cómo la manera absoluta en que analizamos nuestras percepciones (y las deformamos bajo la influencia de nuestros prejuicios y nuestra educación) nos cortan la comunicación con el prójimo. Así, el masaje sensitivo y estos «juegos» nos brindan la ocasión de darnos cuenta de nuestra pobreza de expresión afectiva, de superarla luego experimentando una sensación de plenitud, y, por último, de asumir, confiados en esta experiencia positiva, dicha necesidad en la vida cotidiana. Nos vuelve también más sensibles a la calidad interior de cada persona, al tipo de contactos que necesitamos y deseamos, y al ambiente en que nos movemos.

Cabe hacer aquí un paréntesis a propósito de la sexualidad. A menudo se considera el masaje como un preludio del acto sexual, y claro está que muy bien puede serlo y enriquecer considerablemente una relación; pero no es sólo esto, aun cuando el término masaje sensitivo haya sido utilizado para ello en los institutos con fines estrictamente comerciales. Frecuentemente se le reprocha que sea sensual, que dé lugar a ambigüedades en la relación, etc. Hay que diferenciar aquí varias cosas: el rechazo a la búsqueda de una comunicación afectiva comprometedora en lo tocante a la «liberación sexual», la expresión de tabúes sociales y religiosos aún en plena vigencia, una excusa para asumir sus necesidades puesto que

el masaje no revela ambigüedades más que allí donde ya existían, la confusión cuidadosamente mantenida entre nociones como sensualidad, sexualidad, genitalidad, sensibilidad, afectividad, placer... A cada cual le tocará definir claramente sus motivaciones y darse las explicaciones oportunas, si fuera necesario.

Una ayuda a la psicoterapia

En la medida en que el masaje sensitivo exige una entrega personal a la relación y pone en juego el cuerpo, coloca a ambos, masajista y masajeado, frente a sus límites y favorece cierta toma de conciencia.

Por otra parte, los sueños son también importantes en el proceso del masaje. Parece ser que el sueño se presenta como un verdadero masaje del psiquismo.

En efecto, al igual que las percepciones corporales dolorosas o incluso las simples sensaciones, a menudo el sueño sirve como masaje, como llamada a la toma de conciencia de una necesidad descuidada en la vida personal. Y ambos parecen vinculados en la medida en que tanto el masaje como el sueño actúan sobre el sistema corporal. La calidad de los sueños cambia con los masajes, y con frecuencia su relato proporciona indicios importantes acerca de las necesidades ocultas y la manera en que la persona masajeada integra el masaje. Asimismo, los sueños traducen claramente las impresiones vividas de manera más difusa en el masaje: sensación de flotar o de echar a volar, o también de hundirse en la tierra, sueños de agua, o de caída... También pueden orientar el curso de ulteriores masajes: por ejemplo, la sensación de caída conduce a insistir en el abandono, la sensación de opresión o encierro, en la liberación respiratoria. Incluso es posible utilizar la técnica del sueño durante el masaje, ayudando al proceso con una aproximación terapéutica, lo que impide caer en el atolladero de los discursos intelectuales, puesto que pone en juego al ser en su realidad primera, su cuerpo.

LA TÉCNICA (I):
De la cabeza a los pies

Si ahora deseas lanzarte a un masaje completo de todo el cuerpo, se te propone el siguiente, compuesto por 60 movimientos sucesivos. Es un esquema básico que te permitirá dar un masaje completo, fluido y coherente. No obstante, es importante que la técnica no te perturbe demasiado. Inspírate en este esquema, especialmente al principio, pero no olvides jamás que debes ser creativo y añadir tu propia inspiración. Ese aporte a una técnica simple y bien entendida será lo que dará el toque personal, indispensable para la buena realización de tu masaje.

Ya estás preparado para empezar tu sesión de masaje. Como hemos visto más arriba, pide a tu compañero que se estire confortablemente de espaldas, con los brazos abiertos y las palmas hacia arriba. Colócate de rodillas junto a su cabeza y haz la primera toma de contacto como te hemos indicado.

...Y ahora, comencemos el masaje...

El pecho

Inicia el contacto a la altura del pecho. Debes poner tus manos sobre la parte superior del tórax, sin ejercer presión, orientando los dedos hacia los pies, y colocando la base de la mano bajo las clavículas.

Siente el ritmo respiratorio del otro y deja que se establezca el contacto. El calor de tus manos y el del cuerpo de tu compañero entran en armonía; tú tienes la impresión de que tus manos penetran en el cuerpo de la otra persona, que los dos ritmos respiratorios coinciden, y de que ya no puedes distinguir la carne de tus manos de la de quien recibe el masaje...

Ahora estáis en contacto.

Es un momento importante, de modo que antes de cada masaje tómate siempre el tiempo necesario para establecer este contacto. Con la experiencia aprenderás a sentir inmediatamente en qué momento ambos estáis preparados para iniciar el proceso del masaje. Cuando sientas el contacto, puedes comenzar la actividad.

1 Presiona ligeramente cada vez que la persona espire, y afloja la presión cuando inspire. Este movimiento de presión debe involucrar todo tu cuerpo; debes sentir que te balanceas muy ligeramente al ritmo de tu respiración. Cuando estés completamente dentro de este movimiento, comienza a separar lentamente tus manos hacia sus axilas, extendiéndote por debajo de las clavículas para «abrir» el pecho. El movimiento debe ser lento, como una prolongación de la toma de contacto, y se realiza en concordancia con la respiración de tu compañero. A continuación vuelve a llevar tus manos a la posición de partida deslizándolas sin presión. Repite este movimiento varias veces, como si estuvieras desprendiendo la zona superior del tórax hacia los lados.

«Abrir el pecho», movimiento lento que debe realizarse en concordancia con la respiración del compañero

3 Comienza como en el movimiento 1 hasta que el hueco de tus manos esté en contacto con la punta del hombro. Utiliza entonces la punta del hombro como un eje sobre el cual darán vuelta tus dedos para deslizarse bajo los hombros, y luego vuelve con las manos hacia el cuello.

Continúa trayendo tus manos hacia ti a lo largo del cuello y luego detrás de la cabeza, que levantarás ligeramente. Después, para terminar el movimiento, apoya suavemente la cabeza en el suelo. Vuelve a llevar tus manos a la posición de partida sin perder el contacto. Cuando levantes la cabeza de tu compañero (estirando el cuello) 1 ó 2 cm por encima del suelo, así como cuando vuelvas a apoyarlo, intenta moverte con delicadeza. Para acabar deja deslizar tus dedos entre los cabellos.

2 Recomienza el movimiento 1, prolongándolo más allá de la clavícula sobre la parte superior del brazo. Desciende ahora a lo largo de la cara interna de los brazos, una mano sobre cada brazo. Luego vuelve hacia la posición de partida, deslizando simplemente las manos sobre la piel.

Efectúa este movimiento varias veces para unir los brazos con el pecho. Aumenta progresivamente la presión en el movimiento de descenso hacia los brazos, pero vuelve siempre hacia arriba sin presión. No olvides que se masajea con todo el cuerpo, y mantén siempre el máximo contacto con las manos.

A

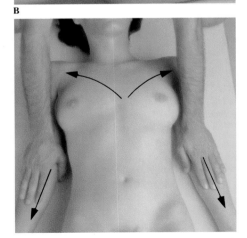

B

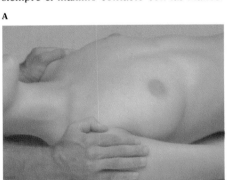

C

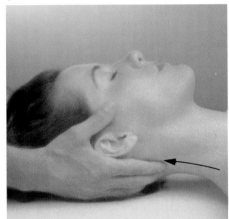

D

Movimiento 2 (fotos A y B) y movimiento 3 (fotos C y D)

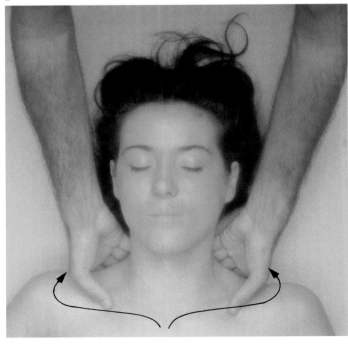

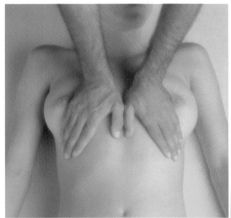

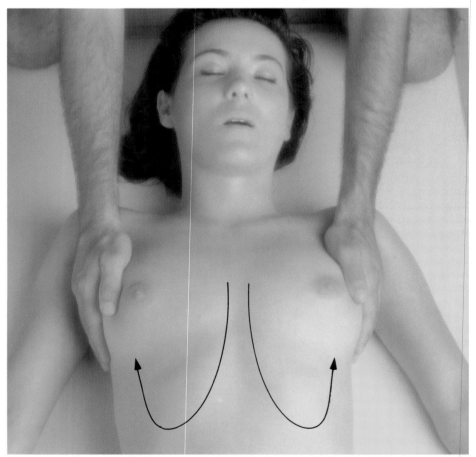

4 La misma posición de las manos que en el movimiento 1. Desciende ahora aproximando las dos manos al eje del pecho, luego sepáralas hacia los costados, a lo largo de las últimas costillas, y vuelve a llevarlas hacia ti estirando ligeramente los lados del cuerpo. Pasa bajo las axilas y vuelve, colocándolas en la posición de partida.

También puedes descender por el eje del cuerpo hacia el bajo vientre en lugar de separar las manos a partir de las últimas costi-llas, y volver a subir de la misma manera por los costados para unir el pecho y el abdomen.

Durante el descenso aumenta la presión progresivamente para pasar de la etapa de rozamiento a una de presión con deslizamiento de las manos.

Cuando vuelvas a subir por los costados, puedes incluso deslizar los dedos bajo la espalda de la persona, como si quisieras levantarla mientras la estiras. En ese momento procura respetar tu ritmo respiratorio.

Indicaciones generales

Por supuesto, puedes repetir varias veces cada movimiento antes de pasar al siguiente. También puedes encadenar unos a continuación de otros y luego repetirlos en conjunto. Pero presta siempre atención a la calidad del contacto y a la fluidez del movimiento. No dejes la punta de tus dedos en el aire. Al contrario, haz que tus manos sigan perfectamente el contorno del cuerpo que masajeas. Para ello, tus muñecas deben ser flexibles, no las pongas rígidas.

Trabajo específico

Si tu compañero tiene el pecho más bien hundido o si sus hombros van hacia arriba, una vez efectuados los movimientos precedentes puedes profundizar el masaje del pecho. Para ello debes proceder de la siguiente manera:

• A partir del esternón, deslízate por los espacios intercostales con la yema de los pulgares. Comienza por la línea bajo las clavículas y desciende hacia las últimas costillas. Masajea con un movimiento circular más bien reducido —se llama *alisamiento*— los puntos situados entre las costillas en el lugar en que se unen al esternón. Este alisamiento se hace con la yema o con la punta de los dedos. Masajea igualmente a lo largo del esternón con las puntas de tres dedos juntos. Realizarás movimientos circulares suaves, sin presionar demasiado al principio. Ello te permitirá descubrir pequeñas bolsas que corren bajo los dedos; continuando este movimiento con mayor presión podrás hacerlas desaparecer.

• En medio del esternón, a la altura de los pezones, existe un punto importante que, si es doloroso, corresponde en acupuntura a una fatiga nerviosa del corazón, debida a un ritmo de vida demasiado intenso. Masajea suavemente este punto —mediante alisamiento— hasta que el dolor desaparezca. Quedarás

asombrado al constatar que el dolor o la tensión pueden desaparecer con un simple masaje suave. Cuanto más concentrado estés, mayor será tu eficacia. No obstante, si tu compañero tiene miedo de que masajees en profundidad estos puntos sensibles, no entres en su juego. Pero no hay que obligar a nadie, simplemente tranquilizarle mostrándole cómo el dolor irá esfumándose poco a poco masajeando precisamente los puntos que duelen.

• Para estimular las funciones respiratorias, localiza la zona situada en el hueco del extremo de la clavícula y en la línea que va desde este hueco a la axila. Masajea con la punta de los dedos juntos, con movimientos rápidos y firmes. Esta zona corresponde en acupuntura al comienzo del meridiano de los pulmones. Al masajearla estimularás todas las funciones respiratorias.

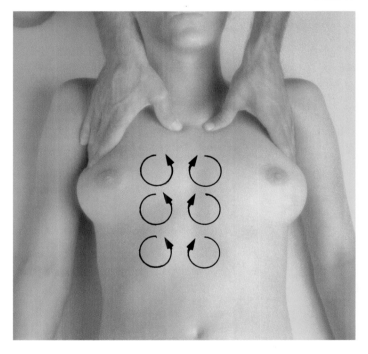

Alisamiento con la yema o punta de los pulgares

El cuello

5 Desliza los dedos bajo los hombros de la persona, al igual que en el movimiento 3. Pero en lugar de continuar el movimiento hacia el cuello, deténte y masajea bajo los hombros con la punta de los dedos juntos. Emplea fricciones circulares a lo largo del borde del omóplato hasta la columna vertebral (trapecio). Las palmas de tus manos deben estar orientadas hacia arriba, siendo el peso de la persona, que descansa sobre la punta de tus dedos, lo que dará la presión adecuada. Es sumamente importante disolver las tensiones musculares de esta zona, pues ello condiciona el paso de la energía a los brazos y a la cabeza.

6 Continúa las fricciones circulares suaves con una posición similar de las manos, subiendo hasta la parte posterior del cuello, por cada lado de la columna vertebral. Procura no presionar sobre los lados del cuello (carótida) y ejerce una presión adecuada cuando sientas puntos duros junto a las vértebras cervicales. La zona del cuello es muy sensible y a menudo hay ligeros desplazamientos de las vértebras que obligan a tener prudencia. Si no eres lo bastante prudente correrás el riesgo de acentuar los dolores. Por tanto, vigila estrechamente las reacciones de tu compañero y dosifica el masaje en función de lo que él sienta. El masaje del cuello debe ser siempre progresivo y prudente en extremo.

Empieza masajeando con las yemas de tres dedos juntos. Luego, poco a poco, a medida que sientas que los músculos se relajan, podrás presionar profundamente con la punta de los dedos. Insiste entonces para terminar sobre la base de la nuca, a lo largo de los huesos del cráneo, como si quisieras deslizarte bajo esos huesos, con la punta de los dedos ligeramente en gancho.

7 Prosigue con los mismos movimientos a cada lado de la columna vertebral. Pero mientras que en el movimiento 6 las dos manos llevan un ritmo simétrico a cada lado del cuello, aquí tienen el mismo movimiento circular, pero desplazado, de manera que la cabeza de la persona se mueva de derecha a izquierda y de izquierda a derecha.

Puedes dibujar pequeños círculos con la punta de los dedos, o grandes círculos con toda la yema. A la vez que con tus manos haces que la cabeza pase alternativamente a derecha e izquierda, observa si el movimiento es libre, es decir, si la persona «abandona» la cabeza. No debes ayudarle en el movimiento, ni oponer resistencia. Es particularmente importante establecer esta relajación de la nuca al comienzo del masaje. Muchas personas se controlan conservándola rígida. Piensa, por ejemplo, en las expresiones características como «perder la cabeza», «mirar a los demás desde arriba», «tomar distancias». Estas expresiones populares definen muy bien la tensión que viene de la nuca y que puede llegar a condicionar toda una actitud ante la vida.

Al actuar sobre la nuca también lo haces

Movimiento 6:
fotos A y B (detalle)

A

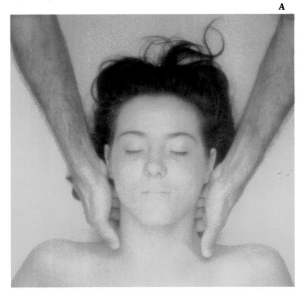

B

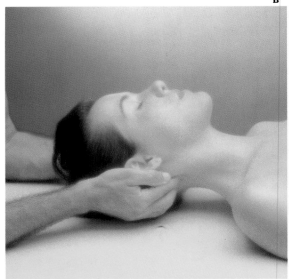

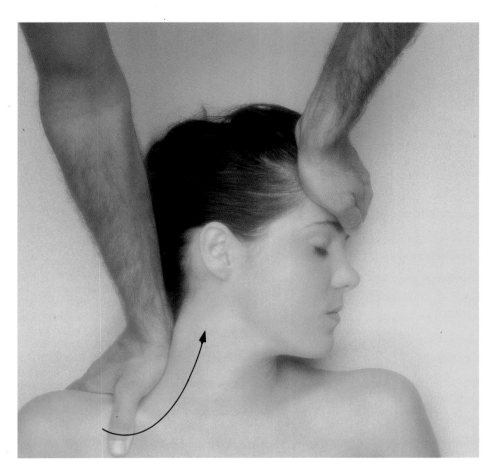

sobre los centros nerviosos reflejos de la base del cerebro (bulbo raquídeo). Relajar la nuca es liberar la salida de los nervios de la médula espinal, actuar sobre el ritmo respiratorio y el cardiaco, y sobre las zonas reflejas de la nariz, los ojos, las orejas, así como sobre la manera de llevar la cabeza, y, por tanto, la de considerar la vida en general. Si la nuca de tu compañero está particularmente tensa, si tiene dificultades para abandonarse, sobre todo, no le digas: «Debes distenderte, abandónate...». Distenderse nunca es algo voluntario. Invítalo más bien a dejarse llevar por el movimiento, el cual deberás moderar, pídele que relaje las mandíbulas, que a menudo se mantienen apretadas en estos casos, y que exhale por la boca como en un suspiro. Y, por supuesto, que mantenga los ojos cerrados. Y si puedes hacerle sentir todo esto sin hablar, tanto mejor. No olvides que si tú mismo estás relajado, él lo sentirá y podrá abandonarse más fácilmente...

8 Finaliza el movimiento 7 cuando tu compañero tenga colocada la cabeza en posición lateral, por ejemplo, con la mejilla izquierda contra el suelo. Si el cue-llo tiene dificultades en la rotación, sostén la cabeza con la mano izquierda. Con la mano derecha, deslízate con un movimiento de ida y vuelta desde el cráneo hasta la punta del hombro, a lo largo del músculo trapecio.

Deslízate, igualmente, pero con menos presión, a lo largo del costado, del cuello (carótida) y prolonga tu movimiento de ida y vuelta hasta la mitad del esternón. Presta atención a la oreja, sigue su contorno, prolongando el movimiento al cuero cabelludo. Repite varias veces en cada lado.

Presión ligera a lo largo de las carótidas

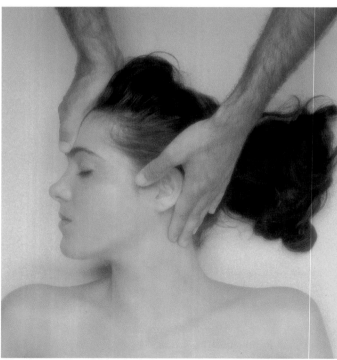

Masaje específico del borde de la nuca

9 Vuelve a colocar la cabeza en su eje y retoma el movimiento 3, pero deténte antes de acabarlo, cogiendo firme pero delicadamente la cabeza con ambas manos, a la altura de las orejas, y estirando progresivamente y al máximo todo el cuello; la cabeza ligeramente levantada del suelo. Tu compañero debe sentir el estiramiento de la columna vertebral hasta los riñones. Mantén el estiramiento dos o tres minutos hasta que sientas un relajamiento en la columna vertebral. También puedes hacer vibrar muy ligeramente la cabeza de derecha a izquierda entre tus manos, para ayudar al relajamiento.

Movimientos específicos

• Al ser el cuello una zona de tensión para casi todo el mundo, nos hemos ocupado de él de manera específica. Si quieres intensificar el masaje busca los puntos doloridos a lo largo de las vértebras cervicales y masájealos, alisándolos e imprimiéndoles un pequeño movimiento vibratorio al mismo tiempo (masajeando con la punta de los dedos) para hacerlos desaparecer.

• Sobre todo vigila y no presiones nunca con fuerza sobre las vértebras. Es una zona muy delicada.

Puntos específicos

• Existe un punto específico situado en el eje de la columna vertebral, justo bajo la protuberancia del hueso occipital (el posterior del cráneo), que actúa sobre el bulbo raquídeo y contribuye al tono así como al sentido del equilibrio. Puedes presionarlo en dirección al centro del cráneo.

• Descubrirás otros dos puntos en las cavidades, a cada lado de los músculos del cuello, justo en la base del cráneo, así como más lejos, hacia las orejas, en dos pequeñas cavidades óseas. Si se presionan hacia el centro del cráneo, se consigue un gran alivio en caso de resfriados, hipertensión, cansancio de los ojos, y dolores de cabeza.

• Para la hipertensión, para mejorar la circulación sanguínea del cerebro, y para tener un cutis bello, deberás proceder de la siguiente manera: cuando la cabeza esté en posición lateral ejerce presiones breves de 2 a 3 segundos, ligeramente, a lo largo de la carótida.

La cabeza

10 Después de haber estirado el cuello, masajea todo el cuero cabelludo, en particular alrededor de las orejas, haciendo fricciones circulares más bien enérgicas con la punta de los dedos. Debes llegar hasta las sienes. Debes sentir que la piel del cráneo se mueve sobre el hueso. Penetra con la yema de los dedos en todas las pequeñas cavidades que percibas en la caja craneana. El masaje del cuero cabelludo está especialmente indicado para las personas ansiosas y nerviosas. Cuando la zona alrededor de la oreja, a los lados del cráneo, que en acupuntura corresponde al meridiano de la vesícula biliar, está muy tensa, sentimos una fuerte presión alrededor de la cabeza. Masajearla es muy importante para las personas inquietas, obsesivas o que padecen insomnio.

11 Continúa el masaje circular del cuero cabelludo con un masaje circular de las sienes efectuado con la yema de los dedos. Luego desciende a la altura del orificio de las orejas, sobre la articulación de la mandíbula, allí donde el hueso sobresale cuando se abre mucho la boca. Masajea profundamente esta zona con movimientos circulares de la punta de los dedos (el masetero es el músculo que sale en forma de bola cuando se aprietan al máximo los dientes).

12 Coloca las dos manos en la frente, con la base en contacto y los puños «rotos», de tal forma que recubran toda la frente.

«Abre» la frente apartando tus manos hacia las sienes, con los dedos deslizándose ha-cia los lados de la cara. Se trata de la segunda zona de tensiones importantes del rostro: el centro de la frente, entre las cejas, o *tercer ojo*, que refleja la tensión de los ojos y la mente, el estado de preocupación. Las tensiones en esta zona indican a menudo problemas de hígado (arrugas verticales), o de intestinos (arrugas horizontales).

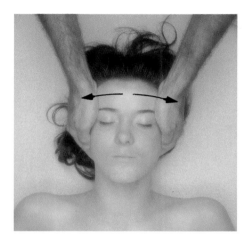

«Abrir la frente»

13 Con las puntas de los dedos juntas, las manos en forma de copa, parte de lo alto de la nariz y ve bajando, siguiendo a lo largo del hueso de las mejillas hasta delante de las orejas, como si estirases las facciones hacia los lados rápidamente. La piel de las mejillas tiene tendencia a ceder; por tanto, el masaje será bastante vivo. Puesto que la piel de la frente tiene tendencia a crisparse, su masaje deberá ser más lento.

Izquierda: masaje circular de la mandíbula

Masajea circularmente con la punta de los dedos toda la zona de las mandíbulas alrededor de los labios, sintiendo las encías y los dientes a través de la piel. Insiste en la comisura de los labios. La primera parte del movimiento libera los senos y ayuda a disipar la tensión general del rostro. La segunda, favorece la tonificación de la piel, la irrigación de las encías y la secreción de saliva. En el contorno de los labios se acumulan muchas tensiones como resultado de la «máscara social» y los comportamientos estereotipados que ésta supone: sonrisa comercial de reclamo, labios finos de las personas que se controlan mucho, boca afilada de aquéllos que son duros consigo mismos y con los demás, etc. Estas tensiones del rostro son la expresión de la máscara que adoptamos. Masajearla permite dejar caer dicha máscara y los diferentes personajes que van asociados a ella. Tras un largo masaje de la cara, la persona frecuentemente recupera con sorpresa expresiones infantiles.

14 Coloca los dedos sobre la mandíbula inferior, presionando repetidas veces con los pulgares hacia abajo, e invita a la persona a abrir la boca relajando las mandíbulas. Masajea entonces alternativamente el mentón con los pulgares. No hagas excesiva fuerza si te parece demasiado duro para tu compañero. Estos movimientos ayudan a reabsorber el doble mentón y a distender la garganta.

15 Este movimiento debe encadenarse al del masaje de las orejas: masajea delicadamente el pabellón de la oreja, estira el lóbulo entre los dedos y los pulgares, y luego, con la punta del índice, sigue las circunvoluciones del pabellón. A continuación, siempre con el índice, masajea justo detrás de la oreja. Para terminar el masaje de la cara, aplica tus manos bien planas, sin presionar, a cada lado del rostro, y deja que el calor de éstas distienda las facciones y favorezca la irrigación sanguínea de los ojos.

Ahora ha llegado el momento de hacer una primera pausa en la secuencia general de los movimientos.

Movimiento 14 (foto A) y movimiento 15 (secuencia B, C, D)

A

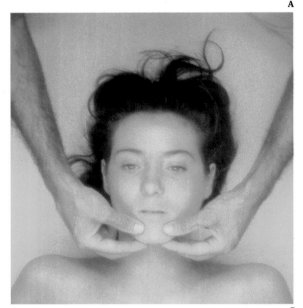

B

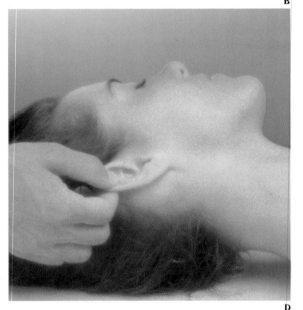

C

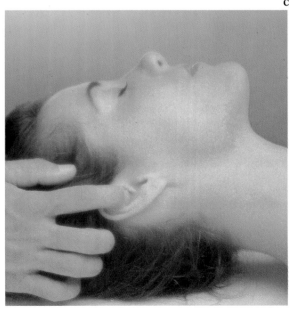

D

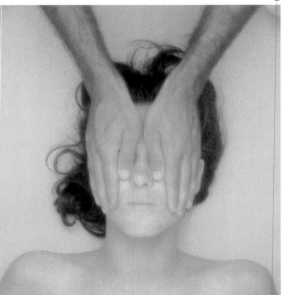

Movimientos específicos

Puedes perfeccionar el masaje de la cara descomponiendo los diferentes movimientos, utilizando para ello los pulgares y la punta de los dedos. El principio consiste en partir del eje de la cara hacia los costados, siguiendo las líneas óseas. Por ejemplo, parte del eje de la frente con ambos pulgares y ve hacia las sienes, a diferentes alturas, como si trazaras bandas sobre la frente. Sigue el contorno de los arcos superciliares superiores e inferiores. Deslízate por cada lado de la nariz, así como a lo largo de la espina. Masajea las ventanas de la nariz con movimientos circulares de la punta de los dedos.

Puntos específicos

• Existe un punto específico sumamente importante en el cuero cabelludo, sobre la fontanela posterior, en el lugar del remolino: es un pequeño hueco que descubrirás con facilidad y que deberás masajear circularmente, o sobre el cual podrás ejercer una decena de presiones diferentes. Cuando este punto es masajeado, actúa contra los dolores de cabe-

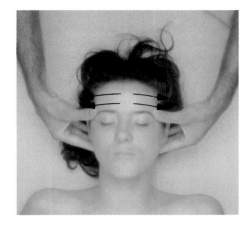

Traza bandas sobre la frente con ambos pulgares

za, la hipertensión, las pérdidas de memoria, las dificultades de concentración, y favorece la circulación de la energía en toda la columna vertebral.
• Para combatir los dolores de cabeza, la visión defectuosa, la nariz tapada, y la falta de concentración, también es eficaz el masaje circular del tercer ojo, con una presión firme.
• Para el hígado, la fatiga de los ojos y la sinusitis, despega la piel de las cejas y amásala con el pulgar y el índice.

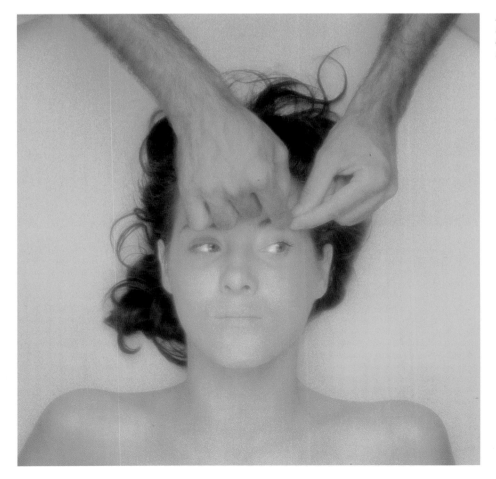

Amasamiento de la piel de las cejas con el pulgar y el índice

• Para despejar la nariz en caso de resfriado, o de dificultades para respirar en general, y para todas las infecciones de la cara, masajea en todas las pequeñas cavidades que encuentres en la zona de la mandíbula superior, justo en el ángulo externo de las ventanas nasales.

• Para los estados de fatiga, las tensiones dolorosas de la cara, la gripe, los dolores de muelas y la sinusitis, presiona justo bajo el hueso de las mejillas, en la vertical del ojo, así como sobre la articulación de las mandíbulas a la altura del orificio de la oreja.

• Para las palpitaciones cardiacas y la fatiga de los ojos, presiona muy suavemente, con la yema de los pulgares, al ritmo de una presión por segundo, sobre los globos oculares, como si hundieras un corcho en el agua y dejaras que volviera a subir. Por supuesto: los ojos de tu compañero deberán estar bien cerrados.

Presión suave con la yema de los pulgares sobre los globos oculares

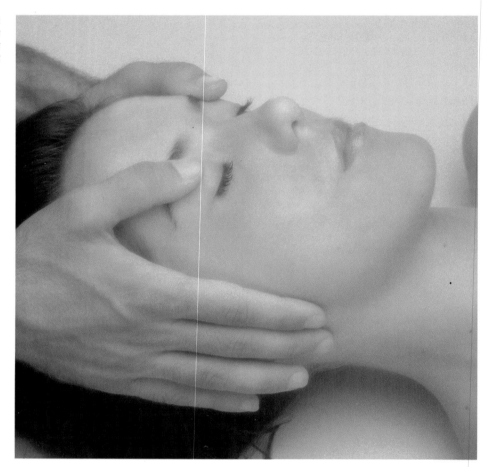

Masaje de los arcos superciliares (izquierda) y del mentón y mandíbula inferior (derecha)

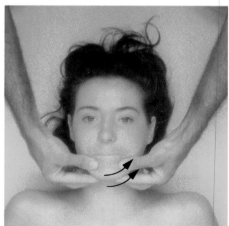

Los brazos

Retoma los movimientos 2, 3 y 4 una o dos veces a fin de volver a un masaje global. A continuación, desliza ambas manos a lo largo de uno de los brazos de tu compañero al tiempo que cambias tu posición colocándote en el eje del brazo de tu compañero.

Al cambiar de posición procura no apoyarte en el cuerpo de la persona mientras te desplaces, pero mantén el contacto. Tu compañero no debe percibir que te estás des- *plazando. Todo debe deslizarse suavemente, sin movimientos bruscos, ¡y no es nada fácil! Por tanto, si te sientes torpe, deténte abiertamente y desplázate con calma para ponerte en la posición correcta, en cuyo caso deberás avisar a tu compañero.*

El masaje de los brazos se efectúa sobre la persona echada de espaldas. Pero el masajista ocupa sucesivamente tres posiciones diferentes.

Movimiento 16: inicio (izquierda) y movimiento ascendente (derecha)

16 Siéntate en la alineación del brazo de tu compañero, que lo deberá tener ligeramente apartado del tronco (aproximadamente 30º). Con ambas manos a cada lado del eje y a partir de las muñecas, comienza a subir a lo largo del brazo hasta el hombro, en un lento rozamiento que al mismo tiempo te servirá para extender el aceite si es necesario.

En lo alto del brazo, tu mano externa —es decir, tu mano derecha si masajeas el brazo izquierdo de tu compañero— irá girando alrededor del hombro, envolviéndolo, mientras que la otra mano se deslizará bajo la axila. Ambas manos volverán a bajar a la misma altura estirando ligeramente el brazo cogido entre ellas.

Continúa el movimiento hasta la punta de los dedos, pasando la mano interior hacia la palma de quien recibe el masaje, y la otra sobre el revés. Entonces puedes hacer una pausa de algunos segundos antes de proseguir, manteniendo la mano de tu compañero entre las tuyas para reconfortarlo.

Repite varias veces este movimiento fundamental.

Movimiento 16: descenso (izquierda) y final (derecha)

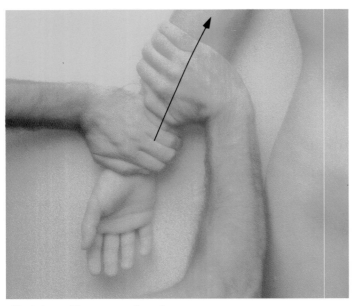

17 Vuelve a empezar desde la muñeca, pero esta vez colocando las manos en brazalete. El final del movimiento y el regreso son idénticos, pero la presión debe ser más firme al subir, para así favorecer el retorno de la circulación sanguínea.

18 Masajea ligeramente, con un pequeño movimiento circular de la punta de los dedos, la cavidad del codo, y con un movimiento más insistente la palma de la mano. Luego da vuelta al antebrazo cogiendo la mano entre las tuyas y masajea más profundamente entre los huesos del reverso de la mano. Moviliza estos huesos asiendo una mano como se indica en la fotografía, moviendo ambas manos alternativamente. Estira cada uno de los dedos hacia su extremo, cogiéndolos con toda la mano.

Movimiento 17: manos en brazalete

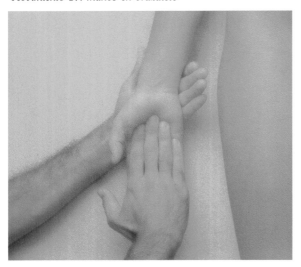

Movimiento 18: masaje de la mano y de los dedos

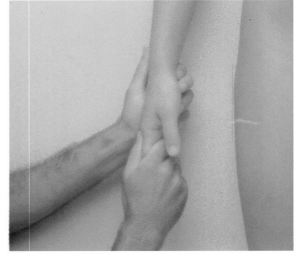

19 Levanta el antebrazo y manténlo con una mano, mientras masajeas en torsión con la otra desde la muñeca hasta el codo. A continuación sostén la muñeca y sacude el antebrazo. La mano de tu compañero debe quedar floja.

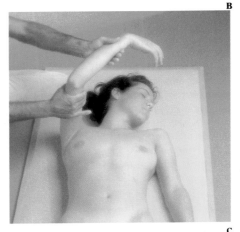

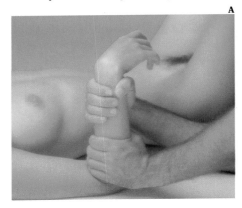

20 Eleva el brazo, doblándolo como en la fotografía y masajea en torsión toda la parte comprendida entre el codo y el hombro. Vuelve a subir con el mismo movimiento de torsión hasta el codo, y continúalo sobre el antebrazo, subiendo otra vez el brazo verticalmente. Al final del movimiento una de las manos sostiene el brazo, mientras la otra se desliza desde abajo hacia arriba estirándolo.

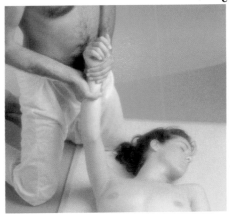

Movimiento 19: masaje con torsión en el antebrazo (foto A). Movimiento 20: fotos B y C

21 Ahora, con el brazo estirado, bájalo por encima de la cabeza hasta el suelo. Coloca tus manos una al lado de la otra, con los pulgares juntos en el hueco de la axila, y comienza a desplazarlas en sentido inverso, una subiendo a lo largo del brazo, la otra descendiendo a lo largo del costado, en un movimiento de presión con deslizamiento y estiramiento de todo el costado del cuerpo.

Presión con deslizamiento y estiramiento del costado

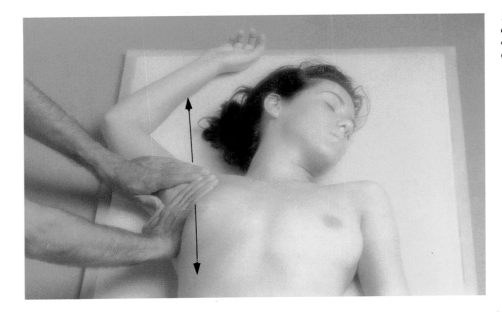

22 Vuelve a colocar el brazo en posición a lo largo del cuerpo y realiza alternativamente un rozamiento con ambas manos, desde el hombro hasta la punta de los dedos. El movimiento debe ser muy suelto y libre, y producir un ligero estiramiento del brazo hacia la mano aflojando el hombro.

No olvides el otro brazo. Desplázate sin perder el contacto y gira alrededor de la cabeza de la persona. Luego vuelve a colocarte a cada uno de los lados de la cabeza y retoma los movimientos 2, 3 y 4.

Movimientos específicos

• Pueden perfeccionarse los dos primeros movimientos efectuándolos en tandas sucesivas. Comienza entonces por oleadas junto a la raíz del miembro, hasta que el movimiento englobe el brazo totalmente, abarcando toda su extensión.

• También puedes llevar más lejos tu masaje efectuando presiones con deslizamiento más profundas, con los pulgares o la punta de los dedos, a lo largo de los músculos o en los espacios intermusculares.

Puntos específicos

En los brazos existen un cierto número de puntos específicos relacionados con los meridianos de la acupuntura. Por ejemplo, el punto situado justo en la intersección del pulgar y el índice regulariza el funcionamiento intestinal, ayuda a la digestión, calma los dolores de cabeza, de los ojos y de los dientes, combate el resfriado y el dolor de garganta, alivia los dolores del cuello, los hombros y los brazos, así como los calambres de las manos y la parálisis de los dedos. Masajéalo circularmente ablandando los músculos durante bastante tiempo, de dos a tres minutos en cada mano.

Movimiento 22: rozamiento alterno (con ambas manos) desde el hombro a la punta de los dedos

El vientre

Debes cambiar de posición otra vez: mientras continúas masajeando el pecho de tu compañero desplázate a su costado, para continuar con el masaje de vientre. El vientre es una zona muy particular. Ya no se tratará de masajear simplemente los músculos, sino también de ejercer una acción sobre los órganos. Tu presión, por tanto, deberá ser ahora mucho más mesurada, cuidadosa y atenta.

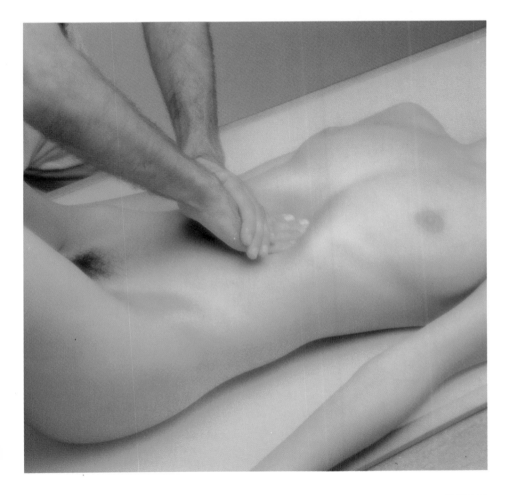

23 Masajea todo el tronco con un movimiento de ida y vuelta poco insistente, alternando las dos manos, desde las clavículas hasta las caderas. Este movimiento te servirá al mismo tiempo para repartir el aceite. Trata con delicadeza los senos de las mujeres, y cuida también aquí de que toda tu mano se adhiera al cuerpo, sobre todo al final de cada movimiento de ida y vuelta.

24 Mantén las manos a la altura del vientre y comienza a masajear éste con un gran movimiento circular de ambas manos en el sentido de las agu-

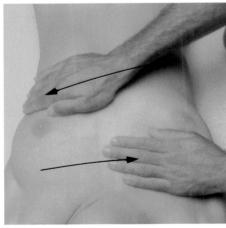

Movimiento 23: masaje del tronco con movimiento de ida y vuelta

jas del reloj para favorecer el tránsito intestinal. Insiste en este movimiento unas cuantas veces, muy lentamente. Tus manos deben descender hasta la altura del bajo vientre y pasar sobre las últimas costillas. También puedes efectuarlo trabajando alternativamente con las dos manos, describiendo un círculo con cada una y pasando una por encima de la otra cuando se crucen. Siente la consistencia del vientre bajo tus dedos y no presiones nunca con brusquedad.

Movimiento 24: masaje circular del vientre (fotos A y B). Movimiento 25: masaje en la zona del Hara (fotos C y D).

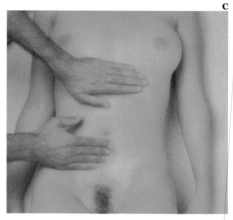

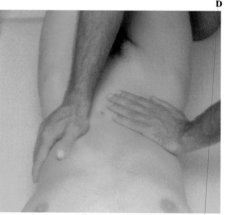

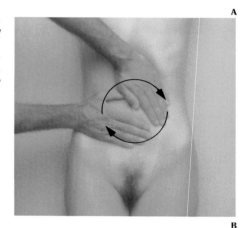

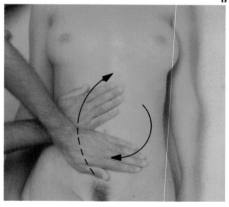

nal es un absurdo fisiológico. El bloqueo de la respiración abdominal crea ansiedad, tensiones a la altura del plexo solar, angustia, obstrucción de la garganta, estreñimiento y problemas sexuales.

Un vientre hinchado tampoco es síntoma de serenidad de ánimo. Ésta se mide más bien por el grado de elasticidad y flexibilidad que se percibe al tacto, y por la libertad del movimiento respiratorio, que en un vientre relajado puede propagarse hasta el pubis.

25 Masajea con la punta de los dedos, realizando movimientos circulares alrededor del ombligo sobre un radio de unos 5 a 10 cm.

Siente los puntos duros, indicadores de congestión en los diversos órganos, en particular a la altura del intestino. Masajea así también la zona entre el ombligo y el pubis, y los pliegues de las ingles. Para los orientales esta zona es el potencial de energía vital o «hara». Simplemente tocando esta zona puede determinarse la probabilidad y el tiempo de curación de cualquier enfermedad.

El vientre debe ser blando y distendido, sin que eso signifique echar barriga. La imagen estética de un vientre «chato» que comprime los órganos e impide la respiración abdomi-

26 Desliza las dos manos alternativamente, o una sobre la otra, desde lo alto del esternón hasta el bajo vientre. Crea un pliegue en la piel inclinando un poco más tus dedos cuando pases sobre el hueco del estómago.

Alterna aquí movimientos extremadamente lentos con otros más rápidos. Las tensiones en esta zona del plexo solar y el estómago a menudo indican que se trata de una persona descentrada, que no ha dado con su propio ritmo de vida, siempre en tensión. Son síntomas de un bloqueo del diafragma y de la respiración abdominal. En estos casos es raro que se pueda obtener una relajación completa desde los primeros masajes, pues frecuentemente dicho bloqueo es el resultado de largos años de malos hábitos y un rechazo a entrar en contacto con emociones profundas. En el curso de este masaje es común que surjan emociones enterradas, llantos, cólera, angustia, o incluso recuerdos. Si te encuentras con una situación de este tipo, invita simplemente a la persona a que los exprese tanto como desee.

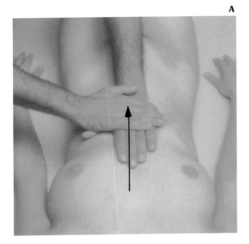

A

27 Desliza progresivamente la punta de los dedos bajo las últimas costillas, primer de un lado y luego del otro, y masajea suavemente, pero lo más profundamente posible, el bazo, el páncreas, el estómago y el colon del lado izquierdo, y el hígado, la vesícula biliar y el ángulo del colon ascendente del lado derecho. Hazlo desde el eje del cuerpo hacia el costado. Puedes ayudarte apoyándote con la otra mano en las últimas costillas.

Si los músculos abdominales están muy tensos puede resultar imposible realizar este movimiento. Masajea entonces a lo largo del borde de las costillas, con un movimiento de bombeo (presión-relajación) con la punta de los

B

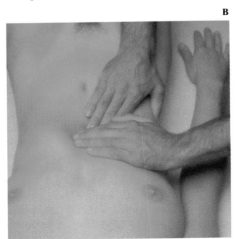

dedos. Luego intenta introducirte bajo las costillas. Termina el masaje del tronco con una segunda pausa, dejando descansar ambas manos sin presión sobre el plexo solar, y permite que el calor de tus manos y tu magnetismo produzcan la distensión. A menudo ocurre que el vientre no se relaja mientras se lo masajea, pero sí durante esta pausa. Por tanto es importante mantener este contacto algunos minutos, salvo si sientes que ello crea un cierto malestar en tu compañero. Observa igualmente que ahora la respiración es más profunda y baja en el abdomen. Por otra parte, puedes actuar sobre ésta si sientes que una zona no respira verdaderamente.

Desplaza entonces lentamente tus manos hacia esa zona, acompañando con un ligerísimo movimiento de presión-relajación el ritmo respiratorio de la persona que recibe el masaje. Si tu compañero tiene frío, cúbrele los brazos y la parte superior del cuerpo antes de pasar a las piernas.

C

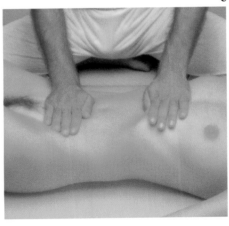

Foto A: movimiento 26 (el plexo solar). Foto B: masaje por el borde de las costillas. Fotos C y D: acompañamiento del ritmo respiratorio con un movimiento de presión-relajación.

D

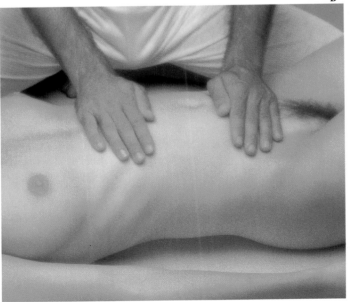

Las piernas

Las piernas se masajean a la vez por delante y por detrás del cuerpo. Los músculos por encima del muslo son accesibles más fácilmente cuando la persona está tendida de espaldas, los músculos de la pantorrilla, por el contrario, cuando la persona está tendida boca abajo. En *cuanto a los pies, se masajean igualmente en las dos posiciones, pero les dedicaremos un capítulo especial. Como verás, el masaje de la cara anterior del cuerpo va de la cabeza a los pies, uniendo con grandes movimientos los miembros entre sí y al tronco.*

28 Comienza con un movimiento de rozamiento circular de la cara interna y parte superior de los muslos, que pase por el pliegue de la ingle, sin ejercer demasiada presión. Este movimiento te servirá también para extender el aceite. Atención a los pelos, pues su presencia exige, por lo general, mayor cantidad de aceite. A continuación amasa con toda la mano los músculos del interior del muslo (aductores) y de la parte superior del mismo (cuádriceps). En posición de pie, muchas tensiones se localizan en los muslos puesto que soportan las consecuencias de una mala postura de pie (parte superior del muslo), así como de actitudes de protección en relación a la sexualidad (interior del muslo). La mayoría de las tensiones de los muslos sirven para proteger el bajo vientre. ¿Acaso no es la parte del cuerpo que sentimos más vulnerable, y que frecuentemente es tabú? La espalda, en tanto parte musculosa, protege como un caparazón la zona vulnerable del vientre, verdadero laboratorio orgánico de vida.

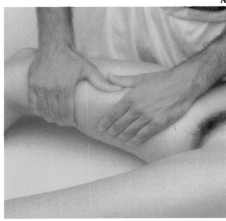

riar el ritmo. El masaje de las piernas está particularmente indicado para las personas que hayan sufrido una gran fatiga física.

30 Mientras continúas extendiendo el aceite, desplázate a partir del muslo hasta que te encuentres en el eje de la pierna que estás masajeando. Retoma ahora los movimientos 16 y 17 de los brazos a lo largo de toda la pierna. Contornea con tus manos la rótula. Sube la mano exterior hasta lo alto de la cadera (es más fácil si la persona está desnuda). La mano interior desciende por el pliegue de la ingle. En el movimiento de vuelta, coge la pierna entre tus manos y levántala ligeramente mientras la es-

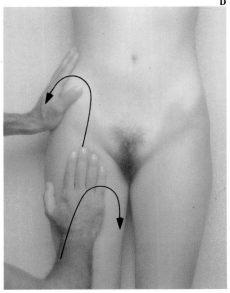

Amasamiento de los muslos: secuencia (fotos A, B, C). En las fotos D y E, fases del rozamiento de las piernas (movimiento 30)

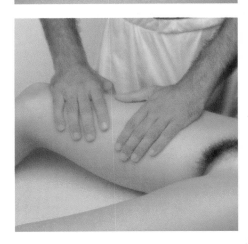

29 Amasa la zona interna del muslo, junto a la rodilla, allí donde sientas un tendón duro bajo tus dedos. Cuando las tensiones de esta zona se relajan, la cadera puede abrirse hacia el costado, y entonces verás que la punta del pie sigue el movimiento. Continúa con el rozamiento alternando ambas manos —movimiento de «patas de perro»—, desde el interior del muslo hacia ti para favorecer el movimiento de apertura. Con las manos bien planas, puedes va-

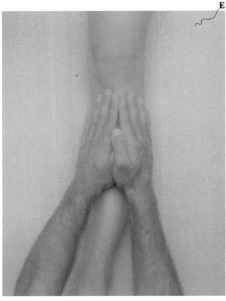

tiras. Cuando llegues a los pies pasa la mano interior bajo la planta del pie, y la mano exterior sobre el empeine. Las dos manos marcan una pausa en esta posición antes de dejar que la pierna repose suavemente. En este movimiento de rozamiento la presión es débil, se trata simplemente de devolver a la persona la sensación interior de sus piernas, de delimitar su volumen.

Fotos A y B: fase final del movimiento 30. Foto C: masaje de la rodilla

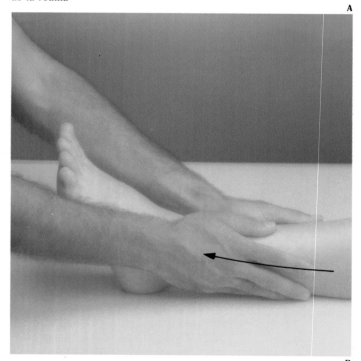

A

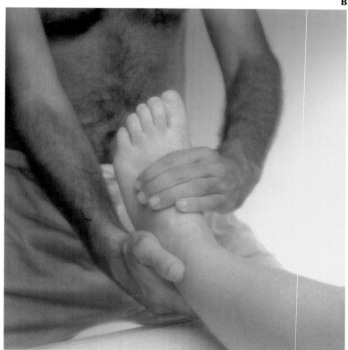

B

31 Efectúa una presión de deslizamiento, las manos en el eje de la pierna o en brazalete sobre la cara interna de la pierna, presionando bastante profundamente. Este movimiento favorece la circulación sanguínea y linfática. El movimiento debe ser lento, y la vuelta se hace como en el movimiento precedente, sin presión y con estiramiento.

Repite varias veces este importante movimiento, pues la sangre, debido al peso, tiene tendencia a estancarse en las piernas, provocando edemas, varices y congestión. Combinado con el masaje de la planta de los pies, este movimiento favorece el reflujo sanguíneo.

32 Masajea con las puntas de los dedos juntas alrededor de la rótula, en todos los pequeños huecos que notes alrededor de la rodilla. Debido al peso, a menudo la rodilla está sometida a fuertes presiones y sus posibilidades de torsión son sumamente reducidas. Si adoptas una mala postura, lo que es frecuente, soporta todo el peso y debe jugar permanentemente el papel de amortiguador.

Masajea, igualmente con las puntas de los dedos, cada lado del tobillo, en todos los pequeños huecos alrededor de los maléolos. Con un movimiento alternativo de las dos manos, la pierna ligeramente levantada, las puntas de los dedos dobladas para seguir la forma del tendón, deslízate por cada lado del tendón de Aquiles desde el final de la pantorrilla hasta el talón.

Movimientos específicos

También puedes masajear la pierna, en particular la rodilla y la pantorrilla, doblando la pierna de tu compañero. Masajea con un mo-

C

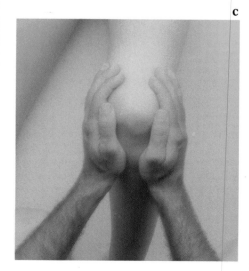

vimiento de fricción circular de toda la mano a cada lado de la rodilla, para calentarla. Todas las luxaciones y los esguinces de la rodilla se producen en frío. Masajea, también en esta posición, la pantorrilla por detrás, amasándola con la palma de las manos. Asimismo puedes masajear el muslo en la posición del movimiento 28, con un movimiento de torsión o de ida y vuelta de las dos manos, y en la posición del movimiento 30, en el eje de la pierna, retomar los movimientos 30 y 31 por oleadas sucesivas a partir de la cadera. También puedes efectuar con la yema de los pulgares, o la punta de los dedos, presiones con deslizamiento en las fosas intermusculares.

Puntos específicos

• En la cara interna del muslo, a unos cinco dedos del pliegue de la rodilla, en un hueco a mitad del muslo, hay un punto importante que concierne a la circulación sanguínea, la fatiga de las piernas, y los problemas de los órganos genitales, especialmente los de la mujer. En él puedes ejercer una presión profunda con la yema de los dedos, perpendicularmente al cuerpo.

• Asimismo, uno de los escasos puntos que pertenecen simultáneamente a tres de los meridianos de acupuntura —hígado, bazo y riñones— se encuentra a cinco dedos por encima del maléolo interno del tobillo, justo contra la tibia. Este punto corresponde a la obesidad, la retención de agua, los trastornos digestivos, la circulación de la sangre en las piernas, los problemas de los órganos genitales, y los dolores de cabeza debidos a dificultades respiratorias. Puedes masajearlo sin insis-

tir ni hacer demasiada fuerza, con un movimiento circular de la punta de los dedos o de la yema del pulgar. A menudo es doloroso.

• En una pequeña cavidad ósea entre el maléolo interno del tobillo y el tendón de Aquiles, se encuentra un punto específico de los riñones útil para combatir los cólicos nefríticos y las cistitis.

• Sobre la cara externa de la tibia, a unos cinco dedos por debajo de la rótula, encontrarás un punto particularmente importante para la tonificación general de todo el cuerpo, que actúa contra la fatiga, la tensión nerviosa, la anemia, los calambres de estómago, y los dolores de cabeza debidos a dificultades digestivas. Ejerciendo presiones profundas sobre este punto volverás a poner rápidamente en forma a quien padezca estos trastornos.

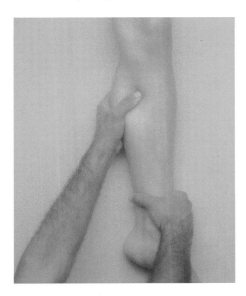

Amasamiento de la pantorrilla

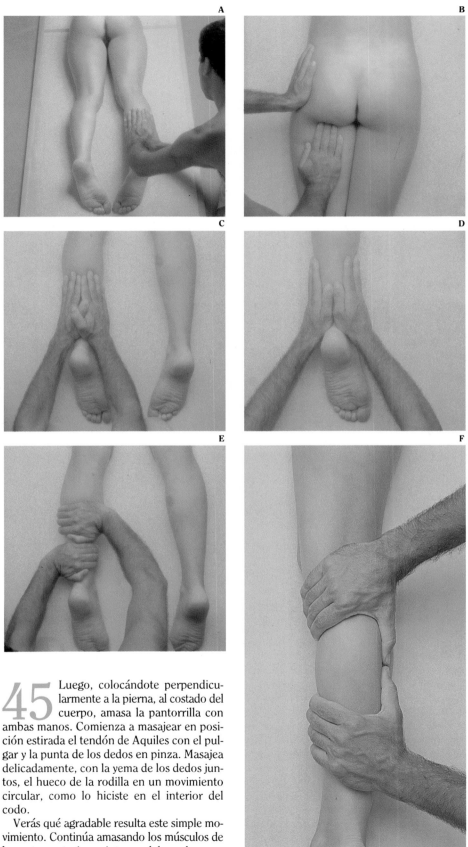

*Distintas
fases del movimiento
44: fotos A, B, C, D,
E*

C

D

E

F

*Movimiento 45:
amasamiento de la
pantorrilla (foto F)*

45 Luego, colocándote perpendicularmente a la pierna, al costado del cuerpo, amasa la pantorrilla con ambas manos. Comienza a masajear en posición estirada el tendón de Aquiles con el pulgar y la punta de los dedos en pinza. Masajea delicadamente, con la yema de los dedos juntos, el hueco de la rodilla en un movimiento circular, como lo hiciste en el interior del codo.

Verás qué agradable resulta este simple movimiento. Continúa amasando los músculos de la parte posterior e interna del muslo.

Movimiento 45:
masaje circular del
hueco de la rodilla
(foto A)

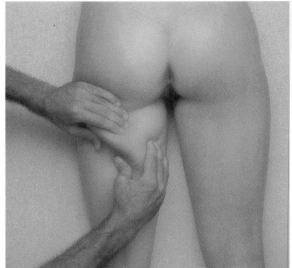

Movimiento
45: amasamientos
(fotos B, C, D)

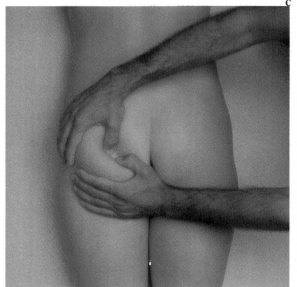

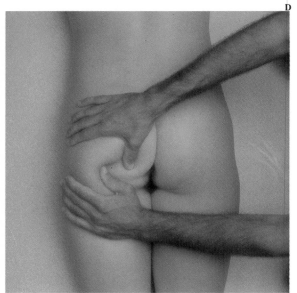

Movimientos y cuidados específicos

• Puedes retomar el movimiento 44, por oleadas sucesivas, así como amasar las pantorrillas, con la tibia en posición perpendicular. En esta misma posición, efectúa también el movimiento 45.

• Puedes prolongar el movimiento 44 por medio de presiones con deslizamiento de la yema de los pulgares y la punta de los dedos en los espacios intramusculares, como si separaras los músculos.

• También puedes utilizar el movimiento de estiramiento con las manos en sentido opuesto sobre toda la parte posterior de la pierna, partiendo de la rodilla, como hiciste sobre los costados cuando el brazo estaba levantado.

En posición transversal, también puedes utilizar un movimiento de ida y vuelta alternativo de las manos sobre la parte posterior del muslo.

Puntos específicos

• En el hueco poplíteo, detrás de la rodilla, encontrarás un punto específico importante, que combate la ciática y el cansancio de las piernas. Dobla la rodilla y presiona larga y profundamente este punto varias veces. Más abajo, en el eje de la parte posterior de la pierna, aproximadamente a 2/3 de la distancia comprendida entre la rodilla y el tobillo, partiendo de arriba, se encuentra otro punto importante, que es eficaz contra todos los calambres de los pies y las pantorrillas, y tonifica la musculatura voluntaria de todo el cuerpo. Ideal para los deportistas, favorece una distensión muscular global.

• En la planta del pie existe una zona refleja que corresponde al plexo solar. En casos de dolores de cabeza, convulsiones, choques físicos y emocionales, nerviosismo o hipertensión, presiona profundamente este punto. También puedes golpearlo con el puño unas cincuenta veces.

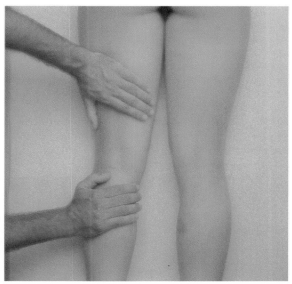

Movimientos específicos de la parte posterior de la pierna (fotos A, B, C)

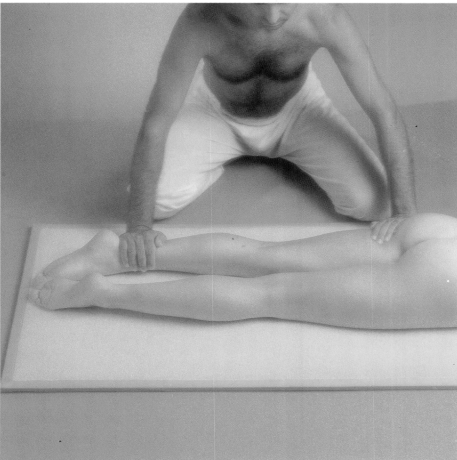

La espalda

La espalda es la parte del cuerpo con más tendencia al cansancio y los dolores. Es sinónimo de fuerza: «tener una espalda sólida», o «buenas espaldas». Igualmente es la zona del cuerpo que uno no puede ni ver ni tocar. De ella pueden provenir todas las tensiones, tanto físicas (luchar contra el cansancio para mantenerse erguido) como psicológicas «tener muchos años a la espalda», «echarse todo a la espalda». Su musculatura forma un todo sobre varias capas óseas que unen el cráneo con la pelvis. La espalda es la parte más musculosa del cuerpo y su función consiste en cargar con el peso, mientras que la de la parte delantera del cuerpo es contraer los órganos apoyándose en una espalda sólida.

Por el eje de la espalda pasan la columna vertebral y la médula espinal, que normalmente le dan toda su flexibilidad y agilidad. De la columna vertebral parten los nervios que van a inervar a su vez las diferentes partes del cuerpo: piel, articulaciones, sistema somático y sistema visceral, etc. Por la postura de la espalda, una persona entendida en la materia puede reconocer y diagnosticar todos los desequilibrios orgánicos de una persona. Por tanto, la espalda, en particular a lo largo de la columna vertebral, es el teclado más indicado y a la vez más eficaz para restablecer un buen funcionamiento general de los órganos, así como una postura correcta y una mayor vitalidad.

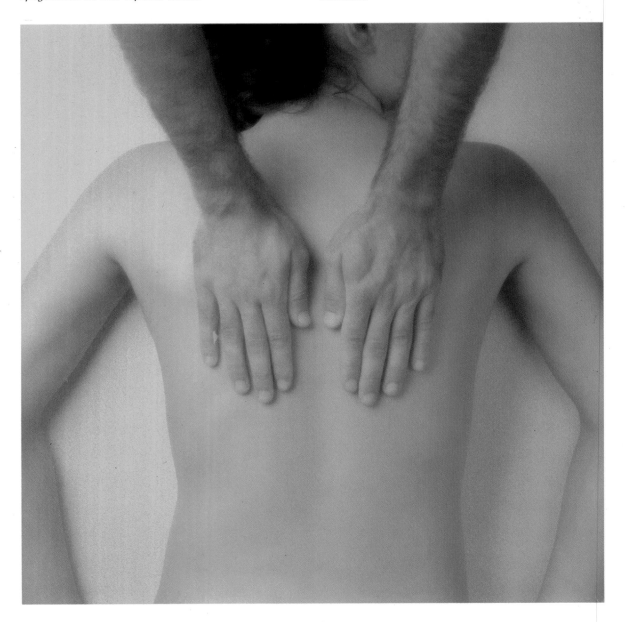

46 Cuando hayas terminado con las piernas, coloca una mano a la altura de cada tobillo, vuelve a subir a lo largo de las piernas, deslízate sobre las nalgas y sube con las dos manos a lo largo de la espalda, sin apoyarte sobre la columna vertebral, hasta llegar al nacimiento del cuello. Desciende por los hombros, contorneando bien su forma, y sigue por los brazos, que deben estar pegados a los costados. Este movimiento une las piernas a la espalda y contribuye a la distensión de toda la parte posterior del cuerpo.

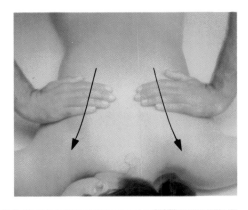

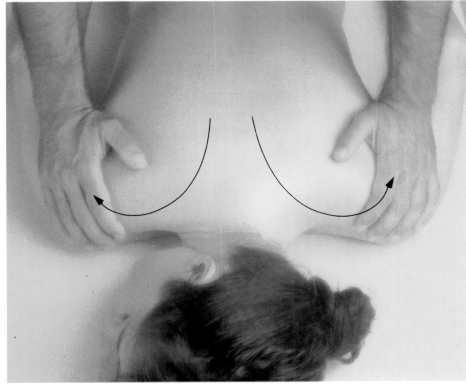

Movimiento 46: distensión de la parte posterior del cuerpo (fotos superior e izquierda)

47 Vuelve a realizar el movimiento anterior con diferentes posiciones de las manos. Sin tocar la columna vertebral, aumenta la presión progresivamente: éste es el movimiento básico del masaje de la espalda. Tus manos pueden estar perpendiculares al eje de la espalda, las muñecas flexionadas, los dedos orientados hacia los lados o hacia la columna vertebral, o también en el eje de la espalda, a cada lado de la columna, con los pulgares paralelos.

Repite este movimiento muchas veces empleando todo el peso de tu cuerpo y acordando el ritmo con la respiración de la persona, fácilmente perceptible, sobre todo en lo alto de la espalda, de manera tal que ejerzas la presión sobre la espiración.

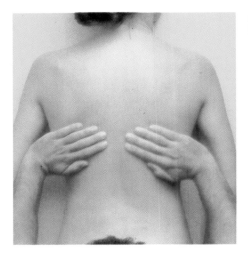

Movimiento 47, foto de la izquierda

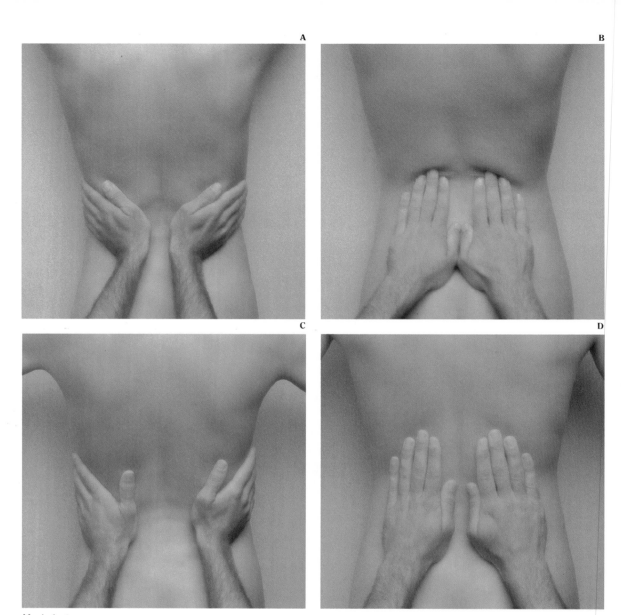

A   B

C   D

Movimiento 47: diferentes posiciones de las manos (fotos A, B, C, D)

48 La trama de este movimiento es la misma que la del precedente, sólo el trayecto difiere. Parte de lo alto de las nalgas, a cada lado del sacro. Comienza con una «V» bastante amplia siguiendo el hueso de la pelvis, que podrás sentir bajo tus manos. Describe un semicírculo hacia los lados. Debes tener la impresión de abrir esta zona. Luego, siempre partiendo desde lo alto de las nalgas, describe una «V» menos abierta hacia las últimas costillas. Vuelve estirando los costados. Por último, describe una «V» aún menos abierta hacia las axilas, siguiendo el borde inferior del omóplato, y vuelve de la misma manera tras haber llegado profundamente bajo las axilas, estirando los lados.

Para terminar, retoma el movimiento 47.

Movimiento 48: posición inicial (foto de la derecha)

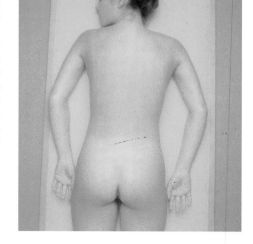

Repite varias veces cada movimiento siguiendo el orden que creas más apropiado. Tienes que tener la impresión de oleadas sucesivas, y de que la espalda se va relajando progresivamente y cada vez más en profundidad. Para ello, comienza a describir los diferentes trayectos ejerciendo una presión repartida por toda la superficie de la mano. Luego, manteniendo toda la superficie de la mano en contacto, presiona más profundamente, por ejemplo, con la punta de los dedos, o con la parte carnosa de la base del pulgar, siguiendo el relieve de los músculos de la espalda.

49 Retoma la primera «V» del movimiento 48, pero termínala prolongando el arco de círculo con un movimiento de retorno hacia el centro de la nalga. Apoya entonces el «talón» de la mano en el centro de la nalga, y con cada mano imprime un profundo movimiento de ida y vuelta circular en el mismo sitio, para distender los glúteos y liberar el pasaje del nervio ciático. Presiona progresivamente, sobre todo si éste es sensible. No repitas este movimiento de «atornillamiento» durante un lapso de tiempo muy prolongado si no quieres que tu compañero tenga la penosa impresión de estar siendo hundido en el suelo. También puedes amasar con toda la mano los glúteos, así como los músculos de los costados en la parte inferior de la espalda, pero más delicadamente. Desplázate hacia un lado de la espalda, transversalmente a la columna vertebral, para efectuar el movimiento siguiente.

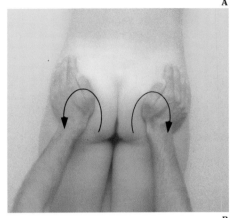

A

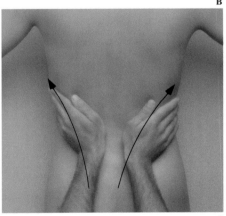

B

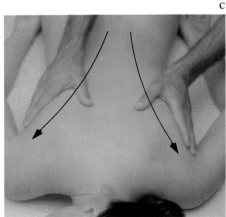

C

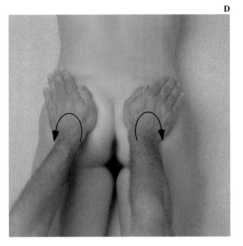

D

Distintas fases del movimiento 48 (fotos A, B, C)

Movimiento 49: distender los glúteos (foto D)

50 Ahora masajearás el lado opuesto a ti con un movimiento circular de rozamiento. Podrás hacerlo bien con ambas manos simultáneamente, describiendo dos círculos imbricados alterna-

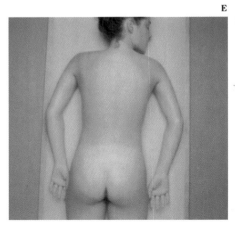

E

Movimiento 50: posición inicial (foto E)

tivamente como en el movimiento de base del vientre.

Comienza en la parte inferior de la espalda. El movimiento circular asciende a lo largo de la columna vertebral para volver a descender por los costados y repetirse más arriba. Sube así hasta los hombros, con grandes movimientos circulares. Una vez allí, el movimiento debe seguir perfectamente el contorno de los hombros. Puedes descender de la misma manera. No presiones sobre la cresta de las vértebras.

espalda. Haz presión con la base de la mano partiendo del borde saliente de las vértebras, y deslízate hacia afuera. Repite el movimiento un poco más arriba, y continúa así hasta los hombros. Cuando pases sobre las costillas, bajo los omóplatos, separa los dedos y presiona con la punta de los mismos en los espacios intercostales. Cuando llegues a los hombros prolonga el movimiento con largos movimientos de rozamiento desde el hombro hasta la punta de los dedos, como en el movimiento 22. Luego, siempre masajeando con movimientos circulares toda la parte superior de la espalda, desplázate dando la vuelta alrededor de la cabeza de tu compañero, hasta llegar al otro lado, y repite los movimientos 50 y 51 sobre la otra mitad de la espalda.

Movimiento 50: hacer círculos e ir ascendiendo (derecha)

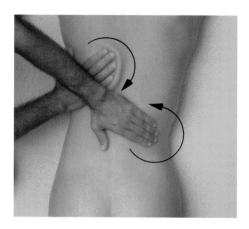

52 Sentado perpendicularmente al eje de tu compañero, mueve tus manos como si quisieras abrir la espalda y estirarla. Para ello desplázalas en sentido inverso a partir de la mitad de la espalda. Presiona menos cuando llegues al final de la espalda y al hombro, y vuelve deslizándote por los costados a la posición de partida. Para este movimiento puedes elegir diferentes puntos de partida, tanto en altura como desde la columna vertebral hacia los lados. Es un movimiento de estiramiento en sentido opuesto, al igual que el que hemos hecho sobre el flanco, con el brazo extendido por encima de la cabeza.

Foto A: movimiento 51
Foto B: movimiento 52

51 Tus manos se desplazarán alternativamente de la columna vertebral hacia los lados, como para apartar las masas musculares de la columna vertebral. Comienza por la parte inferior de la

A

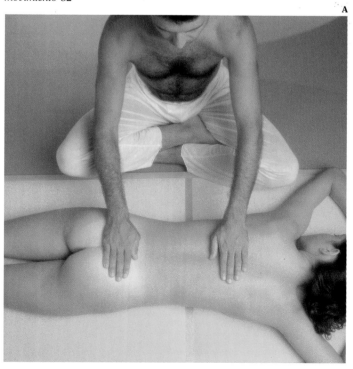

B

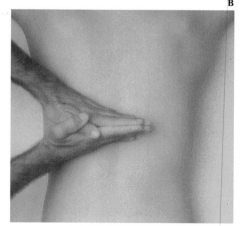

53 Ahora amasa suavemente el músculo trapecio de ambos lados entre los dedos y los pulgares. Trabaja toda la zona comprendida entre la base del cuello, la punta del hombro, el borde superior del omóplato y la columna vertebral, zona psicológicamente muy importante. Muchas emociones contenidas, como el miedo y la cólera, se localizan en esta zona (giba de bisonte).

Tras haber pedido a tu compañero que coloque la cabeza en el eje del cuerpo de tal forma que aparezca esta zona, continúa amasando suavemente todo el cuello entre la yema del pulgar y la punta de los dedos, a cada lado de las vértebras cervicales.

Y ahora volvamos al punto de partida.

C

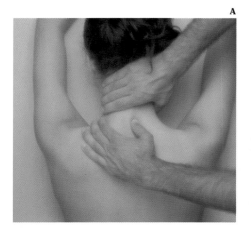

A

B

Fotos A, B, C: amasamiento de los músculos del cuello

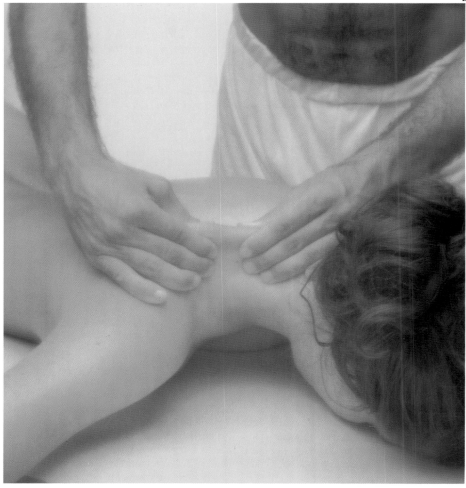

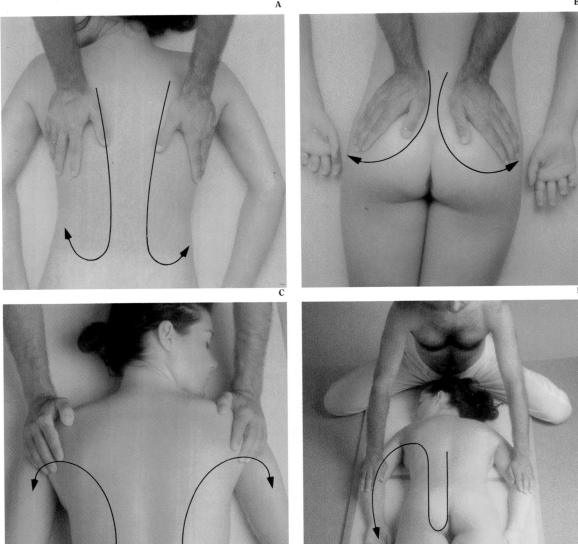

Fotos A, B, C, D: fases del movimiento 54

54 Vuelve a colocarte en la posición de partida del masaje y con la persona que recibe el masaje echada boca abajo. Puedes retomar el movimiento 47 con las diferentes posiciones de las manos, pero esta vez de arriba hacia abajo. Llega hasta el sacro, en lo alto del pliegue de las nalgas, deslizándote a lo largo de la columna vertebral. Luego aparta las manos hacia los lados y vuelve a subir estirándolos ligeramente hasta la axilas, como si quisieras tirar de tu compañero hacia ti cogiéndole por debajo de los brazos. Lleva tus manos hasta la base del cuello y repite el movimiento. Una vez realizado este movimiento varias veces, parte otra vez de la base del cuello, las muñecas «quebradas», los dedos orientados hacia la punta de los hombros, y deslízate a lo largo de los trapecios, empujando los hombros lejos de las orejas, hacia los pies. Continúa el movimiento deslizándote a lo largo de los brazos hasta las manos.

55 Vuelve a partir de la base del cuello, las manos en el eje de la espalda, los pulgares ligeramente apartados a cada lado de la columna vertebral. Desciende apoyando más fuerte con la punta de los dedos a cada lado de la columna vertebral entre los omóplatos. Luego separa los dedos de manera que se deslicen por cada lado de los espacios intercostales. La presión debe ser fuerte, por tanto, controla que tu movimiento se efectúe sobre la espiración de tu compañero. Vuelve por los costados y las axilas acompañando la inspiración, y termina con el movimiento precedente.

La columna vertebral

Masajear la columna vertebral es sumamente delicado. No ejerzas nunca presiones fuertes sobre las vértebras. Presiona siempre progresivamente, estando particularmente atento a lo que haces, así como a la manera en que tu compañero responde a la presión. Cada vértebra corresponde a un órgano, y a lo largo de toda la columna vertebral, a ambos lados, se encuentran puntos de acupuntura muy importantes. Como para el masaje del vientre, el de la columna vertebral deberá aprenderse poco a poco, por lo que un debutante puede limitarse a los siguientes movimientos, que no serán peligrosos si los hace como se indica.

56 Con una mano cruzada sobre la otra en el eje de la columna vertebral y la punta de los dedos orientada hacia los pies, fricciona de arriba hacia abajo con vigor, pero sin presionar demasiado fuerte, y luego de abajo hacia arriba toda la columna vertebral. Fricciona desde la base del cuello hasta el sacro, para así distender los músculos superficiales y calentar la columna.

A continuación, desciende otra vez, más lentamente, aumentando progresivamente la presión, pero siempre con moderación. Vuelve a subir sin presión, simplemente deslizando la mano. Siente en este movimiento simple y sin riesgos las desviaciones de la columna vertebral, las vértebras salientes y las hundidas, así como las desplazadas lateralmente. Tendrás así una cierta información acerca de los sitios en que deberás tomar mayores precauciones durante la ejecución de los siguientes movimientos.

bral ejerciendo una presión moderada con la yema de los pulgares. La punta del pulgar debe seguir exactamente la cresta de las vértebras. Comienza con una presión muy débil. Siente las zonas tensas, las vértebras desplazadas. Debes prestar mucha atención para no correr el riesgo de provocar sensaciones dolorosas en tu compañero.

En la parte inferior de la columna vertebral, junta los pulgares para continuar el movimiento presionando más fuerte sobre el sacro, y donde éste termina, al principio de las nalgas, sepáralos lateralmente presionando siempre bastante fuerte, para luego volver por los lados como en los movimientos de la espal-

B

A

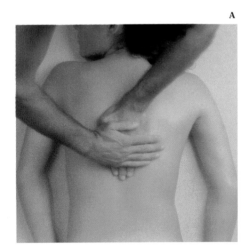

C

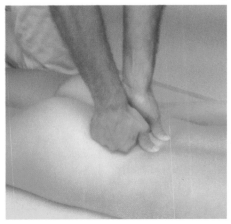

Foto A:
fricción de la
columna vertebral
(movimiento 56)
Fotos B, C:
movimiento 57

57 Parte nuevamente de la base del cuello, con los pulgares perpendiculares a la columna vertebral, separados por la cresta de las vértebras. La palma de la mano debe estar abierta y los dedos orientados hacia los costados. Desciende lentamente a lo largo de la columna verte-

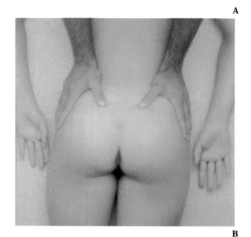

A

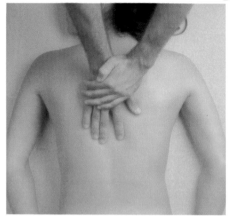

B

Foto A:
movimiento 57,
empezando en el
sacro
Fotos B, C:
movimiento 58

da. No te precipites nunca en este movimiento, piensa en la fragilidad de las articulaciones vertebrales. Repítelo varias veces, 20 ó 30 como el primer movimiento, si quieres calmar los dolores de espalda. También puedes efectuar este movimiento de abajo hacia arriba partiendo del sacro y terminándolo a lo largo del borde superior de los omóplatos, como hiciste en las nalgas. Este movimiento relaja los grupos de músculos profundos que sirven de «contravientos» a las vértebras.

58 Utiliza la mano como se indica en la fotografía C: el índice y el corazón ligeramente a cada lado de la columna vertebral, la mano inclinada unos 30° en relación a la superficie de la espalda. Desciende de este modo a lo largo de la saliente de las vértebras. Coge la cresta de las vértebras entre el corazón y el índice y aumenta progresiva y muy lentamente la presión a medida que realices el movimiento hasta alcanzar una presión moderada. Estáte siempre muy atento para percibir los puntos en que hay un desplazamiento vertebral. Ve al final de la espalda y vuelve a subir, simplemente deslizando la mano abierta y con la punta del dedo corazón apoyada ligeramente sobre la cresta de las vértebras. Así tocarás los pequeños músculos profundos localizados en las ranuras vertebrales.

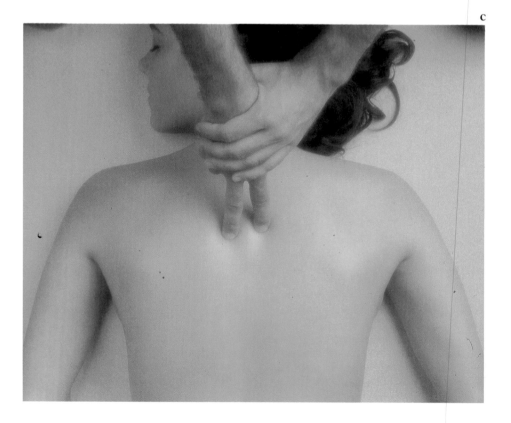

C

Últimos movimientos

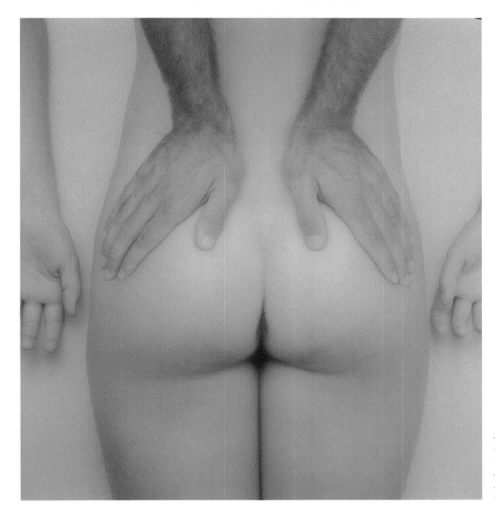

Detenerse con ambas manos en el hueco de los riñones, sin ejercer presión, sólo manteniendo el contacto...

59 Realiza un movimiento general de rozamiento sobre toda la parte posterior del cuerpo, desde los pies hasta la cabeza pasando por los brazos, como hiciste en el movimiento 46 y en los movimientos 36 y 37 sobre la parte delantera. Desliza una mano por cada lado, o bien las dos juntas, pero debes conseguir unir realmente las piernas, los brazos, el cuello y la espalda. Resérvate siempre un cierto tiempo para estos movimientos finales generales.

60 Termina el masaje con un contacto sin presión. Desliza las dos manos juntas sobre la parte posterior del cuerpo, efectuando movimientos que tiendan a la circularidad. Deja que tus manos se adhieran bien al cuerpo y relájate al máximo. Siente el contacto privilegiado y la calidad de comunicación que has establecido con tu compañero. Siente el placer que éste ha tenido al recibir el masaje, así como el que tú has experimentado al darlo. Jamás interrumpas bruscamente un masaje. Tómate tiempo antes de dejar de dar masaje a tu compañero. Para ello disminuye progresivamente la velocidad del movimiento y detente con ambas manos en el hueco de los riñones, sin ejercer presión... Mantén entonces el contacto simplemente como al inicio. Luego, suavemente, despega tus manos y abandona físicamente a la persona, pero permanece interiormente en contacto con ella unos instantes. No te muevas bruscamente, ni te alejes inmediatamente, pues tu compañero sentiría tu marcha como una «falta» brutal, lo que le impediría disfrutar de ese momento privilegiado de distensión y bienestar tan precioso que sigue a un buen masaje.

Masaje Terapéutico

Características e indicaciones terapéuticas

La técnica: movimientos y manipulaciones más importantes

Masaje vertebral

Los principales tratamientos

Recuerdo histórico

Quizá sea el masaje una de las artes curativas más antiguas. Se supone que su historia podría remontarse a 3000 años a.C., y en todas las grandes civilizaciones aparecen indicios de su importancia: en China, por ejemplo, aparecen las referencias más antiguas en el célebre tratado médico «Nei Ching», relacionándolo estrechamente con las ideas que sobre energía aparecen también en la acupuntura. En los libros hindúes de la medicina ayurvédica (1800 a.C.) el masaje se recomienda como medio para ayudar al cuerpo a sanar por sí mismo. Y en los documentos médicos de egipcios y persas se señala su utilidad para tratar un buen número de enfermedades y trastornos.

Pero los datos antiguos más concretos sobre el masaje terapéutico, al igual que otras nociones sobre la salud, aparecen en Occidente, en Grecia. Heródico, un médico heleno, lo practicaba con pacientes de edad avanzada a fin de prolongarles la vida. Y también Hipócrates: como es sabido, el *pater* de la medicina fue el primero en profundizar en las posibilidades del masaje, empleándolo en muchas de sus terapias. Y a partir de él, el masaje fue propagándose en un sector de la medicina, muy especialmente en ambientes deportivos y guerreros. Por otra parte, se sabe que en la Roma antigua, Julio César hacía que le dieran un masaje todos los días con aceite de oliva, pues aquellos «pellizcos» aliviaban la neuralgia que padecía. Mención aparte merecen las célebres «imposiciones de manos», citadas numerosas veces en la Biblia, pero también presentes en la mayoría de ritos.

En la Edad Media la visión de la vida implicaba una importante renuncia a lo material, con reticencias hacia la belleza y cuidados corporales, por lo que las técnicas de masaje pasaron a un segundo plano. No se conoce desarrollo de ninguna nueva técnica durante este período. Pero con el Renacimiento, las prácticas higiénicas y preventivas vuelven a emerger notablemente.

En Inglaterra, María Estuardo fue salvada del tifus en 1566 gracias al masaje. Tras haber sido anunciada oficialmente su muerte, su médico, el doctor News, continuó practicando el masaje con fuerza en aquel cuerpo ya frío. Un masaje eficaz, porque la reina salió de su estado de coma y se recuperó. Desde entonces, lentas pero seguras, las técnicas de masaje fueron abriéndose camino, ayudadas un poco por la medicina y otro por el deporte. En el siglo XVIII, el francés Messmer se apoyó en el masaje para sus técnicas curativas a través del magnetismo. Y durante el siglo pasado, con el auge de la medicina natural en Alemania y centroeuropa, el masaje confirmó sus excelentes posibilidades como técnica auxiliar a otros tratamientos, como la hidroterapia.

Pero ha tenido que ser el peculiar modo de vida actual, agudizado en este último siglo, lo que ha originado una explosión y florecimiento de las técnicas de masaje. El progresivo vacío de tranquilidad, el distanciamiento infinito de la naturaleza y sus biorritmos, la pérdida de muchas de nuestras posibilidades ante el *triunfo* del confort en innumerables facetas de nuestra vida cotidiana y la sensación de ausencia de espacio vital, han motivado en nuestros días un gran anhelo por conocer nuevas posibilidades de relajación y plenitud interior, y en este sentido, entre las técnicas más básicas para una salud *holística* o *integral* aparece el masaje, con todos sus matices y variantes.

A finales del siglo pasado, en Suecia se desarrollarían las grandes escuelas de masaje que posteriormente influyeron en todo el mundo. Lo que muchos conocen como «masaje sueco», no es sino el resumen de toda una gama de técnicas inspiradas en los masajes tradicionales de la antigua China, Grecia, Roma y Egipto. El sueco *Per Henrik Ling*, a su regreso de un viaje a China, desarrolló en su país el conocido «Sistema Ling del Movimiento», resumiendo y fusionando en un método racional tales técnicas.

De nuevo, el puritanismo de la época victoriana frenó de modo considerable, y prácticamente hasta hace un par de décadas, los aspectos más placenteros y sensuales del masaje. El tacto físico quedaba restringido a la terapéutica y a la relación amorosa.

Hoy en día puede decirse que hemos recuperado el sentido del tacto, resurgiendo aquellas técnicas orientales olvidadas junto a otras nuevas. En conjunto puede decirse que todas ellas llevan implícito un mismo mensaje: que cada uno conozca mejor a los demás y a sí mismo.

Desde el punto de vista terapéutico, en la historia reciente del quiromasaje aparecen tres corrientes:

• El Método sueco: que combina el ejercicio, el masaje y la sauna. Es el masaje que solicita el deportista como estímulo y tonificación, caracterizado por la acción vigorosa de sus manipulaciones.

• El Método alemán: combinación de un masaje similar al sueco, con gimnasia y baño.

• El Método francés: combinación de manipulaciones muy suaves de masaje, con sauna o diversas aplicaciones de hidroterapia.

En España, la historia del *Quiromasaje* comienza en 1933, cuando un prestigioso médico naturista, el Dr. Vicente Lino Ferrándiz, tras numerosos contactos con esas técnicas europeas, iniciaba en Barcelona la primera «Escuela Española de Quiromasaje». Pionero en el acercamiento de la medicina oficial hacia las nuevas alternativas terapéuticas, el Dr. Ferrándiz se distinguió por sus múltiples iniciativas, a menudo al filo de la convencional medicina alopática, y siempre en pro de la salud. Explorador de las verdaderas causas de la enfermedad, así como de los medios para potenciar —«vigorizar», en sus propias palabras— la salud, este gran médico integraría pronto el masaje en su polifacética labor de divulgación clínica. Sus investigaciones en la terapéutica manual existente como herencia del pasado y su porosidad hacia las nuevas corrientes de la época, le llevaron a formular una relación de técnicas manuales que denominó *Quiromasaje*. El esquema resultante de la fusión de diversas disciplinas estaba dirigido a renovar cada célula del cuerpo por la acción eficaz en cada uno de sus tejidos: epitelial o de revestimiento, conjuntivo o sostén, muscular y nervioso. Una especial atención a la columna vertebral y su desbloqueo, y la incorporación de algunos aspectos de magnetismo (tema sobre el que el propio Ferrándiz llegó a escribir un libro), hicieron del quiromasaje «algo más que unas friegas».

De la importancia del quiromasaje dan testimonio las decenas de miles de terapeutas y profesionales que diariamente lo practican en Europa e Hispanoamérica con todo tipo de pacientes. Por vez primera, un médico desarrollaba una serie de novedosas ideas acerca de la persona, en un acercamiento global. Por ejemplo, en la manera tanto sensual como mental con la que el quiromasajista debería plasmar la sucesión de movimientos. Para el Dr. Ferrándiz, el éxito manual lograba el culmen «cuando las manos bien entrenadas y dirigidas por la mente crean unas ondas curativas de efectos maravillosos si las radiaciones mentales se concentran al tratar la región determinada». No podía existir «un buen masaje sin concentración mental y poder curativo de las manos».

En los dos cursos de su Escuela de Quiromasaje el alumno asimilaba, junto a unos conocimientos teóricos y prácticos, toda una serie de nociones naturistas sobre salud y actitud higiénica básicas; naturalmente, tanto la higiene constante como un óptimo estado de salud son requisitos básicos para ser un auténtico quiromasajista. Su método, que hoy siguen todos sus sucesores, procura formar en cada futuro quiromasajista un sólido engranaje de conocimientos sobre el cuerpo humano y su funcionamiento, junto a una experiencia práctica sobre las técnicas y tratamientos a emplear. Y también, muy importante, un desarrollo lo más efectivo posible del poder de las manos amparadas en la concentración mental.

En el primer curso, los conocimientos de la anatomía y la fisiología ocupan la mitad del tiempo de las clases. El resto se distribuye para ir progresando en el desarrollo práctico de un esquema de ejercicios progresivos, ejecutados a veces solos, a veces en pareja, gracias a los cuales se potencia el poder de las manos y se preparan las futuras manipulaciones. Se trata de un tipo de ejercicios para despertar la agilidad y la fuerza de la mano y de otros que forman parte o secuencia de futuras manipulaciones o tratamientos. Ferrándiz denominó «Quirogimnasia» a todo este compendio de ejercicios gimnásticos manuales con los que se pretende «despertar el dón curativo de las manos» y hacerlas así vivas, para que trabajen hábilmente sincronizadas hasta lograr una actividad sana y competente, con ambidestría e igual habilidad, para que los ejercicios y movimientos fluyan sin esfuerzo y la vibración y energía mental se transmitan sin impedimentos.

Generalmente uno imagina tener las manos suficientemente hábiles hasta que se somete a un tipo así de entrenamientos; una vez que se da un cierto dolor —agujetas en los músculos de las manos y antebrazos—, las cosas cambian. A partir del primer mes emerge con fuerza, potentemente, el gozo de mover las manos, la sensación de libertad que da la capacidad que se logra con la Quirogimnasia. Aquí es donde uno comienza a imaginarse lo que sería de todo nuestro cuerpo hábilmente entrenado... y se comprende el interés e inquietud de la mayor parte de quiromasajistas por el ejercicio físico. Como dicen los que saben: «un gramo de práctica vale más que toneladas de teoría»...

Conocidas las bases anatomicofisiológicas básicas y una vez notablemente entrenadas las manos, el curso siguiente supone para el alumno un encuentro con las manipulaciones propiamente dichas y la manera de combinarlas según la zona a tratar o las manifestaciones-síntomasdel dolor. Al cabo de unos minutos largos de Quirogimnasia, se profundiza sobre algún sistema, función o enfermedad del organismo, para la que el Quiromasaje pueda ser complemento en la terapia, y más tarde, en la sala de prácticas, se muestra y practica el tratamiento a seguir. Primero se suelen enseñar los tratamientos generales: de la espalda, del abdomen, extremidades, etc. Luego se profundiza en el hígado, corazón, estómago... y se termina con tratamientos para una serie de desequilibrios específicos, en los que el quiromasaje consigue excelentes y comprobados resultados: estreñimiento, artrosis, escoliosis, arteriosclerosis, dorsalgias y lumbalgias, celulitis...

Otro capítulo importante es el formado por las contraindicaciones: infección e inflamaciones, enfermedades de la piel, úlceras, quemaduras, fracturas y fisuras.

Tales enseñanzas suelen completarse con una introducción a la Hidroterapia y con el aprendizaje de algunas de sus técnicas próximas o complementarias al masaje, como la ducha escocesa y los fomentos o calor seco, insustituibles en algunos problemas de columna, así como en las lumbalgias. Importantes resultan también algunas técnicas básicas de desbloqueo de la columna vertebral, y, más recientemente, el aprendizaje de técnicas como la Reflejoterapia Podal, el método Alexander o el Drenaje Linfático Manual, las cuales se están revelando como un eficacísimo bagaje para todo buen quiromasajista.

En resumen, se trata de lograr que cada quiromasajista pueda convertirse en un excelente asistente técnico del médico, introduciéndose en las profesiones que contribuyen a desarrollar la salud. El quiromasaje tiene el mérito de haber abierto un camino, preparando un terreno fértil para el florecimiento de nuevas técnicas y terapias manuales de gran valor terapéutico.

Peculiaridades del tratamiento

Además de los preparativos necesarios para crear el ambiente y condiciones adecuadas para iniciar una sesión de masaje, en el masaje terapéutico hay una serie de factores «técnicos» con los que es necesario contar para el éxito del tratamiento.

• Debe variarse armónicamente la postura del paciente, procurando que siempre esté relajado.

Las dos posiciones principales del masaje terapéutico son la de tendido boca abajo, decúbito prono, para el tratamiento de espalda, y la de decúbito supino, boca arriba, para el tratamiento del abdomen y demás partes del cuerpo.

• Las maniobras pueden efectuarse con las dos manos a la vez, o alternativamente, una después de otra. (Las explicaciones de cada manipulación señalan la forma adecuada en cada caso.)

• El ritmo del tratamiento debe variar sin brusquedades, con suavidad.

• Hay tres niveles de profundidad de las maniobras: el *superficial* afecta principalmente a la piel y tejido subcutáneo, con una intensidad mínima, pues se da a personas con musculatura débil (niños y ancianos); el *medio* incide en la musculatura superficial y media, y se trabaja con mayor intensidad. Es el tratamiento más normal. Por último, el *profundo*, con el que se trata de llegar al fondo de la musculatura, aportando el máximo de intensidad. Se utiliza de forma progresiva y principalmente en los tratamientos deportivos.

Según la constitución y estado del paciente iremos profundizando progresivamente el nivel de las maniobras.

• La dirección más utilizada en las maniobras es la centrípeta (hacia el corazón). La centrífuga, circular y transversal se utilizan en ocasiones especialmente indicadas.

• El orden general del tratamiento es: cabeza y cara; tórax, brazos y manos; abdomen; piernas y pies, y, finalmente, espalda. No obstante, también es frecuente el orden inverso, especialmente si es la primera sesión de la persona a la que se va a dar masaje.

• El tratamiento de las piernas se efectúa totalmente en decúbito supino, ya que es una posición que permite llegar a todas partes eficazmente. No obstante, se puede repartir entre las dos posiciones (decúbito supino y prono), o realizar algunas maniobras boca abajo.

• El tratamiento puede ser general o local. Para el general se suele emplear alrededor de 45 minutos. Para el local, sobre los 20 minutos.

• Deberá ser el médico quien determine el número de sesiones y su dosificación.

• Los tratamientos de hidroterapia a menudo complementan y ayudan a los de masaje terapéutico. Principalmente, la ducha escocesa y los fomentos.

La *ducha escocesa*, de chorro caliente y frío al final, con una duración de tres minutos, estimula la circulación y produce un efecto relajante hasta la estimulación final del agua fría. El chorro se dirigirá desde tres metros y según direcciones determinadas.

Los *fomentos*, de acción anticongestiva y vasodilatadora, por efecto del calor seco y el auxilio de plantas medicinales, son de gran ayuda en los procesos reumáticos, contracturas musculares, artrosis, lumbalgias, trastornos respiratorios, etc. Consisten en poner un paño de lana seco sobre la zona, mojar otro en un recipiente con agua hirviendo en la que se ha introducido una bolsita de plantas, luego escurrirlo bien, cogido por los extremos, y colocarlo encima del seco. Otro, también seco, se pondrá encima, tapándolo todo para que se mantenga el calor durante cinco minutos. Luego cambiaremos el que pusimos caliente por otro que hemos calentado instantes antes en el agua hirviendo. Es conveniente aplicarlos después del masaje, y puede hacerse varias veces al día. La ducha escocesa también es muy aconsejable después del masaje.

EFECTOS DEL MASAJE

Aunque son muy diversos, podemos clasificarlos en *efectos mecánicos*, es decir, aquellos producidos por el contacto de la mano con el organismo, y *efectos mentales* o psicosomáticos.

A su vez, los efectos mecánicos podemos dividirlos en locales, es decir, a nivel de donde se produce el masaje, y reflejos, o sea, a distancia del lugar de aplicación del masaje. Un efecto directo o local puede ser una isquemia en el lugar donde se ha efectuado un vaciaje venoso, y un efecto reflejo puede ser un alivio del dolor de una ciática en la extremidad afectada trabajando la zona sacrolumbar.

Por otra parte, hay que considerar los distintos efectos del masaje sobre el organismo, y así tendremos que hablar sobre:

Circulación sanguínea

El masaje activa su velocidad, ya que al actuar sobre las venas, produce una acción de estrujamiento y de vaciamiento de las paredes venosas. Por tanto, la circulación venosa se activa, porque ya sabemos que tiene mucha relación con la gravedad, y al tener poca elasticidad sus paredes, es muy importante el efecto mecánico sobre ellas.

El efecto será tanto a nivel de las venas superficiales como de las profundas, dependiendo de la intensidad del masaje. También es muy importante el realizar las manipulaciones siguiendo la dirección de los vasos venosos, es decir, hacia el corazón.

El efecto sobre la circulación arterial es distinto, porque no podemos actuar de forma mecánica sobre las arterias, debido a que se hallan a profundidad, y no podemos estimularlas con las manos. Se da un efecto positivo de «rebote» al tratar profundamente las masas musculares.

Por otra parte, el masaje también produce un aumento de los glóbulos rojos, por lo que en casos de anemia está muy indicado, especialmente a nivel abdominal.

Circulación linfática

El posible efecto sobre la linfa se deriva de que los vasos linfáticos nacen a nivel cutáneo, por lo que la estimulación de la piel con el masaje acelera la circulación linfática y su efecto de drenaje.

La linfa puede moverse en cualquier dirección en los capilares y plexos linfáticos de la piel y tejido subcutáneo: su movimiento depende de fuerzas extrínsecas al sistema linfático, como la gravedad, la contracción muscular, el movimiento pasivo o el masaje. El masaje además estimulará y aumentará la contracción muscular.

Sistema nervioso

A nivel de sistema nervioso, no podemos demostrar que el masaje pueda estimular a un nervio lesionado o seccionado (denervado), pero sí surte efecto cuando existen paresias o hipotrofias musculares, debido a debilidades de algún nervio, pues parece ser que al estimular a los músculos afectados que dependen del nervio en cuestión, también dicho nervio sufre un proceso de reactivación.

La piel

El masaje a nivel de la piel aumenta la temperatura en 2 o 3 °C, por lo que es importante en personas afectas de trastornos circulatorios, neurovegetativos, etc.

También es importante el efecto sobre las fibras nerviosas, diseminadas por la piel.

A nivel cutáneo existen puntos reflejos de los órganos del cuerpo, asociados por algunos autores a los meridianos de acupuntura y por otros a las metámeras, por ello, al masajear la piel se proporciona un efecto beneficioso al resto del organismo.

Tejido muscular

El masaje produce un verdadero aumento del volumen de las estructuras musculares, haciéndolas más firmes y elásticas.

El masaje a nivel muscular hace que el músculo desarrolle su fuerza y movimiento, y produce un aumento importante de la circulación venosa y linfática en su interior, con lo cual el aumento de la cantidad de oxígeno a nivel muscular se hace patente y, por tanto, aumenta y se facilita el metabolismo muscular, tanto a nivel deportivo, como a nivel terapéutico.

Tejido adiposo

El masaje no elimina totalmente los depósitos de grasa, aunque sí los disminuye, pues acelera su metabolismo al aumentar la circulación. Sin embargo, deberá ir acompañado de dieta y tratamiento médico adecuado para que el efecto sea mayor.

Los huesos

Aunque el masaje no estimula directamente la atrofia ósea producida por la inmovilización posterior a la fractura, sí que estimula la piel, circulación sanguínea y linfática, y los músculos inmovilizados e hipotróficos.

El metabolismo

El metabolismo de una persona aumenta por la acción del masaje: aumenta la cantidad de orina, gracias a que aumenta la filtración a nivel renal, y, por otra parte, aumenta la eliminación de nitrógeno, cloruro sódico y fósforo inorgánico.

Los órganos

El masaje tiene un efecto especialmente importante sobre las vísceras huecas, especialmente las del aparato digestivo, ayudándolas a vaciarse y, por tanto, a aumentar la función peristáltica normal.

Efecto psicológico

Cuando un individuo está dispuesto a recibir beneficios de un masaje, éste tendrá un efecto superior. Por ello, animar al paciente repercute positivamente en su recuperación, al igual que todos aquellos aspectos que crean un ambiente apropiado para el masaje.

INDICACIONES

Ante todo es preciso dejar bien claro que es el médico quien debe decir cuándo está indicado un tratamiento. Es necesario que el masajista y el médico tengan cada vez más diálogo. El masajista tratará por su cuenta aquellos casos en que la persona necesita o busca un tratamiento preventivo e higiénico de su salud. Pero, tanto en estos casos como en aquéllos en los que su experiencia le indique con claridad lo que debería hacer, es bueno y necesario que el médico esté al corriente de ello.

Las principales indicaciones son:
• Contracturas y atrofias musculares, adherencias, esguinces y distensiones.
• Fortalecimiento y tonificación en los tratamientos deportivos.
• Problemas de circulación, linfa, hematomas, eccemas, varices, arteriosclerosis.
• Sedante del sistema nervioso y tónico general. Trastornos y distonías neurovegetativas.
• Artrosis y escoliosis, dorsalgias y lumbalgias.
• Estimulantes de la salud en general, y para tratamientos anticelulíticos.

A continuación vamos a presentarte el tratamiento adecuado para algunas de las dolencias, trastornos o enfermedades que más frecuentemente suelen darse. Son tratamientos completos y eficaces; pero insistimos, es el médico quien debe prescribirlos.

Estreñimiento

Sin duda, es el hábito o enfermedad más frecuente que existe, y a menudo, aunque no sea el motivo principal, se le pregunta al masajista por las posibilidades en cuanto a dicho problema.

Hay muchas causas de estreñimiento: las hay de origen nervioso, al producirse espasmos que impiden la normal evacuación; tener el colon más largo de lo normal (dolicocolon); las hemorroides, que son venas al final del intestino que se hinchan, pudiendo ser causa y efecto a su vez del estreñimiento, y, finalmente, tumores, así como otras causas.

A parte del tratamiento médico adecuado y un tratamiento dietético rico en fibras vegetales, puede hacerse masaje con buenos resultados.

El cacheteo compresivo giratorio y las vibraciones son las manipulaciones más indicadas, ya que estimulan el peristaltismo intestinal.

El paciente hará respiraciones profundas y pausadas, para relajar el abdomen.

Se empezará por la espalda, para así encontrarnos el abdomen más relajado.

En estos casos, el masaje debe hacerse cuando no se está haciendo la digestión, calculando como promedio dos horas después del desayuno y tres horas después de la comida.

En los casos de dolicocolon el masaje es muy importante, por hacerse más intensos los pliegues intestinales, donde se acumulan los restos alimenticios.

Si el paciente toma laxantes, no deberá dejarlos bruscamente, sino de forma progresiva.

Si la causa fuera una enfermedad medular, se hará el masaje espinal y el abdominal, aunque en este caso el resultado no suele ser tan satisfactorio.

El masaje se hará, primero, dos o tres veces por semana, y en cuanto mejore la evacuación, se reducirá a una o dos por semana.

Embarazo

Es importante hablar del embarazo, ya que en él se presentan unas peculiaridades especiales.

En primer lugar, es importante decir que durante los nueve meses de la gestación sí se puede efectuar masaje, aunque estará contraindicado en aquellas mujeres que tengan amenaza de aborto, es decir, pérdidas sanguíneas, sean o no importantes.

Durante el tercer trimestre es cuando suelen venir algunas molestias derivadas del aumento de volumen del abdomen; podremos observar cómo al acentuarse la lordosis lumbar fisiológica pueden aparecer crisis de lumbalgias que se tratarán como cualquier lumbalgia común.

También las articulaciones sacroilíacas se separan, lo que puede dar lugar a ciertas molestias. En ambos casos, los masajes ayudarán a aliviar las molestias de las gestantes.

Otra complicación se debe a la compresión de las venas ilíacas por la matriz; por tanto, se da una disminución de la circulación venosa y fácilmente pueden aparecer varices; se tratarán como cualquier otro tratamiento antivaricoso.

Durante el embarazo no deben trabajarse las mamas, salvo en ciertos casos, en los que las masajistas-comadronas harán un suave amasamiento y vaciados venosos, para preparar los llamados conductos galactóforos para la posterior lactancia.

Una vez ha pasado el parto, lo mejor es esperar la llamada «cuarentena» para reanudar o empezar cualquier masaje, ya que durante este tiempo, la matriz debe cicatrizar las heridas del parto, y volver a su tamaño y posición normal, al igual que los intestinos, que quedan un poco desplazados.

Después, el masaje ayudará a que la musculatura abdominal recobre su tono muscular y, por tanto, a mantener la estética abdominal.

En ocasiones, las piernas quedan un poco hinchadas, o bien las varices no han desaparecido, por lo que es importante efectuar masajes para recobrar o, al menos, mejorar la circulación.

Otra posible complicación son las estrías del embarazo, que salen a nivel del abdomen; sobre todo, son verdaderas cicatrices debidas a la tensión del abdomen durante los últimos meses de la gestación, pero desgraciadamente, aunque hagamos masajes, no desaparecerán.

Por último, diremos que el masaje postparto debe hacerse durante un mes, de dos a tres veces por semana, para continuar posteriormente dos veces, hasta que se recobre el aspecto normal.

Artrosis

Una de las enfermedades reumáticas más frecuentes, a partir de los 40 años, es, sin duda alguna, la artrosis.

Podemos decir que consiste en un desgaste acentuado y prematuro a nivel de cualquier articulación, lo que facilita el desgaste de los huesos que forman parte de aquella.

Esta enfermedad produce siempre una contractura muscular adyacente que, en muchas ocasiones, dará lugar a mayor dolor que el que pueda provocar en sí el propio desgaste. En estos casos, el masaje debe remitirse a reducir la contractura muscular de la zona afecta, y, por tanto, las manipulaciones fundamentales serán los amasamientos.

Todas aquellas manipulaciones, como las presiones y movilizaciones, que producen dolor no están indicadas. La intensidad y la variedad de las manipulaciones, nos vendrán dadas por la sensibilidad del paciente ante el masaje.

La tabla de manipulaciones será la normal para aquella región donde se tenga que efectuar, pero intensificando la duración de los amasamientos, como ya hemos dicho anteriormente.

Escoliosis

Es la desviación lateral de un grupo de vértebras, existiendo además rotación de los cuerpos vertebrales.

Las escoliosis suelen afectar principalmente a la zona dorsal y lumbar. No suele ser única, sino que para mantener la estática de la columna, se forma una segunda desviación, llamada secundaria.

Las causas de escoliosis son múltiples y, por tanto, el tipo de escoliosis es también variado, pero el tratamiento que se seguirá será el mismo. Hay que tener en cuenta que al existir una desviación, la musculatura paravertebral sufre también y se forma una contractura a nivel del lado donde existe la escoliosis.

Para resumir, y saber el masajista a qué atenerse, clasificaremos las escoliosis, según el pronóstico, en tres tipos distintos:

• *Leve*: Se curan siempre. Sólo existe curva primaria. Postural o juvenil.

LA TÉCNICA: Principales movimientos y manipulaciones

Actualmente el masaje terapéutico tiene menos maniobras que en su origen. Algunas de las manipulaciones han sido apartadas porque se ha considerado que sus efectos se suplían con otras, o porque no estaban claros científicamente. Ahora es «más pulido» y se ha fortalecido con nuevos movimientos venidos, sobre todo, de la osteopatía y la quiropráctica.

Varios son los grupos principales de maniobras que vamos a desarrollar a continuación. Se podrían ordenar atendiendo a muchos puntos de vista diferentes, y seguramente todos estarían bien. Nosotros hemos preferido escoger aquella clasificación que sigue el mismo orden que el empleado por el masajista en una sesión de masaje, o, por lo menos, el que se enseña en las escuelas.

Evidentemente, en cada sesión sólo se utilizan algunas de estas maniobras, y, dependiendo del tratamiento, sólo algunos de los tres o cuatro grupos más imprescindibles.

El tratamiento general comienza con unas bases sedantes, para relajar, o por una fricción, para hacer que el cuerpo entre en calor. Luego viene una maniobra que haga que esa afluencia de sangre hacia la superficie del cuerpo la podamos hacer llegar hacia canales de desagüe, con el fin de que sangre nueva nutra y renueve las zonas. A continuación ejecutamos los amasamientos, con el fin de tonificar y nutrir los músculos del cuerpo. Los cacheteos, las presiones y alguna maniobra especial, combinada con la fricción y el vaciaje de venas, nos llevan hacia el final, donde nuevos pases relajantes dan por terminada la faena.

Pases magnéticos sedantes

Consisten en deslizar con suavidad los pulpejos de los dedos, rozando sutilmente la piel en la misma dirección. Las manos van efectuando pases largos con sus pulpejos, paseándolos varias veces sobre la misma zona, en la dirección del sistema nervioso y de forma alternativa, *de tal modo que al terminar una mano, la otra está empezando su pase y viceversa. Su fluir es alternativo, rítmico y amplio, y la velocidad de uno o de dos pases por segundo, velocidad que en muchos casos aumentamos o disminuimos, según creamos necesario.*

Indicaciones y efectos

Además del efecto sedante y antiálgico de los pases sedantes, hay que constatar la armonía que producen tanto al principio como al final del masaje, al equilibrar o regular las cargas o flujo energético, a menudo concentrado en zonas contracturadas o reflejas de estados emocionales. De alguna manera, al comienzo relajamos, é incluso pasamos considerable flujo energético por nuestros dedos, y al final acabamos de encauzar cada rayo de energía al fluido o flujo espontáneo, saludable y natural con que el cuerpo vibra cuando camina hacia la salud.

Está indicado en tratamientos relajantes o de preparación para otras maniobras. Son excitantes o calmantes, según que se hagan rápidos o lentos, o según tratemos zonas de disminuida sensibilidad o demasiado excitables. Son coadyuvantes en tratamientos del estrés, insomnio...

Aplicación

Suelen realizarse en todas las partes del cuerpo, tanto al empezar como al terminar el tratamiento, y producen mejor efecto si al final empleamos el doble de tiempo que al principio. Su amplitud y dirección dependerán de la zona:

Zona de la cabeza: La dirección irá desde

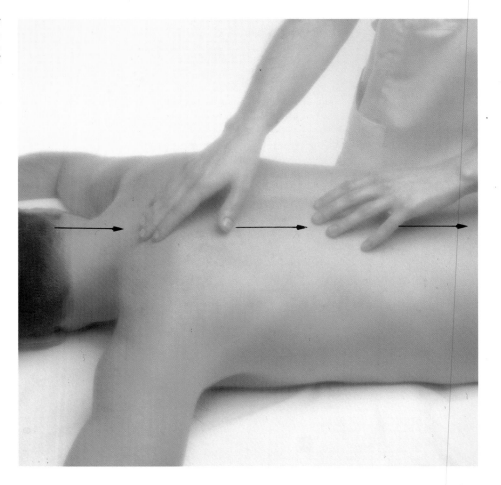

Desliza con suavidad las yemas de los dedos, rozando sutilmente la piel

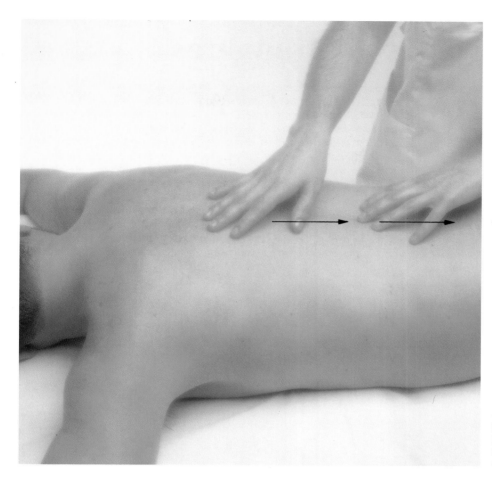

*Las manos efectúan
pases largos,
paseándose varias
veces sobre la misma
zona*

el nacimiento del cuero cabelludo, en la frente, hasta el occipucio. Después, del centro de la frente hasta las sienes. Y desde la nariz y centro de la mandíbula hacia las orejas. En el cuello iremos desde donde se junta con la cabeza hasta las clavículas y los hombros.

Zona del tórax: Aquí, evitaremos siempre las mamas en las mujeres, tanto en esta como en todas las maniobras que expliquemos sobre el tórax. Trabajaremos desde las clavículas al final de la caja torácica, y desde el centro del esternón hacia los laterales, siguiendo las costillas y sus surcos. En la zona del corazón se efectúan círculos en dirección horaria.

Zona del abdomen: Desde el final de las costillas hasta el pubis, desde el ombligo o línea central del cuerpo hacia los laterales, y formando círculos alrededor del ombligo, en dirección horaria. En todos los órganos abdominales se hace igual, la única excepción es el intestino grueso, donde se empieza por la zona del apéndice, y se sigue el recorrido del intestino hasta el final.

Piernas y brazos: Desde su nacimiento hasta las puntas de los dedos.

La espalda: Se van haciendo desde los hombros hasta el cóccix, como por pisos, y también desde la columna vertebral hacia los laterales, comenzado por arriba, hasta abajo, incidiendo en la columna para influir en el sistema nervioso simpático.

Fricción

Tenemos dos tipos de fricción, una **superficial**, en la que las manos, los pulpejos o los nudillos de los dedos, se apoyan con cierta presión sobre la piel, y se deslizan sobre ella frotándola al unísono o alternativamente a una velocidad moderada, produciendo una elevación considerable de la temperatura de la zona, con abundante afluencia de sangre a la superficie. Ambas manos se mueven en dirección contraria, adheridas a la superficie, con la palma y los dedos un poco rígidos.

La otra variedad de la fricción, la **profunda**, generalmente usa movimientos circulares y tiene la particularidad de que emplea los pulgares, los nudillos, la punta de los dedos, los bordes tenares de las manos, o una mano que se apoya y aprieta sobre la otra, pero sin despla-

zarse lo más mínimo por la superficie de la piel y sí bajo ésta. La intensidad de la presión, así como su amplitud, varía según sea la zona que queramos tratar y la resistencia de sus tejidos. De esta manera, en la fricción profunda, no son las manos del masajista las que friccionan, sino los tejidos bajo ellas que se frotan y aprietan entre ellos. Cuando se realiza con los pulgares, las manos y dedos se apoyan sobre el cuerpo y van moviéndose formando círculos.

La velocidad de la fricción varía entre dos y cuatro movimientos por segundo. La fricción superficial se repite tres veces en toda la zona; la profunda dependerá de la zona y de su estado: igual estaremos unos segundos que medio minuto.

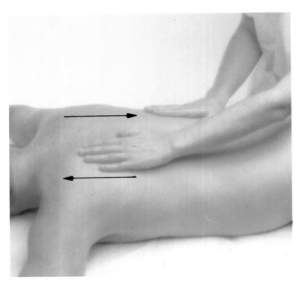

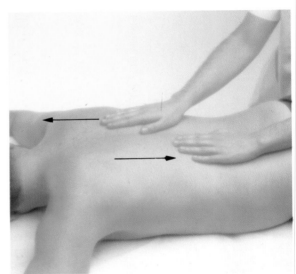

Fricción superficial sobre la espalda

Indicaciones y efectos

Siempre que no hay inflamaciones o fragilidad vascular, la podemos emplear en cualquier parte del cuerpo para destruir adherencias y relajar endurecimientos y contracturas musculares. Es eficaz para descongestionar y relajar los órganos abdominales y el plexo solar, tan esenciales para potenciar un estado emocional saludable. Es coadyuvante en los tratamientos de reuma y artrosis, así como en los de estreñimiento, dorsalgias y lumbalgias. Efectuada con los nudillos, refuerza su eficacia en casos de atrofia y contracturas musculares. Eleva la temperatura de la piel, favoreciendo el intercambio circulatorio y linfático. A nivel deportivo es imprescindible: después de un esfuerzo, con varios minutos de fricción y drenaje o vaciaje de venas, el deportista puede llegar a triplicar el rendimiento alcanzado minutos antes.

Aplicación

Se realiza en casi todas las partes del cuerpo:

Zona de la cabeza: En la frente, rozando de un lado a otro de las sienes con una mano.

Zona del tórax: En las mismas zonas que el vaciaje venoso, alternativamente.

Zona del abdomen: Para todos los órganos y el abdomen en general, en forma de círculos.

Brazos y piernas: Se empieza por los dedos, luego el empeine y los tobillos; en círculo longitudinal, las piernas; círculos en las rodillas y longitudinalmente en los muslos, donde una mano va por cada lado, y mientras una sube, la otra baja, avanzando por pisos. Se baja igual, haciendo lo mismo en cada zona. Se hace tres veces toda la pierna. Y lo mismo para los brazos.

La espalda: Se empieza friccionando el cuello desde el occipital hacia el borde externo de la articulación del hombro; mientras una mano baja por un lado, la otra sube por el otro, fluyendo alternativamente. Luego realizamos unos círculos alternos sobre los omóplatos y sus bordes; invadimos los laterales de la columna y desde arriba hacia abajo, las palmas van friccionando alternativamente, a la vez que descienden. Al final repetimos las fricciones circulares que efectuábamos en senti-

do horario en los omóplatos, pero esta vez en la zona del sacro y glúteos. Se suele repetir tres veces, comenzando cada vez desde el principio del cuello y columna.

Para la fricción profunda, en la que las manos no se mueven sobre la piel, se practicará en sentido longitudinal cuando se trate de algún miembro, y en circular cuando trabajemos en una zona plana como la espalda.

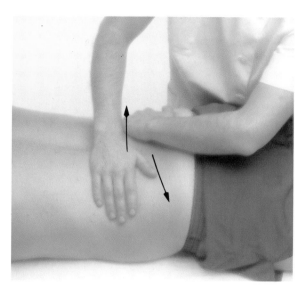
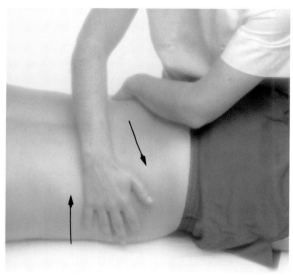

Fricción sobre la zona lumbar y sobre los costados

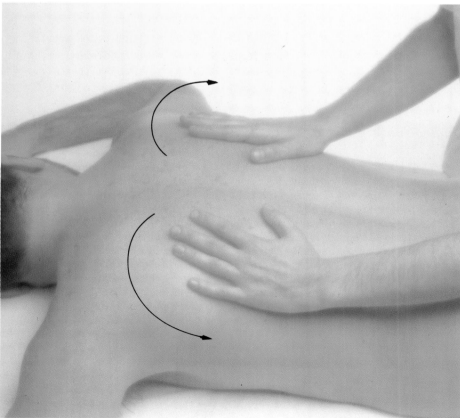

Vaciaje de venas

Consiste en movimientos amplios realizados con la palma y dedos de la mano, que van acariciando la piel con suavidad y un poco de firmeza, en sentido centrípeto (hacia el corazón), produciendo un drenaje de las superficies del cuerpo. En el primer instante, las manos se llevan la sangre con sus residuos de desecho y de inmediato nueva sangre aparece renovando y nutriendo todas esas zonas.

Cada paso debe durar varios segundos, ya que hay que evitar el riesgo de rotura de capilares ante el exceso de contenidos drenados. Se realiza tres veces por toda la zona, procurando que sea un poco más firme cada vez.

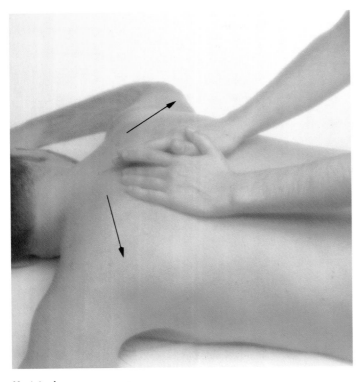

Vaciaje de venas

Está indicada, por su capacidad descongestiva, en los casos de deficiencias de tipo circulatorio.

También se suele alternar con los amasamientos en los tratamientos para adelgazar, la celulitis...

Es muy útil en combinación con los ejercicios de recuperación después de una inmovilización. En combinación con la fricción ayuda a la rápida recuperación después de un ejercicio intenso y agotador. Muy beneficiosa como coadyuvante de ayunos y dietas depurativas, por facilitar y reducir el trabajo de depuración del cuerpo en enormes zonas, intensificando la rapidez de desintoxicación de las zonas profundas.

Aplicación

Suele realizarse al principio y al final del masaje; al principio, después de los pases sedantes o la fricción, y al final, antes que ellos. Se emplea una o las dos manos, según la zona. La dirección depende también de la zona:

Zona de la cabeza: La misma que en los pases magnéticos sedantes.

Zona del tórax: Desde el esternón, subiendo por entre las mamas, hasta las axilas, y por las costillas en dirección lateral. Lo mismo para el corazón.

Zona del abdomen: Primero desde el centro, una mano baja hasta la pelvis y otra sube hasta las costillas, ambas transversalmente al cuerpo. Luego, también desde el eje central del cuerpo hacia los laterales.

La espalda: Sobre la columna, de arriba a abajo, y desde el principio al final. Luego se empieza desde el occipital y se va en dirección al deltoides, y desde ambos lados de la columna, una mano a cada lado, hacia los laterales. En la región sacroilíaca las manos se dirigen desde la columna hacia los glúteos.

Piernas y brazos: Se parte siempre desde la zona más distal a la más próxima: del codo al hombro, de los tobillos a la rodilla, etc. Generalmente se parte de los tobillos o empeine del pie y se llega hasta la ingle (tres veces), procurando coger bien toda la masa de la pierna y drenarla.

Indicaciones y efectos

Esta frotación lenta y superficial, de presión ligera, «adormece» la zona produciendo una paulatina insensibilidad y sedación del dolor por un lado, y, por otro, al vaciar el contenido venoso existente y dejar paso a nuevos contenidos de sangre fresca, renueva y nutre los tejidos internos de la piel. Produce una acción tónica y descongestiva de la piel y los músculos, así como de las zonas intersticiales. Ante una posible zona enferma, este deslizamiento suave lo comenzaremos en una zona anterior que esté sana, pasando luego sobre la enferma y terminando siempre en otra zona sana. Los efectuaremos con lentitud y sin cambios de ritmo ni de presión de principio a fin. Esta maniobra evita que luego se produzcan hematomas durante los amasamientos y demás toques; además es una preparación para la realización de otras maniobras.

Amasamientos

Es el tipo de maniobras que más se emplea para influir en la musculatura corporal. Su finalidad es estimular, tonificar, nutrir y fortalecer los músculos, mediante un movimiento de separación, compresión y estiramiento con torsión, que drena sus desechos y les aporta sangre nutritiva. El escoger una u otra técnica depende generalmente del volumen de la masa muscular, de la forma y de la situación del músculo a tratar, así como de la pericia del masajista y del momento del masaje, puesto que en cada tratamiento el orden de los amasamientos está relacionado con su capacidad de profundización, empezando de menos a más.

Conviene tener bien claro que este tipo de maniobras debe practicarse con mesura, desechando la brutalidad y la violencia, que anularían sus efectos y deteriorarían vasos y tejidos subcutáneos, además del dolor resultante de semejantes estragos.

Los hay de varios tipos, según se use una u otra parte de la mano, lo cual viene indicado en el nombre de la maniobra.

También hay varios niveles de profundidad con los que podemos incidir mediante cada tipo de amasamiento. Será **superficial** cuando incidamos fundamentalmente en la piel; **medio**, cuando profundicemos más sobre los músculos y nervios, y **profundo** cuando tratemos de llegar al fondo de los órganos y huesos.

Por término medio deben realizarse entre uno y cuatro movimientos por segundo (entre 60 y 200 por minuto), dependiendo del tipo de amasamiento...

Están indicados en todo tipo de recuperación muscular, combinados con drenajes y vaciados, siempre que no haya inflamación, trastornos circulatorios o cualquier otra obvia contraindicación. Se emplean con acierto en el tratamiento de la celulitis y enfermedades de la nutrición. También en escoliosis, lordosis, atrofias musculares, parálisis infantil, hemiplejías, etcétera.

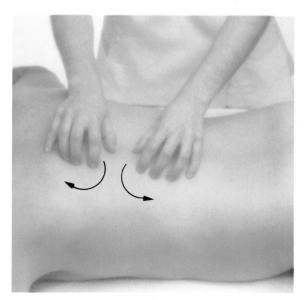 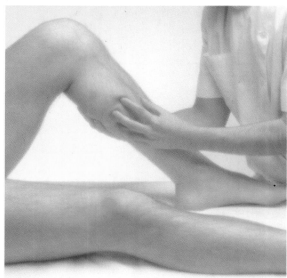

Dos ejemplos de amasamiento digital

AMASAMIENTO DIGITAL

Situados los pulpejos de los dedos sobre la piel, y con la mano cóncava, cada dedo va haciendo círculos independientemente de los otros pero al unísono, con una presión que puede oscilar entre superficial, media o profunda. Los círculos son pequeños, y los dedos están algo separados y flexionados, y la dirección es hacia el exterior. En la derecha, los círculos llevan sentido horario, y en la izquierda al revés. El dedo pulgar y el índice van efectuando un amasamiento al encontrarse cuando dibujan el círculo. Las manos trabajan alternativamente.

Deben realizarse entre uno y cuatro movimientos por segundo.

Aplicación

La dirección y ejecución de estos movimientos dependen de las zonas:

Zona de la cabeza: En la frente se suele hacer desde la mitad hacia los laterales, para luego volver, o también de arriba a abajo, recorriendo el mismo trayecto. En el cuero cabelludo se va desde su nacimiento hasta el cuello, para luego volver.

Zona del tórax: Desde las clavículas hasta el abdomen, y desde éste hacia la periferia (y viceversa en lo que es la zona de las costillas.

Zona del abdomen: Las manos apoyadas a cada lado del esternón bajo las costillas, y los dedos mirando hacia la cabeza; se baja en línea recta hasta el pubis y se vuelve al principio efectuando sin parar el amasamiento. Luego se pasa al lado y las manos recorren por franjas la zona desde el costado hasta la ingle y viceversa; hacen lo mismo en el lado derecho del paciente y terminan efectuando el pase desde el esternón hacia abajo y vuelta al principio. Para cada órgano abdominal se

Amasamiento palmodigital del muslo

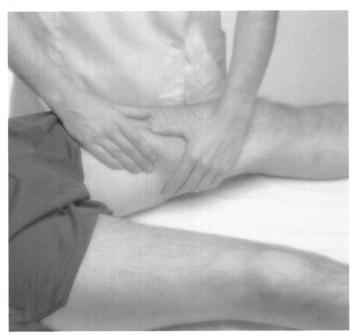

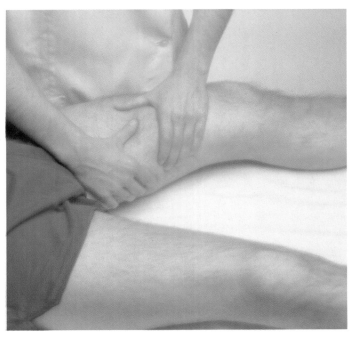

efectúa algo similar, centrándonos en los alrededores del mismo y en él.

Las piernas: Primero trabajamos cada dedo del pie, uno a uno, luego, con una mano a cada lado, subimos hasta la rodilla y viceversa, una o dos veces, hasta amasar toda su extensión. Luego trabajamos la rodilla y continuamos subiendo y bajando en franjas, con una mano a cada lado, hasta hacer en dos o tres veces toda la circunferencia y masa muscular de los muslos. De nuevo bajamos hasta el pie.

Tanto la pierna como los brazos podemos trabajarlos por partes o de una vez, desde los pies a la ingle y viceversa.

Los brazos: Igual que en las piernas, con una mano a cada lado del miembro.

La espalda: Comenzamos desde el occipital con una mano a cada lado de la columna, y bajamos hasta el sacro, volviendo por el mismo camino. Después, las manos avanzan sobre el lado derecho de la columna hacia los laterales y vuelven haciendo todo el recorrido, glúteos incluidos, en franjas; retornan haciendo lo mismo hasta los hombros y se pasan al otro lado y lo hacen igual, para terminar efectuando la misma bajada y subida a ambos lados de la columna como al principio.

Una variante de esta manipulación consiste en efectuarla igual, con la excepción de los dedos anular y meñique que permanecen en puño, flexionados sobre sí mismos. Se emplea para lograr mayor profundización en zonas en las que con todos los dedos resulta incómodo y resta profundización, como ocurre con los surcos intercostales.

AMASAMIENTO PALMODIGITAL

En esta maniobra utilizamos el pulgar, separándolo de los demás dedos, que deben estar juntos. El pulgar avanza y hace que la mano se abra en forma de tijera; luego, el mismo dedo pulgar empuja la masa muscular hacia la palma de la mano, y el resto de los dedos y mano también se cierra hacia el pulgar, estrujando la masa muscular en un primer momento, y luego girándola y retorciéndola hacia la dirección del pulgar o lado interno. Las manos van alternativamente.

Deben realizarse uno o dos movimientos por segundo. Se suele hacer dos veces en cada tratamiento, y en el intervalo de un vaciaje de venas.

Indicaciones y efectos

Se efectúa sobre grandes masas musculares. Su efecto, sedante o estimulante, dependerá de la fuerza y rapidez con la que lo hagamos. El músculo se nutre y renueva gracias al efecto de estrujar, retorcer y escurrir.

A menudo tenemos que efectuar esta maniobra con una sola mano, porque necesitamos la otra para sostener la parte que vamos a tratar, o porque el volumen del miembro a trabajar es pequeño y no podemos emplear las dos manos. Aquí el pulgar va por un lado y los demás dedos por el otro, avanzando desde el lado distal al proximal, en dirección al corazón. Se utiliza sobre el cuello, antebrazos y pantorrillas principalmente.

Aplicación

Zona de la cabeza: En la cara y el mentón, del centro a los laterales y volver.

Zona del tórax, corazón, abdomen y estómago: Sigue la misma dirección que el amasamiento digital.

Las piernas: Se parte de decúbito supino, aunque también podemos realizar los amasamientos en decúbito prono (originalmente sólo se hacían boca arriba y desde esta posición había que trabajar lo de delante y lo de atrás); se sigue la misma dirección que en el digital.

Los brazos: Se sube como en el digital, con una mano a cada lado, alternándolas mientras avanzan desde la muñeca a la axila. Cada mano trata de amasar toda la masa muscular del brazo entre el pulgar y los demás dedos. Se sube y se baja por todo el brazo.

La espalda: Desde el cuello, como en el digital.

AMASAMIENTO PULPONUDILLAR

Es uno de los amasamientos que podemos emplear en la casi totalidad del cuerpo, ya que actúa sobre pequeñas porciones musculares que son estrujadas y pellizcadas entre el pulpejo del pulgar y el lateral, y el nudillo del dedo índice, que avanzan haciendo círculos y apretujando trozos de músculo entre ellos en su recorrido. Las manos trabajan alternativamente.

La velocidad debe ser similar a la del amasamiento digital, y, a veces, algo más rápida.

Indicaciones y efectos

Este amasamiento es importante porque nos permite trabajar directamente y en profundidad las vértebras y sus apófisis espinosas.

Aplicación

La dirección y el recorrido son prácticamente los mismos que en el amasamiento digital,

a excepción de la espalda, como vamos a ver.

La espalda: Comenzaremos por el nacimiento del deltoides, bajo el occipital, y bajaremos por ambos lados de la columna vertebral hasta abajo. Subiremos con el pulponudillar total o circunflejo, que explicaremos a continuación, avanzando desde la columna a los laterales y viceversa, piso a piso hasta arriba. Ponemos una mano enfrentada a la otra encima de la primera dorsal y bajamos así, trabajando toda la columna hasta abajo. Para subir utilizamos el pulponudillar reforzado, que

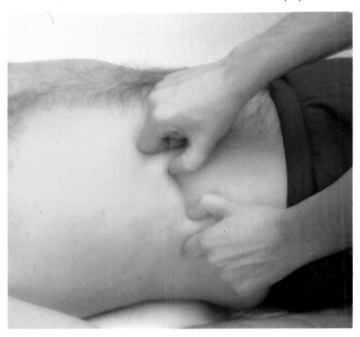

Amasamiento pulponudillar

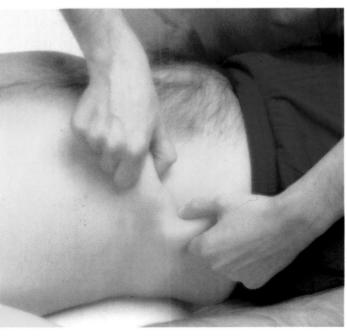

consiste en apretar con una mano posada sobre la muñeca y los metacarpianos, o el dorso de la mano, sobre la otra, que avanza haciendo el pulponudillar por encima de cada apófisis vertebral.

(Es importante recordar que siempre que hablamos de un amasamiento o maniobra reforzada nos referimos al hecho de apoyar una mano sobre la que trabaja.)

AMASAMIENTO PULPONUDILLAR TOTAL

Consiste en realizar los mismos movimientos que el nudillar, pero ahora con todos los dedos tratando de coger entre sí la masa muscular. El índice y el pulgar siguen haciendo su amasamiento. También se llama *circunflejo*.

Aplicación

Donde más se emplea es en las piernas, brazos y espalda, siguiendo las direcciones del amasamiento digital, y a una velocidad similar.

AMASAMIENTO PULPOPULGAR

Esta maniobra se lleva a cabo con las yemas de los dos pulgares, que, mientras el resto de la mano y dedos les sirven de apoyo, avanzan efectuando círculos alternativamente en un mismo lugar, o yendo y viniendo en grandes zonas.

Deben efectuarse entre dos y cuatro movimientos por segundo; es el amasamiento más rápido que se puede llegar a efectuar, junto con el nudillar.

Indicaciones y efectos

Trata con mucha precisión las zonas musculares y los problemas articulares. Muy eficaz para tratar las contracturas de escribiente y todo tipo de tensiones del hombro y la espalda.

Aplicación

Donde más se usa es en la espalda, a ambos lados de la columna vertebral. También

Amasamiento pulponudillar total (A, B) y amasamiento pulpopulgar (C, D)

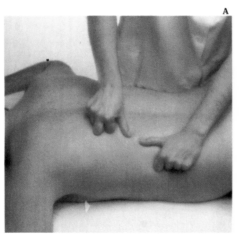
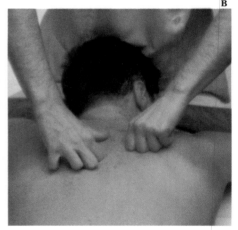
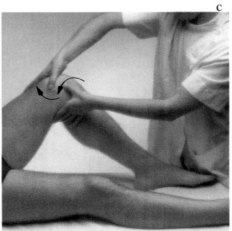
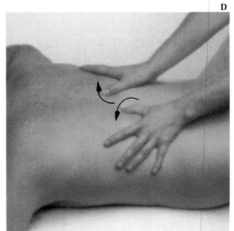

es importante para trabajar la palma de las manos y la planta de los pies. La pantorrilla, por detrás en tendido prono, y los muslos, en tendido supino, se benefician mucho con esta maniobra.

Una variante es el *amasamiento pulpopulgar deslizante y cruzado*, que se emplea, sobre todo, en la columna vertebral y por encima de los músculos, para aliviar sus contracturas cuando están muy tensos.

En este movimiento, los pulgares se colocan enfrentados, a uno o dos centímetros de separación, y el uno encima del otro, y avanzan de esta manera, pellizcando el músculo y retorciéndolo en forma de «S» al no poder chocar entre ellos.

A continuación, el dedo que estaba por debajo pasa a ponerse por arriba y enfrente del otro pulgar, y vuelven a efectuar la maniobra explicada.

Debe realizarse a poco más de uno o dos movimientos por segundo.

AMASAMIENTO PUÑONUDILLAR

Comenzamos la maniobra poniendo las manos en forma de puño, y con los pulgares sobre los índices, uno a cada lado de la columna vertebral. A partir de aquí tenemos dos variantes:

• Los puños aprietan y giran los dos al unísono hacia afuera, subiendo y bajando.

• Los puños aprietan hacia adentro o hacia afuera, ya subiendo, ya bajando, por ambos lados de la columna vertebral.

La presión se efectúa con los nudillos y las primeras falanges, y debe efectuarse con cuidado, ya que se trata de una de las maniobras más tonificantes que existen en el masaje terapéutico y se corre el riesgo de producir daño si no se hace correctamente. Se efectúa generalmente en la espalda, a ambos lados de la columna vertebral, dada la capacidad de resistencia muscular de dicha zona.

Amasamiento puñonudillar

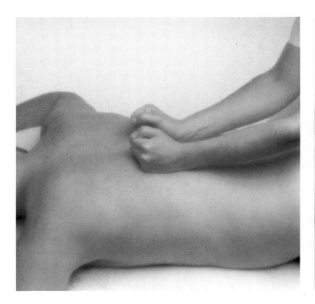
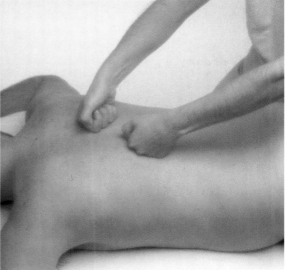

Pellizqueos

Son maniobras de tipo movilizador de la piel, exploratorias, o si son aplicadas fijas se utilizan como digitopunturales. A la vez, estas maniobras estimulan con gran rapidez el intercambio celular. Por todo ello, están especialmente indicados como coadyuvantes en tratamientos cutáneos y adelgazantes.

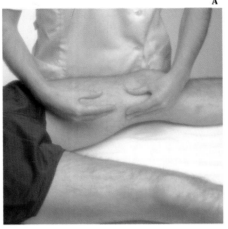 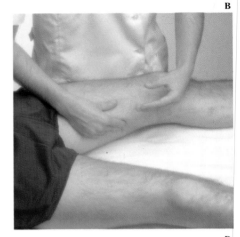

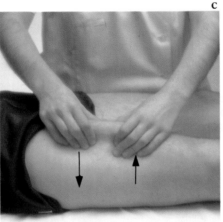 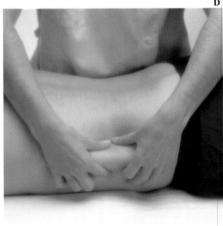

Pellizqueo digital (A, B) y pellizqueo deslizante (C, D)

PELLIZQUEO DIGITAL

Lo efectuamos cogiendo la masa entre el pulpejo del pulgar y el índice, procurando no producir un dolor excesivo. Se puede efectuar al unísono y alternando ambas manos, dependiendo también de la zona y del efecto que se desee.

Deben realizarse alrededor de cuatro pellizqueos por segundo.

Aplicación

Cara: Toda la zona, desde la nariz hasta la periferia y viceversa.

Brazos: Siguiendo la dirección del amasamiento digital.

PELLIZQUEO DESLIZANTE

Formamos una ola o montañita entre los pulgares de ambas manos por un lado, y los índices y demás dedos por otro; la forma de ola se mantiene mientras se desliza el pellizqueo. Así que, una vez cogida la masa, los dedos de una mano avanzan por delante de la ola, trayéndola entre el dedo gordo, que aprieta desde el otro lado para impedir que se deshaga. Al instante repiten el movimiento los demás dedos contra el pulgar de la otra mano.

En la ida avanzan primero los cuatro dedos, antes que el pulgar; en la vuelta, al revés.

Deben realizarse alrededor de dos o tres movimientos por segundo.

Indicaciones y efectos

Tratamientos adelgazantes. Ayuda a disolver excesos.

Aplicación

En la espalda, abdomen y glúteos. En la misma dirección del amasamiento digital.

PICOTEO

Son pellizqueos a gran velocidad efectuados con las yemas del índice y el pulgar de cada mano, sin separarse y como picoteando.

Deben realizarse cuatro o cinco por segundo por lo menos.

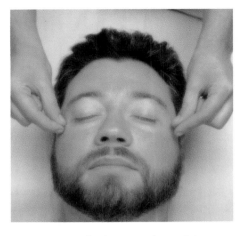

Picoteo

para mejorar afecciones cutáneas del rostro.

Indicaciones y efectos

Producen mucha hiperemia y aceleran los intercambios a nivel de la piel. Tratamientos

Aplicación

En la cara y el abdomen principalmente, en la misma dirección que el amasamiento digital.

Escurrimiento palmodigital

Esta maniobra conjuga a la vez efectos de presión, amasamiento y fricción. Es parecida en su práctica al «amasamiento a dos manos» del masaje sueco clásico, y está ligada, más bien, a los tratamientos deportivos.

Se efectúa cogiendo la masa muscular con las manos enfrentadas y transversalmente al miembro, a unos 2 ó

5 cm una de la otra; las dos estiran en direcciones contrarias, apretando y escurriendo la musculatura entre ellas, e intercambiándose las direcciones en cada escurrimiento.

Debe efectuarse un movimiento cada segundo o cada dos segundos.

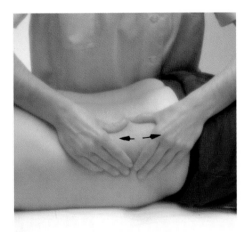 

Escurrimiento palmodigital (secuencia)

Indicaciones y efectos

Tratamientos deportivos. Tonificante y estimulante de la musculatura. No debe hacerse cuando hay acumulación de líquido o varices.

Aplicación

Este movimiento debe efectuarse tan sólo en los brazos y las piernas, y en la misma dirección que el amasamiento digital, es decir, subir de los pies a los muslos y descender.

Rodamientos

Es una de las maniobras del quiromasaje que se emplea en los tratamientos deportivos y que conjuga a la vez efectos de presión, amasamiento y fricción.

Consiste en zarandear la masa muscular en rápidos vaivenes, cogida entre las palmas de las manos, que están enfrentadas.

Deben realizarse entre uno y tres vaivenes por segundo, yendo y viniendo dos o tres veces por la zona.

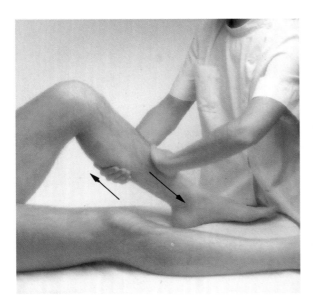 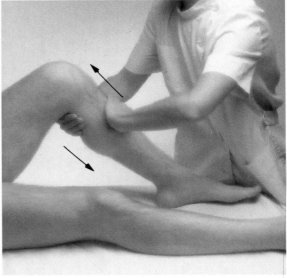

Rodamientos
(secuencia)

Indicaciones y efectos

Produce una gran estimulación sanguínea y muscular. Eleva considerablemente la temperatura. Después del entrenamiento deportivo, o durante el mismo, recupera mucho, aumentando el rendimiento y también la resistencia.

Aplicación

Los brazos: El masajista se sitúa a la derecha del paciente, pone la mano izquierda mirando hacia sí en la zona interna del brazo, con la punta de los dedos mirando hacia delante del paciente, y la derecha en la zona externa y con los dedos mirando hacia atrás, y la palma mirando la palma de la otra y enfrente de ella; cogido así el brazo, las manos aprietan y llevan la masa muscular en direcciones contrarias con un vaivén rápido, mientras avanzan lentamente hasta cubrir la zona. Hay que ir y volver varias veces.

Las piernas: En esta zona la aplicación del masaje será como en los brazos.

Cacheteos y palmoteos

Por estos nombres se reconoce al grupo más estrepitoso y que más ha dado que hablar de todos los que componen las manipulaciones de un masaje terapéutico. Son maniobras que se efectúan con las dos manos alternativamente, a bastante velocidad o velocidad moderada, y cuyos efectos sobre el sistema nervioso y la circulación de la sangre son estimulantes o sedantes, según la velocidad y la fuerza con que se percute o se efectúa el golpe.

CACHETEO O HACHAZO DIGITAL

Efectuamos el movimiento con las manos en forma de hacha, cuyo filo está representado por el dedo meñique un poco flexionado y relajado. Los otros dedos están también un poco flexionados y relajados, además de algo separados entre sí y del meñique. Las manos se colocan paralelas, mirándose las palmas, en ángulo recto a la superficie de la piel, transversalmente y separadas unos 3 o 5 cm; con los dedos meñiques percutimos alternativamente, mientras recibimos sobre ellos el choque de los demás dedos. El choque contra la piel es rápido, y la mano se levanta ágil, como si temiese quemarse.

Deben realizarse dos o tres por segundo como mínimo. No hay que variar la velocidad y la fuerza de la percusión.

Aplicación

En general es la misma que el amasamiento digital:

Zona de la espalda: Lo único que cambia respecto al amasamiento digital es que nos saltamos la zona de los riñones, no la percutimos por su sensibilidad.

Piernas y brazos: En franjas que suben y bajan por el mismo sitio.

Zona del abdomen: En círculos alrededor del ombligo.

CACHETEO CÓNCAVO

Para efectuar esta maniobra tenemos que colocar los dedos flexionados, con las yemas aproximadamente a un centímetro de altura sobre su lugar de nacimiento (articulación metacarpofalángica); el dedo pulgar se colocará sobre el lateral del índice, cerrando así esa zona de la mano para que el aire no se vaya y presione los tejidos junto con el dorso de los dedos, el lateral del pulgar y la zona hipotenar de la mano.

Se darán dos o tres golpes por segundo a un ritmo invariable.

La aplicación es la misma que en el cacheteo digital.

A
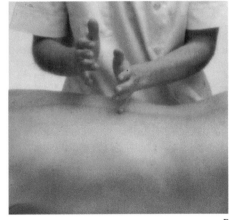

B
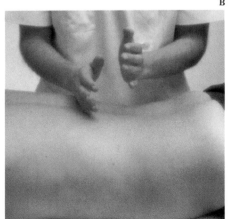

C
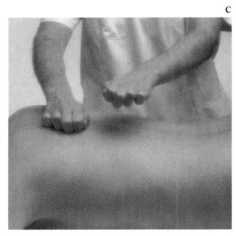

Cacheteo o hachazo digital (secuencia: A, B) y cacheteo cóncavo (C)

Cacheteo cóncavo

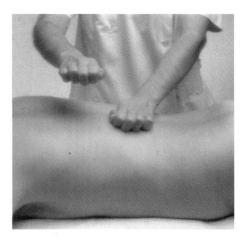

CACHETEO DORSAL CON EXTENSIÓN PALMAR

Con la mano en forma de puño y el dedo pulgar sobre el lateral de su mismo lado del índice, percutimos con la mano por el lado dorsal, y presionando vamos dando media vuelta. Entonces posamos el talón y tiramos de él mientras los dedos se van desenrollan-

Cacheteo dorsal con extensión palmar (A, B, C)

A

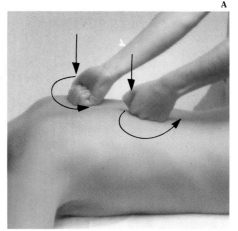

B

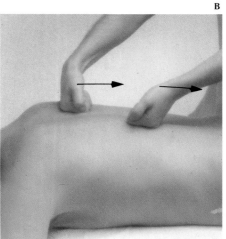

C

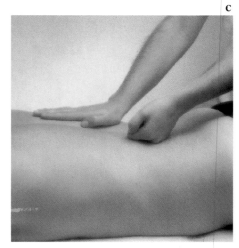

do y extendiéndose por sí mismos. Las manos van alternativamente.

Deben realizarse uno o dos movimientos por segundo.

Indicaciones y efectos

Va dirigido a zonas musculares donde puede acumularse grasa o celulitis, o donde puede producirse alguna contracción muscular, mejorando la nutrición y eliminando los excesos. Mejora el peristaltismo intestinal.

Aplicación

Zona de la espalda: Lo vamos efectuando desde arriba hasta abajo y viceversa, avanzando en forma de franjas transversales o pisos.

Zona del abdomen: Desde la periferia al centro, y a todo lo largo del intestino grueso de principio a fin.

CACHETEO COMPRESIVO GIRATORIO

Se colocan los dedos flexionados en forma de puño, menos el índice que rodea la punta del pulgar, mientras éste reposa sobre el mayor. El pulgar y el índice presionan los intestinos y giran sobre la segunda falange del índice, arrastrándose unos centímetros presionando el contenido intestinal. Las manos se van alternando con rapidez desde el principio al final del intestino grueso. Se comienza la maniobra con una espiración total que relaje la zona abdominal y que ayude al masajista a localizar el principio del intestino. La respiración del paciente debe ser preferentemente pectoral durante el tiempo que dure la maniobra.

Debe realizarse a una velocidad de alrededor de un segundo por pase. Se repite tres veces.

Indicaciones y efectos

Indicado para combatir el estreñimiento.

Aplicación

Exclusivamente para el intestino grueso.

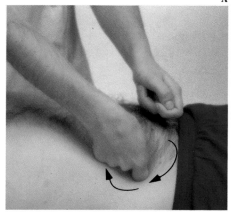

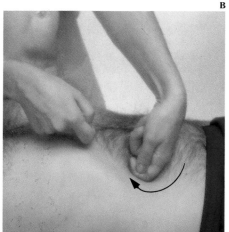

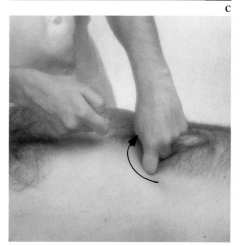

PALMOTEO CÓNCAVO

Con la palma de la mano cóncava y el pulgar sobre el lateral del índice vamos efectuando golpes alternativamente, comprimiendo el aire sobre la piel.

Deben darse alrededor de dos golpes por segundo.

Indicaciones y efectos

A nivel reflejo producen efectos circulatorios internos. Por otro lado, tienen efectos muy beneficiosos sobre los órganos abdominales, porque tonifican el peristaltismo intestinal y estimulan las funciones estomacales y de asimilación. También descongestionan y estimulan el hígado y la vesícula biliar, con varias aplicaciones muy cuidadosas con una sola mano, procurando no producir dolor. Hay autores que afirman que son efectivos, aplicados sobre la región sacra, para la impotencia y la próstata. Abstenerse de aplicarlos si hay inflamaciones.

Su aplicación es la misma que la del cacheteo digital.

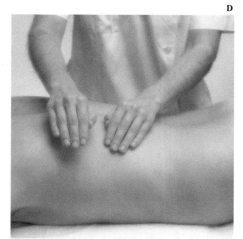

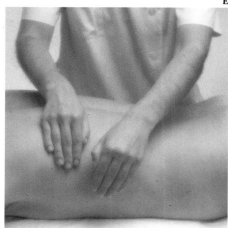

Cacheteo compresivo giratorio (secuencia: A, B, C)

Palmoteo cóncavo (secuencia: D, E)

Roces o peinados

Es una de las últimas maniobras de los tratamientos. En la espalda se efectúa después del cacheteo dorsal con extensión palmar, mientras que en las extremidades precede al vaciaje de venas y los pases sedantes. La situamos aquí, por seguir el esquema general del tratamiento de la espalda, que representa la base general que siguen todos los demás tratamientos en cuanto al orden.

Cuando a los pases magnéticos sedantes les añadimos una cierta concavidad continuada de la mano, con los dedos también separados pero algo más curvados, y un decidido apoyo en el roce sobre la piel, como si de un rastrillo se tratase, entonces tenemos los roces o peinados digitales. Las manos también deben actuar alternativamente.

Deben realizarse entre uno y tres pases por segundo. Cuanto más superficial, más rápidos.

Indicaciones y efectos

A diferencia de los sedantes, éstos son estimulantes y elevan la temperatura de la zona, al aumentar su circulación.

Aplicación

Zona de la cabeza y el tórax: Como en los pases sedantes.

Zona del abdomen: Desde las costillas al pubis.

La espalda: En esta zona como los pases magnéticos sedantes, es decir, desde los hombros hasta el cóccix.

PEINADO DIGITAL CIRCUNFLEJO

Las manos se deslizan a la vez, una delante de la otra y en forma sinuosa, a la misma velocidad que los digitales.

Indicaciones y efectos

Estimula la circulación y la musculatura.

Aplicación

Zona de la espalda y el abdomen: En la misma dirección que los peinados digitales.

Roces o peinados digitales (secuencia: A, B) y peinado digital circunflejo (secuencia: C, D)

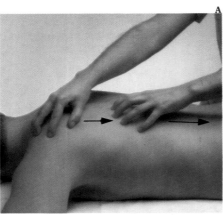
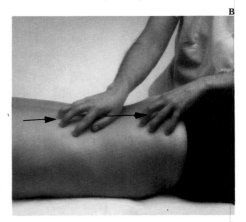
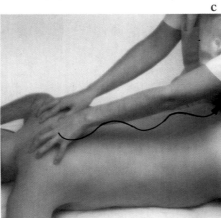
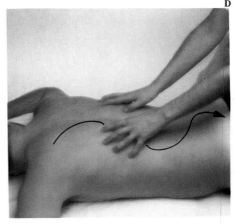

Las presiones

Es el grupo de maniobras que más precisión y sentido manual necesitan para ser ejecutadas correctamente, ya que es muy fácil producir dolores innecesarios, o problemas secundarios.

Existen presiones para facilitar la respiración y ayudar a las funciones coronarias, ambas un poco complicadas para ser descritas. Pero las más populares y las que más nos van a ayudar son las vertebrales.

PRESIONES VERTEBRALES

Se suelen realizar al final del masaje de la espalda, cuando ya se han efectuado los amasamientos, cacheteos, etc., y sólo quedan los vaciajes o drenajes y los pases sedantes para terminar el tratamiento. La fuerza del golpe o presión debe ser moderada, y dependiendo de la persona y de su capacidad constitucional.

Debe realizarse lentamente y en conjunción con la respiración del paciente. Menos en las cervicales, que se pueden hacer dos o tres en cada espiración, en las demás se hace una presión en cada espiración, cuando los pulmones se han vaciado.

Indicaciones y efectos

Sus desbloqueos repercuten en todo el cuerpo por vía nerviosa refleja, y permiten una más rápida recuperación de todos los desequilibrios de la columna, ya sea lordosis, cifosis, artrosis... Sus desbloqueos son muy beneficiosos en caso de pinzamientos, por la simple acción mecánica de separación y descongestión, como ocurre en el caso de las ciáticas.

Aplicación

Puestos en el lado izquierdo del paciente, se comienza por la *zona cervical*, la mano izquierda situada sobre su borde cubital, sobre la apófisis, desde el principio, vértebra por vértebra, y la derecha se coloca encima del borde radial del índice, abrazando con sus dedos pulgar e índice la zona metacarpiana del pulgar y demás dedos de la izquierda. Así entrelazadas, efectúan el golpe con el empuje de la mano derecha y rebotan con rapidez hacia arriba, como si quemase.

Para las *dorsales y lumbares*, colocamos la mano derecha sobre la columna, de tal manera que el índice y el medio estén uno a cada lado de ella, y sus yemas queden sobre los laterales de la vértebra que queremos tratar. El talón de la mano izquierda se apoya sobre el nacimiento de las uñas del índice y el medio de la derecha, y al final de cada espira-

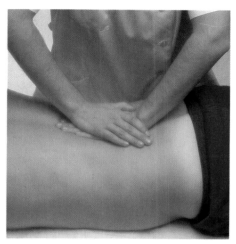

Presión vertebral

ción golpea y se retira con rapidez (una vértebra por espiración).

También es aconsejable para la *zona dorsal y sacroilíaca* ejecutar la presión con el borde cubital de la mano derecha sobre el lateral izquierdo de la vértebra, y el talón izquierdo sobre el lateral derecho.

Al llegar a las *sacroilíacas*, y continuando en el lado izquierdo, situamos nuestra mano derecha con los dedos mirando hacia arriba, al lado de la columna y sobre los glúteos del lado izquierdo; con ella empujaremos con profundidad y hacia la espalda; mientras, la mano izquierda situada en el otro lado y en dirección contraria, empuja hacia los pies y en profundidad; hay un momento de máxima tensión en el que se efectúa el golpe rápido, al unísono, de cada mano, que actúan en direcciones contrarias. Luego, la misma maniobra, pero cambiando las manos de lado y haciendo que el lado que antes presionamos en dirección a los pies, ahora vaya hacia la cabeza.

Al final de las presiones vertebrales, se suele llevar a cabo una presión con los pulgares, deslizante, de abajo a arriba de la columna, y lentamente. Cada pulgar a un lado de la columna y sincronizando con el otro, efectúan la presión lenta y firme varias veces; unas, subiendo primero dando como empujones que, al unísono, se deslizan sobre dos o tres laterales de vértebras y van subiendo por etapas, para acabar al final por hacer varios recorridos lentos de abajo a arriba.

Las movilizaciones

Representan las posibilidades de cambio de posición del cuerpo gracias al movimiento de las articulaciones. Gracias a ellas recuperamos y ampliamos el movimiento articular.

Se llevan a cabo después de haberse preparado la zona con amasamientos, fricciones y presiones, mezclados con vaciajes de venas, principalmente. Debe tenerse muy en cuenta el estado de la persona en general y el de la articulación en particular, tanto antes, como durante y después de dichos movimientos. De este modo, debe procurarse actuar sin producir al paciente una molestia excesiva, nunca con brusquedades o excesos, que siempre terminan por empeorar aún más la situación del enfermo.

Las movilizaciones hay que efectuarlas siempre con la colaboración de las dos manos, puesto que mientras una efectúa los giros, la otra sujeta la articulación sobre la que actuamos, con el fin de ir tomando conciencia de los cambios y ayudar a que el movimiento sea beneficioso para dicha articulación.

Así pues, es preciso observar la articulación en particular, para tener una idea clara de su situación, de cómo están todas las partes que la componen (huesos, músculos...) y ver qué puntos son los que más dolor producen, qué color y qué temperatura tiene dicha articulación, etc.

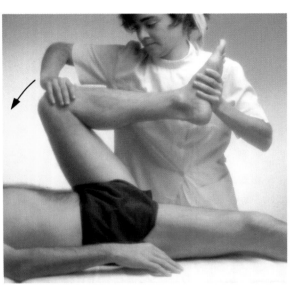
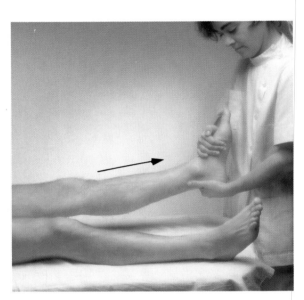

Dos movilizaciones de la pierna

Aplicación

Una vez que tenemos bien clara la situación de la articulación que vamos a tratar, y después de los pases propios del masaje, haremos las movilizaciones de una manera progresiva:

• En primer lugar, los *movimientos* serán *pasivos* para el paciente y progresivamente irán acentuando su amplitud. Pueden efectuarse adducciones y abducciones, flexiones y extensiones, rotaciones y circunducciones.

Los movimientos se efectuarán con tranquilidad, llevando un movimiento total a la articulación, y empujándola hacia un funcionamiento más pleno.

• Pasaremos luego a los *movimientos activos* sin resistencia. Aquí el masajista enseña el movimiento y el paciente lo hace voluntariamente. Es preciso activar todos los músculos en las tres posiciones: boca arriba, boca abajo y de pie. El ejercicio consciente y voluntario devuelve la fuerza y demás cualidades musculares.

• A continuación se efectuarán los *movimientos pasivos con resistencia*, en los que el paciente no actúa más que en oposición al movimiento que le imprime el masajista.

• Finalizamos con los *movimientos activos con resistencia*, en los que el paciente actúa y mueve los grupos musculares frente a la oposición del masajista.

Los efectos de estos movimientos son muy positivos para la circulación, la linfa y el retorno venoso. Devuelven el tono y el relieve muscular y recuperan la fuerza. Todo ello evita y hace desaparecer las atrofias, adherencias y rigideces musculares. Resulta imprescindible el masaje y todo tipo de movilizaciones cuando cualquier miembro ha permanecido mucho tiempo inmovilizado; de lo contrario, las secuelas seguirán agravando la estática y funcionalidad del organismo toda la vida.

MOVIMIENTOS ARTICULARES

FLEXIÓN: Flexionamos un brazo cuando llevamos la mano a tocar su hombro. Lo contrario se llama EXTENSIÓN.

ROTACIÓN: Rotamos la cabeza cuando la giramos para mirar hacia atrás con la barbilla a la altura del hombro.

CIRCUNDUCCIÓN: Cuando hacemos círculos con la cabeza en ambos sentidos.

HIPEREXTENSIÓN: Cuando extendemos al máximo una de las manos, por ejemplo.

ABDUCCIÓN: Cuando alejamos o separamos un brazo del eje del cuerpo. Lo contrario se llama ADUCCIÓN.

SUPINACIÓN: Cuando nos echamos con la espalda sobre el suelo. Lo contrario se llama PRONACIÓN (sobre el vientre).

PROPULSIÓN: Movimiento hacia adelante. Lo contrario es RETROPULSIÓN.

A
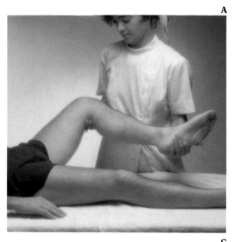

B
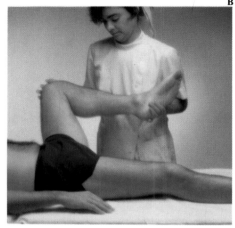

C
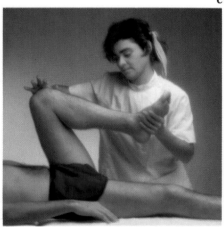

D
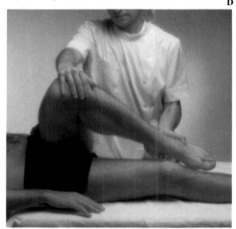

Secuencia de una rotación de la pierna (A, B, C, D)

La vibración

Representa la transmisión directa de un movimiento de energía mental y física al paciente. Es una de las técnicas especiales del masaje terapéutico, que, con cuidado, se puede realizar en casi todas las partes del cuerpo.

Se puede aplicar de muy diversas maneras, ya con toda la mano, o con alguna de sus partes o con los dedos. Todo dependerá de la zona a tratar y de lo que queramos conseguir. La vibración se efectúa haciendo cierta contracción de la musculatura de los brazos y hombros, que produce un temblor que se manifiesta en las manos.

Indicaciones y efectos

Aplicadas a una contracción muscular o a una congestión hepática o del plexo solar, producen un efecto sedante y relajante. Si se aplican a la columna vertebral, el efecto será relajante para todo el cuerpo (por vía refleja). Sobre el intestino grueso estimulan el peristaltismo intestinal y evitan el estreñimiento. Son muy relajantes en la planta de los pies y en las manos, y también relajantes, pero con una sensación de mayor consciencia, si se efectúan en la zona superior de la cabeza. Para aumentar sus efectos, suelen combinarse mucho con las movilizaciones. A pesar de sus muchos efectos, la vibración se practica poco debido al derroche de energía que se necesita para llevarla a cabo bien, y también, muy a menudo, por su dificultad. Son dos razones de peso que han empujado a muchos terapeutas a utilizar los aparatos mecánicos. Pero con la excepción de algunas afecciones, resulta imposible que cualquier vibrador pueda superar los resultados de una mano bien educada y con capacidad de percibir la necesidad de ir actuando, conforme va transformándose por momentos como resultado de la acción.

Según el doctor M. Boigey, algunos profesionales del masaje la emplean para calmar momentáneamente dolores profundos de la zona abdominal (tipo úlceras gástricas), o para regular el ritmo del corazón en caso de palpitaciones sin que exista lesión orgánica subyacente.

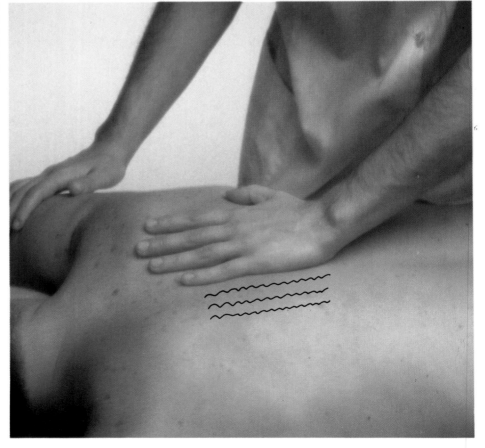

Vibración directa, un movimiento que se practica poco debido al derroche de energía y a la dificultad que entraña

Golpeteos y tecleteos digitales

Estas maniobras están relacionadas con las palmadas o palmoteos, pero aquí los golpes se hacen con las yemas de los dedos o con sus nudillos, en vez de con toda la mano, tal como se aprecia en la fotografía inferior.

Los toques deben ser rápidos, de varios movimientos por segundo.

Indicaciones y efectos

Sus efectos son sedantes de las zonas en las que se apliquen, sobre todo cuando hay contracciones, inflamaciones e hiperexcitabilidad.

Aplicación

La dirección y los lugares de aplicación son los mismos que los roces o peinados digitales.

Una variante consiste en dar los golpes con todos los dedos de las manos a la vez, o alternando los de una con los de la otra. Esta variante alternada puede efectuarse añadiendo después del golpe una pequeña fricción, a semejanza del movimiento que se hace al aplicar la loción después del afeitado, con un efecto sedante y tónico a la vez.

En general, la posición de las manos para efectuar los tecleteos o golpeteos es semejante al amasamiento digital, con los dedos semicurvados y las muñecas relajadas y efectuando los golpes con los pulpejos de los dedos.

El *tecleteo* propiamente dicho consiste en ir golpeando dedo por dedo, como si estuviésemos tocando las teclas de un piano en uno de esos ejercicios en los que se van tocando a la vez, primero con los meñiques, luego con los medios, hasta los índices, y se vuelve a comenzar. Aquí consiste en hacer eso pero muy rápidamente, logrando que no se vea cuándo comienza y cuándo termina el movimiento. Cada par de dedos trata de golpear inmediatamente después del otro, y a gran velocidad.

Los mismos golpeteos con todos los pulpe-

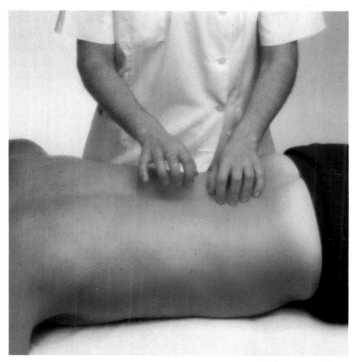

Golpeteo o tecleteo digital

jos a la vez los podemos efectuar con los nudillos. Las manos, igual, pero vueltas y trabajando alternativamente, para no cansar nuestro ritmo cardiaco y hacerlo todo más fácil. Este golpeteo nudillar se efectúa a varios golpes por segundo, rápido, y excita y estimula el funcionamiento de los nervios, la piel, etc. Bueno para estimular músculos o zonas paralizadas.

Ya sabemos que la columna vertebral consta de 33 (ó 34) vértebras distribuidas en 7 cervicales, 12 dorsales, 5 lumbares y 9 (ó 10) pélvicas. Las cervicales, dorsales y lumbares son vértebras «libres», mientras que las pélvicas se sueldan para formar el sacro y el cóccix.

De la columna arrancan 62 nervios, 31 a cada lado —8 cervicales, 12 dorsales, 5 lumbares, 5 sacros y 1 coccígeo—, que nacen de la médula espinal y atraviesan los agujeros de conjunción para dirigirse a los órganos que inervan.

Entre los nervios craneales, que derivan a pares directamente del cerebro, y los raquídeos, mueven y sensibilizan todo el organismo. Esta es la razón por la que determinados puntos de la columna vertebral responden mejor al masaje en determinadas afecciones o enfermedades del organismo.

C1 El masaje de las primera y segunda vértebras cervicales estimula los centros de origen de los cuatro nervios cervicales superiores, lo cual influye favorablemente en los ojos, los oídos, el corazón, el diafragma y en la nutrición del cerebro, de modo que alivia o evita el vértigo y la amnesia o flaqueza de memoria.

C2 El masaje de la tercera vértebra cervical fortalece la dentadura y las encías, así como estimula la acción del corazón y los pulmones.

C3 El masaje de la cuarta y quinta vértebras cervicales tonifica los pulmones y el aparato de fonación, así como alivia algunas formas de asma. Está indicado en casos de asma bronquial, enfisema pulmonar, hipo pertinaz y hemorragia nasal.

C4 El masaje entre la cuarta y la séptima vértebras cervicales está indicado en casos de entumecimiento de las extremidades superiores y monoplejía braquial (del brazo) consecutiva a poliomielitis.

C5 El masaje de la sexta vértebra cervical es muy beneficioso para el aparato de fonación, y estimula el corazón, el estómago y los pulmones. Fortalece la cabeza y los brazos y aumenta la temperatura general del cuerpo.

C6 Hay un gran número de trastornos y enfermedades que se pueden evitar y aliviar mediante el masaje de la séptima vértebra cervical. Calma la tos, tiene un efecto fortalecedor del corazón (por lo que está indicado para la taquicardia, el asma cardial y la arritmia) y es eficaz para resfriados, gripe y diabetes (sacarina e insípida).

D1 El masaje de las primera y segunda vértebras dorsales estimula la actividad del corazón, contrae los músculos del ojo y entona la flexura sigmoidea del colon.

D2 El masaje de la tercera vértebra dorsal estimula el plexo solar, el estómago y los pulmones, y dilata el cardias y contrae el píloro, por lo que es aconsejable en afecciones gástricas.

D3 El masaje de la cuarta vértebra dorsal estimula el sistema nervioso central, y fortalece el miocardio al regular sus palpitaciones. Además estimula el bazo.

D4 El masaje de la quinta vértebra dorsal dilata el píloro y contrae el cardias, favoreciendo en consecuencia el vaciado del estómago y su acción peristáltica.

D5 Entre la cuarta y quinta vértebras dorsales se nota la contracción de la vejiga urinaria y del páncreas, con aumento del jugo pancreático.

D6 El masaje de la sexta, séptima y octava vértebras dorsales dilata los pulmones y estimula la actividad de los riñones. Estimula los nervios esplánicos y los órganos inervados por ellos.

D7 El masaje de la novena vértebra dorsal dilata la vejiga urinaria y está indicado en los cólicos biliares y renales, así como en las enfermedades del aparato respiratorio.

D8 El masaje de la décima y onceava vértebras dorsales tiene acción vasodilatadora. Además, activa la digestión intestinal y combate el estreñimiento. También aumenta el número de hematíes en la sangre, pero no es conveniente realizarlo cuando el corazón está dilatado o hay aneurisma arterial.

D9 El masaje de la doceava vértebra dorsal reduce la hipertrofia de la próstata, estimula la actividad de todas las vísceras de la cavidad pelviana y constriñe el esfínter de la vejiga urinaria, favoreciendo la curación de la incontinencia de orina.

D10 El masaje entre la décima y la doceava vértebra dorsales dilata casi todos los órganos, aumenta el aflujo de sangre a los pulmones y está indicado en los casos de angina de pecho, así como en los de parálisis infantil en los que están afectadas las extremidades inferiores.

L1 El masaje de la primera, segunda y tercera vértebras lumbares constriñe todas las vísceras de la cavidad abdominal. Evita las hemorragias uterinas, contrae el esfínter de la vejiga urinaria y favorece el tratamiento de la incontinencia de orina y otros trastornos de la vejiga.

Del masaje que obtendremos más eficacia será del de la segunda vértebra lumbar.

Shiatsu

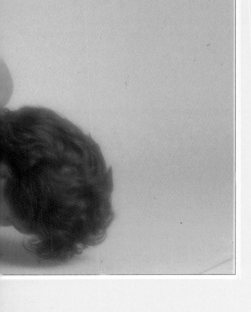

Introducción

El masaje, ya hemos hablado de ello, es una técnica muy antigua de manipulación corporal, empleada tanto en Oriente como en Occidente. Actualmente, ambas culturas tienen puntos de vista diferentes frente al mismo, por cuanto adoptan distintas actitudes frente a los nuevos conceptos aportados por la revolución científica. En efecto, en Occidente los antiguos conceptos que ligaban el cuerpo a la mente y al espíritu se desecharon por falta de base científica (nueva concepción del «hombre-máquina»), mientras que en Oriente esta postura científica no arraigó y se siguió combinando el deseo instintivo de *darse masajes* con las técnicas tradicionales propias.

El shiatsu, un método de digitopresión japonés, se originó a partir de este tipo de masaje tradicional, como síntesis de los principios del yudo, el do-in y el masaje antiguo propiamente, enriquecido a su vez por las técnicas de acupuntura y de ciencias occidentales como la osteopatía y la quiropráctica.

Aunque masaje terapéutico también, es algo muy distinto a una técnica terapéutica. Trata esencialmente de mantener un umbral de salud elevado en el organismo, y un estado de vitalidad, impidiendo el bloqueo de energía.

Está basado en presiones aplicadas sobre los puntos de acupuntura, con el fin de equilibrar la energía corporal y mejorar la salud. Aunque su nombre significa «presión con los dedos», el shiatsu se realiza con otras partes de la mano, así como con los codos y las rodillas.

Se diferencia del masaje occidental en el principio sobre el que se basa. Mientras que en el masaje se trabajan sobre todo los músculos, ligamentos y tendones, y se actúa especialmente sobre el equilibrio de la circulación de la sangre y la linfa, el shiatsu se concentra en los puntos de presión, *tsubos*, con el fin de equilibrar la energía vital, o *ki*, de los meridianos corporales.

Este arte no recibió su nombre hasta principios de nuestro siglo, si bien sus orígenes son antiguos. Es una combinación única de la teoría médica clásica de Oriente, cuya historia se remonta a hace 4.000 años, cuando nació la acupuntura, y la rica tradición de la medicina popular.

«Shiatsu» es el nombre genérico que designa una gran variedad de técnicas, pero todos los que lo practican siguen un principio común: la creencia en una fuerza vital conocida como *ki*, que fluye por todo el cuerpo a través de los canales comunicados entre sí, o *meridianos*. Cada meridiano está relacionado con un órgano o función psicofísica, y se puede hacer contacto con su *ki* en ciertos puntos de su trayectoria: éstos son los puntos de la acupuntura, conocidos en japonés como *tsubos*. En la salud, prevalece un estado de equilibrio y el *ki* fluye uniformemente por los meridianos, como el combustible de un oleoducto, abasteciendo y manteniendo todas las partes del cuerpo. Sin embargo, cuando el cuerpo se debilita por llevar una vida desordenada, a causa del estrés emocional o de un accidente, el *ki* deja de circular con fluidez, faltando en algunas zonas y sobrando en otras, y se produce el estado de enfermedad.

La mayoría de nosotros estamos dentro de la categoría de personas «semisanas», es decir, que nuestra situación física no está completamente equilibrada. Podemos resfriarnos o sufrir trastornos estomacales, cambiamos de humor y nos deprimimos. El shiatsu es el remedio «casero» ideal para ese tipo de personas, o simplemente como medicina preventiva contra las enfermedades. No implica ninguna intervención drástica en los procesos corporales, ya que sólo reequilibra el *ki* para que el cuerpo pueda curarse por sí mismo.

Al empezar a practicar el shiatsu, es importante tener presente que no sólo se pretenden tratar los síntomas, sino también sus causas. Así, limitarse a tratar la cabeza cuando se tiene una jaqueca, supone no prestar atención a todo el sistema de meridianos interrelacionados que constituyen los fundamentos del shiatsu, ni tampoco al principio más elemental de la medicina oriental: que el cuerpo y la mente constituyen un todo orgánico e indivisible. Para diagnosticar la causa exacta de los síntomas de una persona hace falta comprender profundamente la teoría médica oriental, así como el estado psicológico y emocional de la persona que se está tratando. Mientras no se haya adquirido esa capacidad, es más seguro y eficaz tratar todo el cuerpo.

Como ya hemos dicho, todas las enfermedades se producen como resultado de un exceso o deficiencia de *ki*. Con la práctica, llegarás a percibir por el tacto las zonas que tienen un exceso, llamadas *jitsu*, y aquéllas en donde falta, llamadas *kyo*. Normalmente el *jitsu*, o zona dolorida, es el síntoma, y la zona de *kyo* es la causa, por lo que deberás concentrarse en las zonas de *kyo* para tratar el trastorno. El método de tratamiento de «*kyo-jitsu*», o de plenitud y vacío, fue postulado por el Maestro Shizuto Masunaga como alternativa a la escuela clásica, que recomendaba fórmulas o combinaciones de *tsubos*, para tratar problemas específicos.

El shiatsu es sencillo de aprender. No se necesitan instrumentos especiales, ni tampoco aceite. Sólo se requiere una estancia cálida y ventilada, ropa holgada y cómoda para el terapeuta y la persona que recibe el masaje, y un suelo enmoquetado o cubierto por una alfombra, para trabajar sobre él. Se puede dar una sesión de shiatsu en cualquier lugar y hasta una vez por día. Todo lo que se necesita para empezar a adentrarse en el campo del shiatsu es disponer del tiempo para darlo, tener unos conocimientos esenciales y desarrollar la atención y la sensibilidad hacia la persona que se va a tratar.

La energía *ki*

El shiatsu parte de una concepción del cuerpo humano muy distinta a la occidental, la cual no puede entenderse sin conocer algo de su cosmología.

En la cosmología china, de la que se deriva la japonesa, la fuente de todas las cosas es el *tao*, la ley del universo. Del *tao* se deriva el *uno* o existencia. Dos fuerzas polarizadas nacen de su oposición, el *yin* y el *yang*, fuerzas contrarias, y a la vez complementarias. Es la oposición entre el *yin* y el *yang*, el flujo y el reflujo entre los dos principios, lo que crea la energía *ki* (o *chi*, en la terminología china), con lo que los dos se convierten en tres. El *ki* es el «soplo inmaterial» del que habla Lao Tse. Lo podemos ver en distintas manifestaciones, desde la más pura, como la luz, a la más basta, como el granito, pues incluso la materia inerte está compuesta por el *ki* en su forma más densa, igual que la materia está formada por partículas de energía. Aquí surge la pregunta de cómo los tres engendran las diez mil cosas del universo. Según la filosofía antigua, el *ki* tiene cinco manifestaciones distintas, conocidas como los Cinco Elementos: el Fuego, la Tierra, el Metal, el Agua y la Madera. Cada elemento tiene su propia cualidad o «sabor», y la comunica a algunos aspectos de la creación, a una de las «diez mil cosas». La vida vegetal, por ejemplo, pertenece en su mayor parte al elemento de la Madera, las rocas y los minerales al elemento Metal. En los seres humanos se combinan los cinco elementos.

Todo en la naturaleza, cada una de las diez mil cosas del universo, es una mezcla distinta de *yin* y *yang*, además de ser una determinada combinación de los cinco elementos, que, siendo única, forma el «auténtico *ki*» de ese ser.

EL YIN Y EL YANG

El yin y el yang son las dos caras opuestas, pero complementarias, de la existencia: son la sombra y la luz. El *yin* corresponde a lo oscuro, frío, húmedo, blando, receptivo, femenino y descendente; el *yang* a lo claro, caliente, seco, duro, activo, masculino y ascendente. El *yin* y el *yang* son sólo condiciones relativas, no son términos absolutos, por lo que una cosa puede ser *yin* respecto a otra y *yang* respecto a una tercera. Por ejemplo, una vela es *yang* comparada con el hielo, pero *yin* en comparación al sol. En la medicina oriental, las funciones nutritivas, refrescantes, humedecedoras y relajantes son *yin*; las funciones activas de producción de calor y energía son *yang*. La materia de que se componen los órganos es fundamentalmente *yin*, y la energía que les da vida es *yang*. Cuando hay demasiado *yin*, se produce una tendencia al enfriamiento, la humedad y la condensación de la materia (por ejemplo, formándose tumores). Cuando hay demasiado *yang*, se produce un exceso de actividad y calor. Si falta *yin*, aunque la energía *yang* sea normal, aparecerán síntomas del tipo *yang*, como excitabilidad nerviosa, insomnio, boca reseca, etc. Cuando falta *yang*, aparecerán síntomas de cansancio, frío y mala circulación sanguínea. La principal virtud del shiatsu es que, cuando se aplica atendiendo a las necesidades individuales de la pareja, automáticamente equilibra su energía.

LOS MERIDIANOS

El cuerpo humano está surcado por canales por los que fluye la energía *ki* del cuerpo.

Son los *meridianos*, de los cuales los más conocidos son los doce meridianos de la acupuntura. Los cinco elementos tienen cada uno un par de meridianos, uno *yin* y otro *yang*, excepto el Fuego, que tiene dos pares. Los doce meridianos son bilaterales, con lo que suman veinticuatro. Los meridianos gemelos están cercanos el uno al otro y sus funciones son complementarias. Cada meridiano está asociado con un órgano específico, o función psicofísica, pero en su efecto va más allá de la actividad del órgano, tal como lo entiende la ciencia occidental. Por ejemplo, el meridiano del hígado está relacionado con las uñas, los músculos y los tendones, el sistema reproductor, la emoción de la ira, los ojos, la capacidad de hacer planes... Al principio, no necesitas estudiar detalladamente las asociaciones de los meridianos, pero es conveniente que comprendas que si el meridiano del hígado, por ejemplo, está tenso o dolorido, no es el *órgano* del hígado lo que no funciona bien, sino la energía del hígado. Se suelen incluir dos meridianos más, además de los doce de los órganos: el vaso gobernador, que es una especie de reserva de energía *yang*, y el vaso concepción, para la energía *yin*.

Al hacer presión sobre un punto de un meridiano, no sólo se estimulan los nervios y tejidos de esa zona concreta, sino que se actúa sobre el flujo de energía *ki* de ese meridiano, y a partir de éste, sobre los demás. Si una zona duele demasiado al tocarla, podremos trabajar sobre el mismo meridiano en una zona distinta. Con los meridianos bilaterales, también se puede actuar sobre el flujo de energía *ki* de una zona dolorida, trabajando en el mismo lugar en el lado contrario. Los puntos situados cerca de los extremos de los meridianos suelen ser los más efectivos para desbloquear la energía y mitigar el dolor de los distintos puntos del meridiano.

Los meridianos yin y yang

Se cree que los meridianos yin y yang del cuerpo se formaron hace mucho tiempo, cuando todavía caminábamos sobre cuatro patas. La tierra es yin en relación al cielo. Así, los meridianos yin suben por las superficies frontal e interior del cuerpo, que fueron las que estuvieron más cerca de la tierra. El cielo es yang en relación a la tierra, por lo que los meridianos bajan por la superficie posterior y exterior, que estuvieron expuestas a la luz del sol.

LOS TSUBOS

Son aquellos lugares del meridiano desde donde es más fácil llegar a la energía *ki* y manipularla. Se ha comprobado que estos puntos ofrecen una menor resistencia eléctrica que las zonas que los rodean. La función de los *tsubos* es en cierto modo parecida a la de los amplificadores, llevando la energía *ki* de un lugar a otro. La mayoría de los *tsubos* son lo que en Occidente llamamos «reflejos», los cuales estimulan el músculo para contraerse o relajarse. Sin embargo, los *tsubos* tienen efectos mucho más sutiles, según las leyes de la energía *ki*. Unos sirven de conexión con otros meridianos, otros influyen sobre el equilibrio de los Elementos y otros pueden relajar la mente o hacer bajar la fiebre. Nosotros nos ocuparemos más de los meridianos que de los *tsubos*. Una vez conocidas las nociones relativas a los meridianos, habremos aprendido a «sentir» las trayectorias de la energía *ki* y adquiriremos un conocimiento instintivo de dónde están los *tsubos*. Así, si presionas de forma instintiva un punto que no figura en las tablas de acupuntura, sigue siendo válido si a tu pareja le hace sentirse mejor.

EL KYO Y EL JITSU

Puesto que para practicar shiatsu debemos saber interpretar el «lenguaje de la energía», el saber determinar el kyo y el jitsu será básico para nosotros.

En un meridiano que no está equilibrado, la energía *ki* puede ser escasa *(kyo)* o excesiva *(jitsu)*, y a veces, cuando el flujo de *ki* está obstruido, puede ser las dos cosas a la vez: excesivo por encima de la obstrucción y escaso por debajo de ella. Las zonas de *kyo* aparecen más hundidas y suelen ceder más al tocarlas. Normalmente, al presionar un meridiano de *kyo*, tu pareja se sentirá mejor, ya que le estarás aplicando energía *ki* en un lugar donde es escasa. Las zonas *jitsu* suelen ser mucho más fáciles de encontrar y suelen estar duras y tensas. Pueden doler al presionar sobre ellas o incluso sin haberlas tocado. El dolor es agudo generalmente, mientras que el dolor del *kyo* suele ser más apagado, y al ejercer presión sobre él se produce una sensación de alivio. El tratamiento de shiatsu es mucho más agradable y eficaz cuando nos concen-

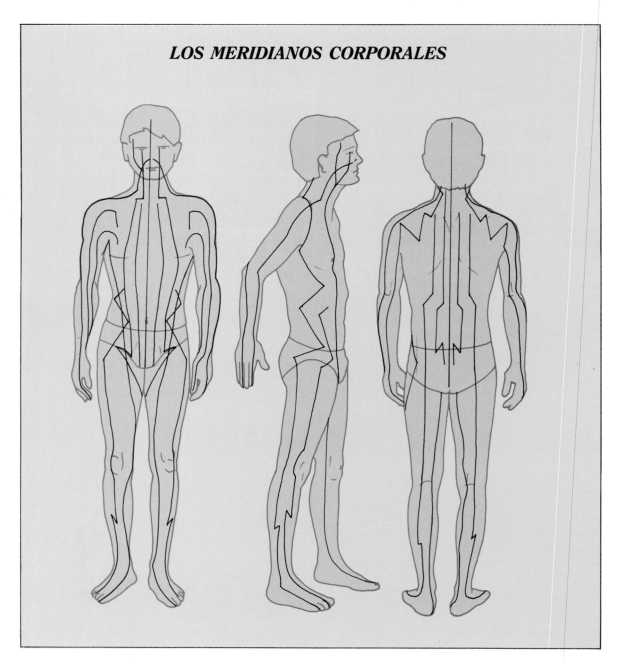

LOS MERIDIANOS CORPORALES

tramos en las zonas de *kyo*. Esta técnica, conocida como «tonificación», utiliza presiones lentas y graduales para repartir la energía en las zonas donde falta. En principio, todo síntoma de exceso está originado por una deficiencia, de modo que tonificar los meridianos de *kyo* ayuda a relajar los de *jitsu*.

El hara

El *hara* es aquella zona del cuerpo donde se halla el espíritu vital. Está en el abdomen, más exactamente en un punto situado a unos ocho centímetros por debajo del ombligo, conocido como el «Tan-Den». En japonés, el término «hara» describe la calidad de la energía de una persona: así se puede tener «un buen hara» o «un mal hara», y suicidarse, por ejemplo, significa matar el hara *(hara kiri)*. El shiatsu practicado en la región del hara, denominado *ampuku*, es un arte de curación muy antiguo, mucho más que el mismo shiatsu, y hacen falta años de práctica para llegar a dominarlo. Para un experto en el *ampuku*, es posible tratar y curar enfermedades graves trabajando sobre el hara. Es allí donde tienen lugar todos los procesos vitales de los sistemas de mantenimiento del cuerpo, y donde se puede contactar con cada una de las funciones de los meridianos. En efecto, al igual que con la reflexología del pie, es posible situar las zonas de los reflejos en el hara, que representan el estado de todas las funciones del cuerpo (dibujo inferior). Así pues, el tratamiento sobre el hara es una parte fundamental del tratamiento de shiatsu que, con la experiencia, puede incluso servir para diagnosticar los trastornos de la otra persona. Teóricamente, el hara debería estar blando y relajado por encima del ombligo, y duro y firme por debajo de él, pero, en la práctica, en la mayoría de los occidentales es más bien al revés. La vida sedentaria que llevamos, la mala alimentación y nuestro régimen desequilibrado de bebidas, así como la falta de atención a la respiración y a la postura del cuerpo, contribuyen a debilitar las condiciones en el bajo hara y Tan-Den, mientras que la tensión mental y emocional crea tirantez en el diafragma y, por tanto, un hara superior tenso. Aunque no consigas todavía diagnosticar estos trastornos por el tacto, puedes dar por sentado que el bajo hara está débil, y empezar a trabajarlo con una presión gradualmente más profunda y tonificante, antes de pasar al hara superior. Esta zona ya se habrá relajado, cuando se corrigió la deficiencia de la región inferior, de manera que se podrá ejercer una mayor presión desde el principio. Cuando se practica el *ampuku* correctamente y con dedicación, se convierte en la experiencia más relajante y reconfortante que se pueda imaginar, equilibrando todas las funciones del cuerpo. Es especialmente recomendable para los problemas abdominales y, sobre todo, para la espalda: si tu pareja tiene problemas en esta zona, concéntrate en trabajar sobre el hara, especialmente en la zona refleja del meridiano de la vejiga, antes de trabajar sobre la misma espalda.

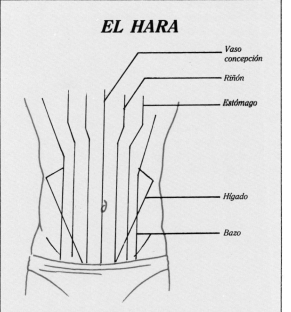

EL HARA

Vaso concepción
Riñón
Estómago
Hígado
Bazo

Los meridianos del hara
Aunque es posible actuar sobre el funcionamiento de todos los meridianos a través del hara, no todas las líneas de los meridianos lo cruzan. Para practicar el shiatsu, es más importante conocer el mapa del hara de las zonas reflejas (dibujo inferior) que los meridianos.

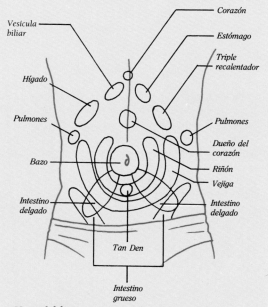

Vesícula biliar
Corazón
Estómago
Triple recalentador
Hígado
Pulmones
Pulmones
Dueño del corazón
Bazo
Riñón
Vejiga
Intestino delgado
Intestino delgado
Tan Den
Intestino grueso

Mapa del hara
Las costillas y los huesos de la pelvis forman las fronteras naturales del hara. Dentro de estos límites las zonas reflejas de los meridianos coinciden con la situación de los órganos. Las excepciones más importantes son las dos «herraduras» de la vejiga y del riñón. La zona del riñón atraviesa la fuente de energía vital, o «Tan-Den» y la zona de la vejiga conecta con los músculos que sostienen la columna, uniéndola al meridiano de la vejiga.

Los cinco elementos

Los cinco elementos son las diferentes cualidades de la energía *ki*, los cinco modos distintos en que se manifiesta el universo. Los elementos también se manifiestan en los seres humanos, uniéndonos a nuestro entorno, con el ciclo de las estaciones y de las horas. La forma en que respondemos, física o emocionalmente, a las influencias externas y a las fuerzas de la naturaleza, depende del equilibrio de los elementos de que estamos compuestos. El Fuego es el elemento del calor, del verano, del entusiasmo y de la emoción en las relaciones humanas. La Tierra es el elemento del tiempo de la cosecha, de la abundancia, la nutrición, la fertilidad y la relación madre-hijo. El Metal abarca la noción occidental del elemento Aire, pero es algo más. Es la fuerza de la gravedad, los minerales del interior de la tierra, las leyes de los cuerpos celestes, las fuerzas de la conductividad eléctrica y el magnetismo. En el hombre es la aflicción y el anhelo de trascenderla. El Agua es la fuente de la vida, la capacidad de fluir, infinitamente flexible e infinitamente poderosa, siempre cambiante y a menudo peligrosa. Es el elemento más *yin* de todos. En la psicología humana, el Agua gobierna el miedo y el deseo de dominar. La Madera es el más humano de los elementos. Es el elemento de la primavera y de la necesidad de crear, que se convierte en ira cuando es frustada. En el hombre, es la capacidad de mirar hacia adelante, de hacer planes y tomar decisiones. Cada elemento gobierna un meridiano o la función de un órgano del cuerpo, y también un determinado aspecto de la personalidad o de las emociones, de forma que cualquier trastorno de los elementos repercutirá en cierta manera sobre la mente y el cuerpo. El valor de comprender los elementos para una persona que practique la medicina oriental es que la red de asociaciones de elementos le proporcionará los indicios necesarios sobre los que poder basar su diagnosis.

Cada elemento está asociado a un color, un sabor, una estación, un olor, una emoción y uno de los sentidos. Así, el médico no deberá preocuparse solamente por los síntomas, sino que también habrá aprendido a percibir los matices más sutiles del color de la cara, a distinguir las inflexiones de la voz y a dictar juicios precisos sobre el estado emocional del paciente. Puede entonces confirmar su diagnosis con preguntas como ¿qué sabor preferiría degustar el paciente?, ¿qué tiempo hace empeorar su estado? De este modo ve más allá de los síntomas hasta llegar a la causa que radica en uno de los Elementos. Si la diagnosis señala hacia el elemento Agua, el médico sabrá que debe tratar los riñones y la vejiga; los mismos síntomas pueden derivar, en otro paciente, de la Tierra, por lo que el médico trataría el bazo y el estómago.

Un médico occidental, en un caso como el anterior, diagnosticaría una «artritis» en ambos casos, y recetaría medicamentos antiinflamatorios a los pacientes, con lo cual tan sólo trataría los síntomas.

La concepción oriental de la salud

Para dar un buen shiatsu, hace falta tener una buena energía *ki*. Según la antigua filosofía oriental, nuestra constitución básica está determinada por la «energía *ki* prenatal» que se recibe en el momento de la concepción, y depende de la edad y salud de los padres, aunque también resulta afectada por las circunstancias del nacimiento. Esta energía *ki* prenatal, que está almacenada en la zona de los riñones, no puede aumentarse, pero sí deteriorarse a causa de llevar una vida desordenada, y, como mucho, puede conservarse llevando una vida moderada. Sólo hay una forma de conservar esta valiosa reserva: la moderación. Cualquier exceso del cuerpo, como consumir drogas, trasnochar a menudo y el trabajo excesivo, agotan la reserva de energía *ki*. En las mujeres, se agota también con la maternidad, y en los hombres, por la actividad sexual. La energía *ki* postnatal es, sin embargo, una afluencia constante de energía. Es la energía *ki* que recibimos de la tierra, a través de los alimentos, y del cielo, a través del aire, por lo que debemos prestar una atención especial a la respiración y a nuestra dieta.

La respiración

Es muy beneficioso hacer algunos ejercicios respiratorios cada día; respiración yoga, o respiración hacia el bajo abdomen o *hara*.

Para hacer este ejercicio, siéntate con las piernas cruzadas o al estilo japonés, de rodillas, apoyado sobre los pies. Apoya la mano izquierda sobre el *hara* y la derecha sobre la izquierda. Inhala hasta el *hara* durante cinco segundos. Mantén la respiración otros cinco segundos y luego exhala durante otros cinco. Repítelo, imaginando el *hara* como una esfera hinchable donde se acumula la energía *ki* cada vez que respiras.

La dieta

Para practicar el shiatsu, deberás seguir una dieta sana y equilibrada. La clave de la dieta es la moderación. Los cinco sabores han de estar equilibrados: dulce, salado, amargo, agrio y picante. No es preciso hacerse macrobiótico o vegetariano, pero conviene mantener en un mínimo el consumo de carne y de pescado, equilibrado con cereales y verduras. Las dietas de crudos ayudan a limpiar el sistema, pero no son aconsejables a largo plazo. Comer solamente ensaladas no proporciona la suficiente energía *yang*, de manera que no más de un tercio de la dieta debe basarse en alimentos crudos, excepto en climas muy calurosos. Evita tomar helados o cualquier otra comida o bebida sacada directamente del congelador, pues el frío daña las funciones del bazo-páncreas y del estómago. Por último, reduce el consumo de productos lácteos, especialmente si sufres catarro, tos o alergias.

Drogas y estimulantes

El café, el té, el alcohol y el tabaco son drogas que nos ayudan a hacer frente a las presiones de la vida diaria, pero todas ellas son nocivas para la salud. Todas perjudican la energía del riñón, especialmente el café, mientras que el alcohol afecta sobre todo al hígado y el tabaco a los pulmones. Evidentemente, lo ideal sería dejarlas todas, pero como tu objetivo debe ser la moderación, no intentes dejarlo todo de golpe. Por el contrario, aprende a apreciar estas sustancias en cantidades pequeñas. Puedes reducir el consumo de café a una taza por la mañana para acabar de despertarse, y no fumar más de tres cigarrillos diarios. Procura sensibilizarte sobre las necesidades reales del cuerpo, antes de tratar de imponer un régi-

men excesivamente severo, que podría provocar una reacción en sentido opuesto.

El ejercicio

Es necesario hacer algo de ejercicio, sobre todo si se va a practicar mucho shiatsu, en cuyo caso hay que estar en buena forma física. El ejercicio siempre es beneficioso, pero si se desea aumentar el nivel de energía *ki*, hará falta practicar un sistema oriental que actúe sobre la «energía sutil». El Hata Yoga es una forma excelente de ejercicio, que estira los meridianos y regula la respiración. El Tai Chi también está recomendado para aumentar la energía *ki*, mejorar la respiración y dar mayor flexibilidad y elasticidad al cuerpo. Estas dos clases de ejercicios son una verdadera forma de autoshiatsu y pueden llegar a ser más beneficiosos que intentar presionar los propios meridianos.

Factores emocionales

En el otro lado del espectro, se hallarían los factores emocionales o psicológicos que repercuten sobre la salud. Según la filosofía oriental, las preocupaciones, la aflicción, el miedo, la ira, e incluso la alegría excesiva, son posibles causas de enfermedad. Sin embargo, dado que intentar combatir estos trastornos puede crear mayores conflictos, la filosofía oriental aconseja contemplarlos conscientemente y aceptarlos. De este modo, las emociones se calmarán, de la misma manera que un caballo excitado que se deja libre en un prado acaban por tranquilizarse.

La meditación es el método consagrado en Oriente para lograr este fin. Para el practicante de shiatsu, ésta es una de las tareas más difíciles, pero a la vez más gratificantes: comprender los propios problemas y ansiedades para llegar a entender los de nuestros semejantes.

La protección del cuerpo

Es esencial protegerse frente a las condiciones externas. Los chinos y los japoneses consideran el viento, el frío, la humedad y el calor como causas de las enfermedades, y adoptan medidas para protegerse de ellas. Es especialmente importante que tanto el cuello y los hombros como la región lumbar estén bien abrigados, por lo que debemos procurar no desabrigar esa zona de la espalda, ni salir a la calle sin bufanda cuando hace frío o viento. Si tienes zonas delicadas, como, por ejemplo, los tobillos o las rodillas, trata de mantenerlas calientes. La medicina oriental sostiene desde hace mucho tiempo que las personas «semisanas» no deberían exponerse a los elementos.

Instrumentos y postura correcta

Las técnicas utilizadas en el shiatsu no podrían ser más diferentes de las que se emplean en casi todas las escuelas de masaje occidentales; no hay fricciones de deslizamiento, ni amasamientos de los músculos. De hecho, nos basaremos en dos técnicas fundamentalmente: la presión y el estiramiento. Sin embargo, el shiatsu es una forma de masaje inmensamente dinámica y variada. La diversidad se debe a los distintos «instrumentos» que se utilizan para ejercer las presiones (manos, codos, rodillas y pies), y a las posturas en que se colocan los miembros del receptor.

LA POSTURA

Lo fundamental para un buen shiatsu es aplicar las presiones con la mayor relajación y naturalidad. Para ello hace falta emplear el peso del cuerpo de forma controlada y sin hacer grandes esfuerzos, más que «apretar» a conciencia, sin olvidar tener siempre las dos manos en contacto con el cuerpo del receptor.

La presión debe efectuarse desde el *hara*, independientemente del «instrumento» o parte del cuerpo con que se ejerza, pues es una fuerza controlada y sensible a las necesidades de la otra persona. Por ello, la postura del cuerpo es esencial. Hay que estar relajado y, a la vez, aplicar una presión firme y segura. De este modo, es posible ejercer la presión sin cansarse.

Esta es la postura correcta para dar shiatsu: las rodillas separadas, para tener una base firme, y los brazos rectos, para tener mejor apoyo. La presión no viene de los hombros, que están relajados, sino del peso del cuerpo al adelantar las caderas. Las dos manos están relajadas.

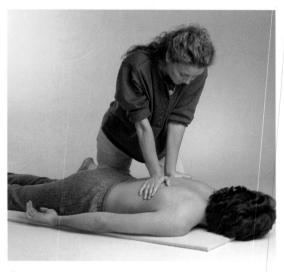

Postura correcta

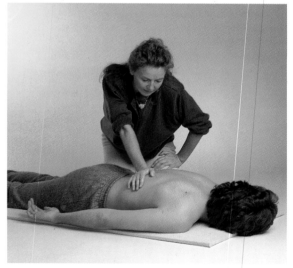

Postura incorrecta

LOS INSTRUMENTOS

Los pulgares

Los pulgares son los instrumentos clásicos del shiatsu, ya que los *tsubos*, o puntos de presión, se localizan en cavidades del tamaño del pulgar. No obstante, si se emplearan los pulgares durante toda la sesión de shiatsu, resultaría muy cansado, y además, al aplicar la presión con distintas partes del cuerpo, el tratamiento tiene más variedad. Procura reservar los pulgares para los momentos en que se necesite ejercer una presión más precisa sobre determinados puntos; emplea las manos, rodillas y codos para presionar a lo largo de las líneas de los meridianos.

Cuando los utilices, presiona con toda la yema, no sólo con la punta. Apoya el resto de la mano para estar en contacto con la superficie.

Las palmas de las manos

Con la palma de la mano se puede ejercer una buena presión, pero es menos específica que la de los pulgares. Emplea el talón de la mano para actuar con más preci-

sión, pero apoya el resto de la mano relajadamente sobre la zona a tratar.

Los codos

Cuando presiones con los codos, mantén las rodillas separadas y el centro de gravedad bajo, para tener mayor control. No olvides tener el codo «abierto» (el codo en ángulo agudo haría daño) y la mano y el antebrazo relajados. Si observas tu puño tenso es que «aprietas».

Las rodillas

La presión con las rodillas ha de ser fuerte pero no debe hacer daño. Pónte en cuclillas y apoya las rodillas ligeramente varias veces. Sobre todo, no te arrodilles completamente sobre tu pareja.

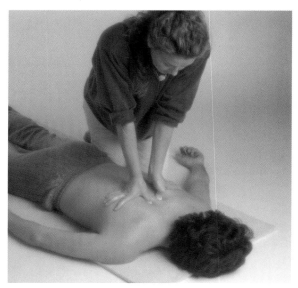

Presión con los pulgares

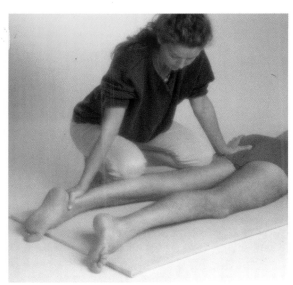

Presión con las rodillas

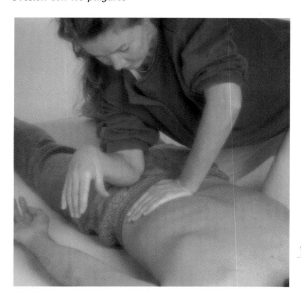

Presión con el codo

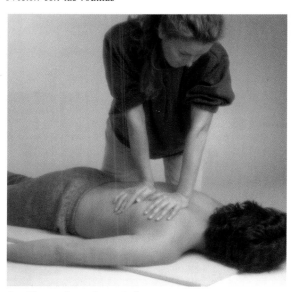

Presión con las palmas de las manos

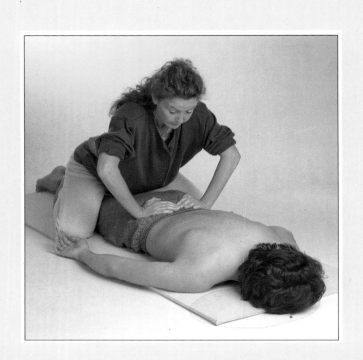

LA TÉCNICA: Secuencia básica del shiatsu

La secuencia se empieza con el receptor tumbado boca abajo, con los brazos a los lados. Se efectúa en sentido descendente, empezando por la espalda, luego las caderas, la parte posterior de las piernas y los pies, para regresar a la cabeza y dar el shiatsu sobre la parte posterior de los hombros. Recuerda a tu pareja que gire la cabeza a uno u otro lado de vez en cuando, para evitar que coja tortícolis.

Al trabajar sobre la parte frontal del cuerpo, se empezará tratando sistemáticamente los hombros y el cuello, la cabeza y la cara, los brazos, las manos y luego el *hara*, para terminar con la parte delantera de las piernas.

Las personas que tienen problemas en la zona de los riñones pueden preferir mantener las piernas en alto cuando están tumbadas boca arriba, bajándolas cuando se tenga que trabajar sobre las piernas.

Y antes de empezar, una advertencia: evita presionar directamente sobre las venas si la persona tiene varices. No presiones sobre el abdomen durante el embarazo. En casos de embarazo avanzado no presiones fuerte sobre las piernas y no emplees el «gran eliminador».

La espalda

El principal meridiano de la espalda es el meridiano de la vejiga, el más largo del cuerpo. Este meridiano abarca más que la mera función urinaria; es el aspecto yang del elemento Agua del cuerpo, lo que incluye todo lo relacionado con la reproducción, la vitalidad, los huesos, los dientes y el cabello. El aspecto más importante del shiatsu sobre la espalda es que con él se estimulan los nervios espinales que van a todos los órganos internos; prácticamente todos los tsubos del meridiano de la vejiga influyen directamente sobre el flujo de energía ki dirigida a otro meridiano. Los puntos de la parte superior actúan sobre los pulmones y el corazón; los tsubos de la mitad de la espalda actúan sobre los meridianos relacionados con la digestión; el lado izquierdo está relacionado principalmente con el estómago, el derecho con el hígado y la vesícula biliar; la región lumbar está asociada con los riñones y con los intestinos grueso y delgado, y el sacro está relacionado con la misma vejiga. Con la práctica, es posible diagnosticar gran número de trastornos con sólo explorar el estado de la columna vertebral y de los músculos que la rodean. Pero al principio no es necesario conocer exactamente las correspondencias. Las presiones que se aplican a lo largo de la columna bastarán para equilibrar la energía ki de forma natural, para lo que es suficiente estar atento a las reacciones de la otra persona.

Se empieza estirando la espalda. A continuación, se estimulan todas las funciones corporales ejerciendo presión a los dos lados de la columna vertebral con las palmas de las manos y luego con los pulgares.

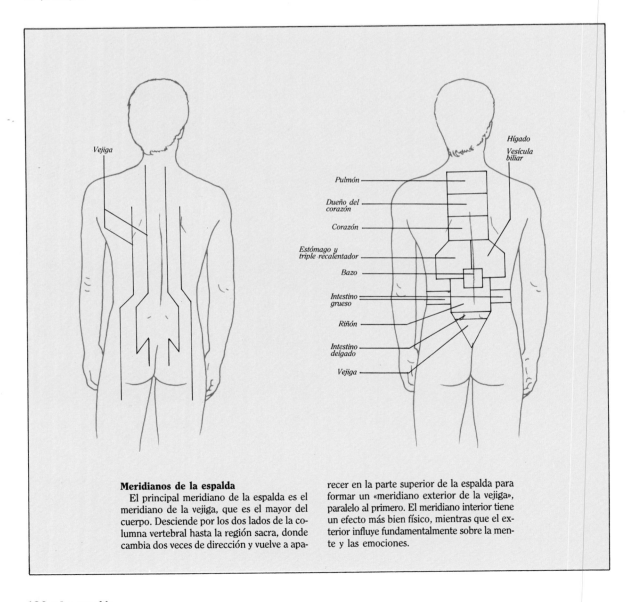

Meridianos de la espalda

El principal meridiano de la espalda es el meridiano de la vejiga, que es el mayor del cuerpo. Desciende por los dos lados de la columna vertebral hasta la región sacra, donde cambia dos veces de dirección y vuelve a aparecer en la parte superior de la espalda para formar un «meridiano exterior de la vejiga», paralelo al primero. El meridiano interior tiene un efecto más bien físico, mientras que el exterior influye fundamentalmente sobre la mente y las emociones.

ESTIRAMIENTO DIAGONAL

El tratamiento de shiatsu se empieza con el receptor tumbado boca abajo, con los brazos a los lados, para que la columna tenga el máximo soporte. En esta secuencia de movimientos, se empleará el peso del cuerpo para estirar la espalda.

Con las rodillas separadas, arrodíllate al lado de tu pareja y apoya las manos diagonalmente, una sobre los omóplatos y la otra sobre la cadera opuesta, con las manos apuntando hacia el exterior y los dedos abiertos para abarcar una zona más amplia. La cadera y el omóplato sirven como «asas» naturales, con las que se estira la columna al subir las propias caderas y adelantarlas. Para empezar, repite esta secuencia hasta que encuentres tu propio ritmo, con movimientos lo suficientemente lentos como para que tu pareja se sienta relajada. Cuando tengas más práctica, intenta sincronizar la presión con la respiración de tu pareja al exhalar, bien pidiéndole que espire el aire y adelantando entonces las caderas, o bien observando cómo respira y armonizando los movimientos con los de su respiración. Es importante trabajar siguiendo la respiración, no sólo para dar un ritmo a las presiones, sino también para llevar la energía ki donde necesita llegar.

1 Coloca una mano sobre el omóplato de tu pareja y la otra en la cadera opuesta, con los brazos rectos y los dedos apuntando hacia afuera. Adelanta las caderas para estirarle la espalda. Repite este ejercicio.

2 Cambia las manos a la otra cadera y omóplato, para ejecutar el estiramiento diagonal sobre este lado. Puede resultarte más fácil si cruzas los brazos. Repite este ejercicio.

ESTIRAMIENTO DE LA REGIÓN LUMBAR Y PRESIÓN EN LA COLUMNA

El estiramiento de la región lumbar es un movimiento ideal para las personas que sufren dolores en esta zona, ya que con él se estira toda la región. Tras repetirlo dos o tres veces, ya podrás empezar a presionar sobre el meridiano de la vejiga, que está al lado de la espina dorsal. Se debe empezar en el lugar

de los hombros en que la espalda empieza a ser horizontal. Si comienzas las presiones en la parte posterior de los hombros, irás empujando la carne, con lo que no se consigue nada. No vayas demasiado rápido; cada presión debe durar unos tres segundos aproximadamente. Presiona más moderadamente en la región lumbar; si el receptor tiene problemas como «hernia de disco», evita trabajar sobre esa zona. Consulta con la otra persona la pre-

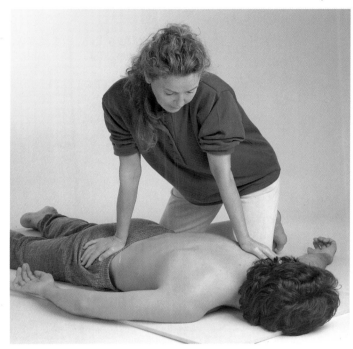

Dos ejemplos de estiramiento diagonal de la espalda

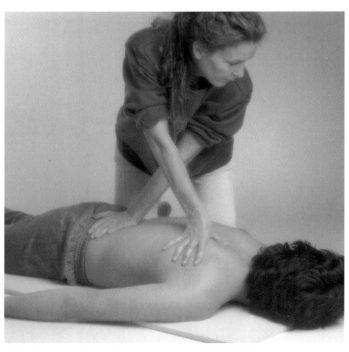

sión que no le resulta excesiva. La presión ha de ser agradable, y si duele, debe ser un dolor soportable. Debes controlar el grado de presión que ejerces en cada momento, adelantando más o menos las caderas. En general, se trabajará más sobre las zonas blandas que sobre las tensas o contrarias. Comprueba que tu compañero no está conteniendo la respiración. Cuando presiones sobre la espalda, trata de sincronizar las presiones con las exhalaciones.

3 Cruza los brazos y apoya una mano en el centro de la espalda, justo encima de la región lumbar. Inclínate hacia adelante para estirar con tu peso la parte inferior de la espalda. Repítelo.

A

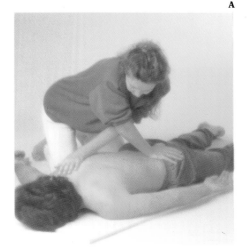

Estiramiento de la parte inferior de la espalda (A), presión con las palmas de las manos (B), y presión con los pulgares (C y D)

4 Apoya las manos a ambos lados de la columna, a la altura de los omóplatos, con la base de las manos sobre los lados de la espina dorsal y el resto sobre los costados. Sube las caderas y adelántalas, apoyando el peso del cuerpo sobre la espalda de tu pareja, sin doblar los brazos. Reclínate otra vez y baja la palma de las manos unos centímetros, para repetir la presión del mismo modo.

B

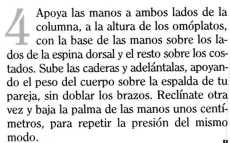

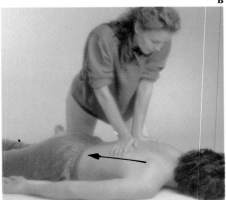

5 Apoya los dedos en las costillas y coloca los pulgares a los dos lados de la columna, a la altura de los omóplatos, asegurándote de que no le estás haciendo daño sobre algún hueso. Acto seguido, procede como en el movimiento 3, apoyando casi todo el peso del cuerpo sobre los pulgares, pero con parte del peso también sobre los demás dedos. Desciende unos tres centímetros cada vez, aplicando la presión al adelantar las rodillas, y retirándote hacia atrás cada vez.

D

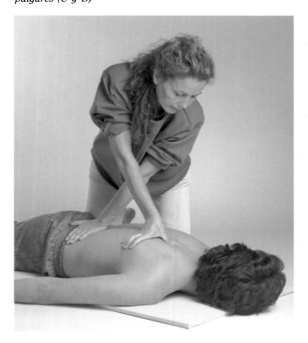

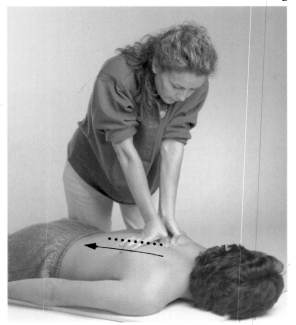

Las caderas

Desde un punto de vista estructural, las caderas son una zona compleja, por ser el punto de articulación entre el tronco y las extremidades inferiores. Soportan todo el peso del cuerpo. Sus desequilibrios estructurales suelen estar producidos por la falta de coordinación entre las piernas y el eje de la columna (como cuando se tiene una pierna más corta que la otra o la columna está torcida hacia uno de los lados). Esto provoca dolores en la región lumbar y en la zona de la pelvis.

El meridiano de la vejiga es el más importante de los meridianos de las caderas, así como de la espalda. El meridiano de la vesícula biliar, situado a los lados de las nalgas, tiene el punto principal por detrás y un poco por encima de la protuberancia del hueso de la cadera. El shiatsu aplicado en este punto puede ayudar a aliviar los dolores de la región lumbar o de la ciática, pero no se debe presionar demasiado fuerte para no inflamar el nervio ciático. Las presiones de shiatsu sobre las caderas también alivian la tensión de la zona lumbar, los dolores de la menstruación y la cistitis, así como cualquier dolor o congestión de la pelvis. Estas presiones son extraordinariamente relajantes, especialmente para las mujeres, que son más susceptibles a la congestión de la pelvis que los hombres.

En las caderas se presionan los puntos del sacro, y luego, los lados de las nalgas.

LOS AGUJEROS SACROS

El sacro es el triángulo óseo que se encuentra en la base de la columna vertebral. Detectar el contorno de este triángulo ayudará a encontrar los cuatro pares de agujeros, o foraminas, del sacro, por los que pasan los nervios espinales. Si tu pareja tiene hoyuelos en las caderas, el par superior de tsubos suele estar dentro de ellos.

6 Arrodíllate a los lados de las piernas de tu pareja. Localiza el par superior de agujeros con los pulgares. Adelanta las caderas e inclínate, apoyándote sobre las cavidades. Retírate hacia atrás y localiza el siguiente par de agujeros, un par de centímetros más abajo. Inclinándote hacia ellos, presiona en su interior. Los dos pares inferiores son más difíciles de localizar. Emplea tu intuición e inclínate presionando sobre el lugar donde creas que están.

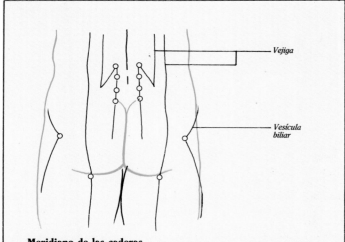

Vejiga

Vesícula biliar

Meridiano de las caderas
Los meridianos exterior e interior de la vejiga abarcan la mayor parte del sacro y los músculos colindantes. El meridiano de la vesícula biliar desciende por la parte exterior de las caderas, cruzando el nervio ciático por el centro de los dos lados de las nalgas.

A

- B

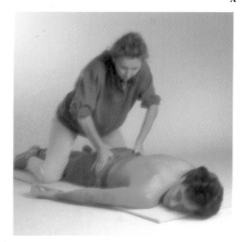

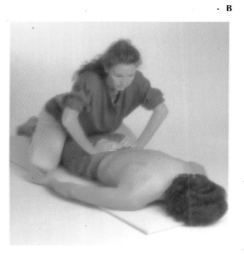

Presión con los pulgares (movimiento 6, foto A) y con las palmas (movimiento 7, foto B) en la zona sacra

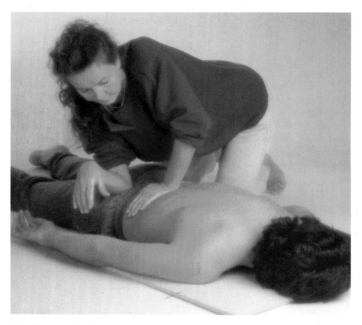

*Presión con el codo
(movimiento 8)*

7 Arrodíllate a la altura de las rodillas de tu pareja. Con los talones de las manos, localiza la cavidad de los lados de los glúteos, por detrás del lugar donde sobresale el hueso de la cadera, y un poco por encima. Con los dedos apuntando hacia adentro y apoyándolos relajadamente, inclínate hacia adelante y presiona hacia el interior con la base de las manos. Repítela dos o tres veces.

8 Con las rodillas separadas, apoya una mano en la parte más baja de la espalda. Con la otra mano completamente relajada, apóyate sobre la línea del meridiano más cercano a la división de las nalgas, presionando con el codo «abierto». Inclínate hacia adelante y apoya el peso de la parte superior del cuerpo sobre el codo. Desciende así por los meridianos de los dos lados. No formes ángulo agudo con el codo, ni tenses las manos, durante el tratamiento.

La parte posterior y exterior de las piernas y los pies

Los meridianos principales de la parte posterior de las piernas —el meridiano de la vejiga y su meridiano gemelo, el meridiano del riñón— pertenecen al elemento Agua. El meridiano de la vejiga baja por las piernas desde la columna vertebral y el del riñón sube atravesando músculos importantes que conectan con la pelvis y la zona lumbar, de manera que la parte posterior de las piernas es una zona especialmente adecuada para tratar los dolores de la región lumbar. La vejiga, los riñones y sus meridianos representan respectivamente los efectos yang y yin del elemento Agua, que gobierna la herencia genética y el crecimiento, la reproducción, la energía sexual y la constitución básica de cada individuo. El meridiano de la vesícula biliar recorre la parte exterior de la pierna. La vesícula biliar es el aspecto yang de la madera, que gobierna los ojos, los tendones y la facultad de los músculos de contraerse y distenderse, además de contribuir en el proceso de la digestión. El estrés mental y emocional repercute sobre el elemento Madera de forma muy semejante a como los excesos del cuerpo repercuten sobre el elemento Agua. La vesícula biliar tiende a reaccionar más a la tensión mental y a las preocupaciones del trabajo, mientras que las emociones afectan más a su función correspondiente, el hígado. La tensión mental que afecta al meridiano puede hacer que el cuello y los hombros se tensen y producir dolor de cabeza y migrañas. Evidentemente, es beneficioso trabajar sobre las mismas zonas directamente afectadas, pero en la práctica es posible tratar estos trastornos trabajando en los lados de las piernas para favorecer la libre circulación de la energía ki por todo el meridiano.

A continuación trabajaremos sobre ambos pies.

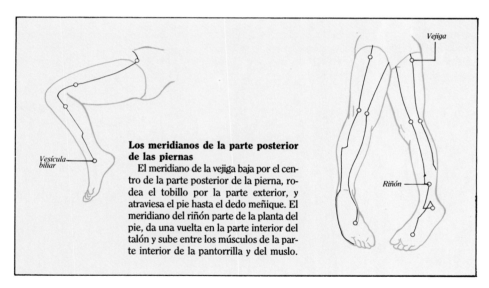

Vesícula biliar

Vejiga

Riñón

Los meridianos de la parte posterior de las piernas

El meridiano de la vejiga baja por el centro de la parte posterior de la pierna, rodea el tobillo por la parte exterior, y atraviesa el pie hasta el dedo meñique. El meridiano del riñón parte de la planta del pie, da una vuelta en la parte interior del talón y sube entre los músculos de la parte interior de la pantorrilla y del muslo.

9 Arrodíllate paralelamente a la pierna del receptor, presiona por el centro de la pierna con la palma de la mano o con la «boca del dragón», empleando el peso del cuerpo. Mantén la mano «de soporte» sobre una de las nalgas y presiona muy ligeramente cuando llegues a la altura de las rodillas y moderadamente sobre la pantorrilla. Al acercarte al tobillo, aprieta la zona, además de ejercer las presiones. Repite la secuencia.

10 Mantén el equilibrio apoyándote con las manos en los dos extremos de la pierna. En cuclillas sobre los

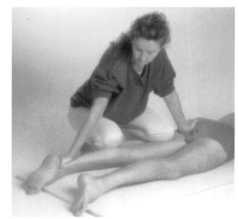

Presión con las rodillas de la parte posterior de las piernas (movimiento 10)

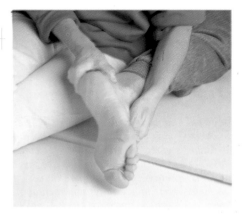

dedos de los pies, pón las rodillas sobre la línea central de la pierna. Seguidamente, inclínate hacia adelante apoyando las rodillas y levantándolas luego, y recorre así toda la pierna, evitando presionar sobre la zona de la rodilla.

11 Arrodíllate cerca de los pies de tu pareja y apoya la mano de soporte sobre la cadera. Con la palma de la otra mano, baja presionando por el centro del lado de la pierna, balanceándote hacia adelante y hacia atrás, y ejerciendo la presión con el peso del cuerpo. Repítelo.

12 Levanta el pie de tu pareja y presiona sobre las dos cavidades, entre el hueso del tobillo y el tendón de Aquiles, durante un espacio de tiempo de tres a cinco segundos.

13 Con el pulgar, presionar en la cavidad que hay justo debajo y un poco por delante de la parte exterior del hueso del tobillo, entre tres y cinco segundos.

Ahora, repite los pasos 9 al 13 en la otra pierna.

Movimiento 11

Para tratar la parte exterior de las piernas, le diremos a nuestra pareja que se dé la vuelta y se eche de espaldas. Ahora, mientras la mano de soporte descansa sobre el abdomen inferior, la otra actúa sobre la parte externa del muslo, trabajando a lo largo de los meridianos que la recorren.

A

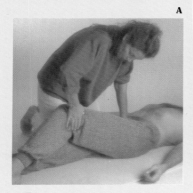

B

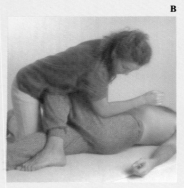

A Doblaremos una rodilla hacia adentro, de tal forma que el pie quede a la altura del tobillo de la otra pierna. Presionaremos con el pulgar a lo largo del tricalentador.

B Con el compañero en la misma posición, le haremos doblar la rodilla hasta que su pie quede a la altura de la rodilla de la pierna que permanece estirada. En esta posición presionaremos con el codo a lo largo del meridiano de la vesícula biliar.

C Ahora doblaremos la pierna del receptor tanto como podamos, sujetándola con nuestro cuerpo. De nuevo, ejerceremos presión con el codo a todo lo largo del meridiano del intestino grueso. Luego, presionaremos con el codo o la rodilla a lo largo del meridiano de la vejiga.

C

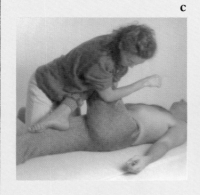

C

C

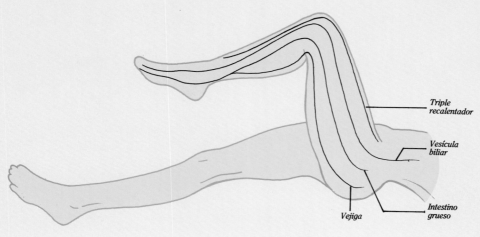

Triple recalentador

Vesícula biliar

Intestino grueso

Vejiga

14 Tras asegurarte de que los pies de tu compañero están tocando el suelo con toda la superficie del empeine, písale los pies con los talones, levantándolos y bajándolos, durante uno o dos minutos. No subas demasiado sobre el puente de los pies de tu pareja.

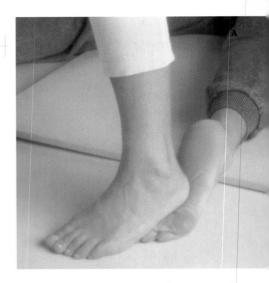

15 Con el pulgar, presiona el punto del riñón situado bajo la eminencia metatarsiana, en el centro, entre tres y cinco segundos. Con ello se hace presión en el tsubo de la planta del pie.

Movimiento 14 (A), movimiento 15 (presión sobre el punto del riñón, B), masaje circular (C), pellizcamientos (D) y estiramientos de los dedos del pie (E)

16 Aplica masajes circulares sobre los lados del talón, con el pulgar en un lado y los otros dedos en el otro, durante un espacio de tiempo que vaya de uno a diez segundos.

17 Ahora vamos a realizar una serie de pellizcamientos por todo el borde exterior del pie; con ello conseguiremos estimular el meridiano de la vejiga.

B

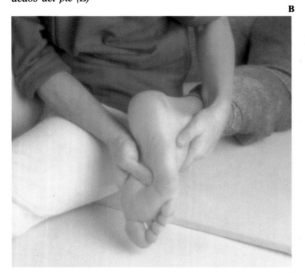

C

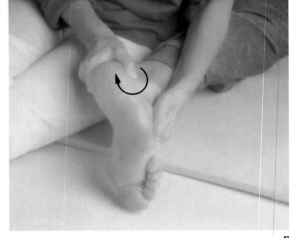

D

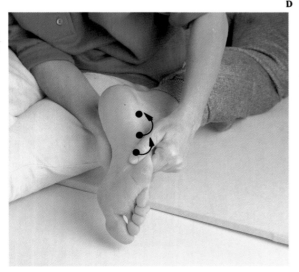

E

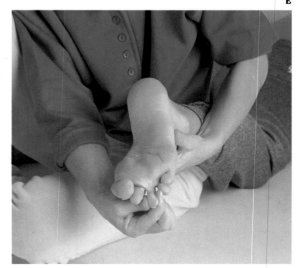

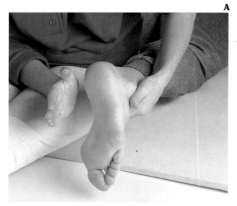

A

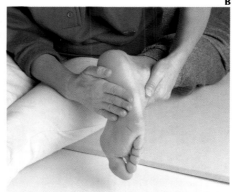

B

C

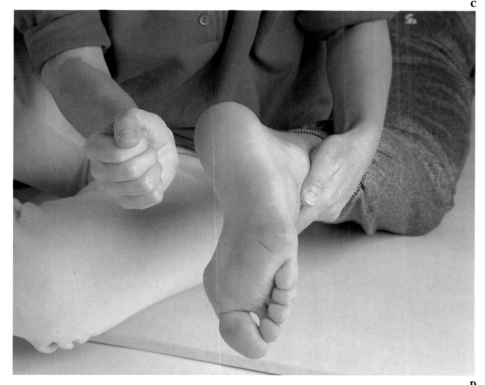

Palmadas sobre la planta del pie (secuencia: A, B) y martilleo con el puño (secuencia: C, D)

18 Tira sucesivamente de los dedos del pie, cogiendo cada uno por los lados, que es donde están los nervios. Es posible que algunos de los dedos se oigan crujir, al aflojar la tensión.

19 Manteniendo la muñeca totalmente relajada, dar palmadas sobre la planta del pie con ritmo rápido, tal como se indica en las fotografías.

20 Con el puño relajado, martillea la planta del pie. Luego fricciona para relajarlo, y repite los pasos del 15 al 20, pero sobre el otro pie.

D

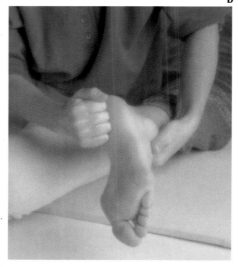

La parte posterior de los hombros

Ahora llegamos a la parte posterior de los hombros, donde la tensión es un problema casi universal. Esta tensión puede estar originada por multitud de causas distintas, posiblemente procedentes de otras partes del cuerpo, por lo que no hay que pensar que basta con dar shiatsu en los hombros solamente: el problema volvería a aparecer pronto si no se localiza la causa y se trata adecuadamente. En la parte posterior de los hombros, hay tres zonas principales. La primera es la parte superior, que está directamente relacionada con el meridiano de la vesícula biliar. Al estar relacionada con el estrés mental, esta zona suele estar bastante blanda. Además de aliviar el estrés, el shiatsu en esta zona ayuda también a curar los dolores de cabeza y los resfriados. La segunda zona es la parte central de los hombros, entre los dos omóplatos. Ésta es la parte del meridiano de la vejiga sobre la que no se trabajó durante la secuencia de la espalda, por no poder llegar a ella con comodidad. Los puntos más altos ayudan a aliviar los resfriados, catarros y problemas pulmonares; los más bajos actúan sobre el corazón y la circulación sanguínea, y también sirven para combatir la ansiedad, el agotamiento y el insomnio. Los omóplatos constituyen la tercera zona, al atravesarlos el meridiano del intestino delgado, que tiene relación con la digestión, los ovarios en las mujeres, y con las facultades intuiti-vas. El cuello será tratado más tarde, cuando el receptor se dé la vuelta, pero en cualquier caso, no dejes de dar masajes sobre los músculos del cuello de vez en cuando para que tu pareja no coja tortícolis.

Cambia la posición para arrodillarte, con las piernas separadas, frente a la cabeza de tu pareja. En esta secuencia no se adelantan las caderas, lo que supondría demasiado peso en las presiones. Pero la presión tiene que seguir viniendo de las caderas, al inclinarte de manera que tu pareja aguante el peso de la parte superior del cuerpo. Primero se tratarán los músculos de la parte superior de los hombros, que suelen estar blandos por la presión. Empleando el codo para hacer las presiones, ve bajando entre los omóplatos para actuar sobre el corazón y los pulmones. Toda esta zona central está relacionada con las emociones y la conciencia, por lo que hay que tratarla con cuidado, trabajando suavemente pero con profundidad. El meridiano del intestino delgado, que recorre el omóplato en zigzag, resulta difícil de localizar con precisión, por lo que se trabajará sobre él, haciendo girar los omóplatos para relajar los músculos y liberar la energía bloqueada. A menudo hay una gran tensión y tirantez de los músculos, que no deja pasar la energía básica. Presiona con suavidad durante un rato, para así relajar los músculos.

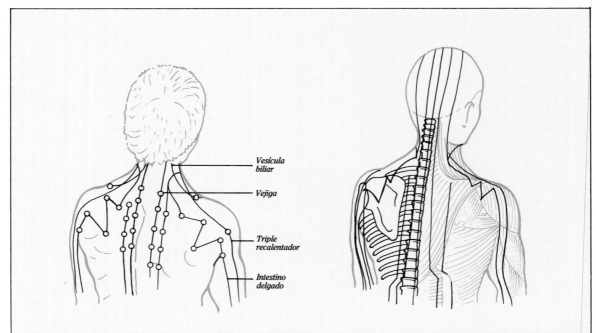

Vesícula biliar

Vejiga

Triple recalentador

Intestino delgado

Los meridianos de la parte posterior de los hombros

Los tsubos del meridiano de la vejiga se hallan entre las vértebras, a lós lados de la columna, y por debajo de los bordes de los omóplatos. El meridiano del in-testino delgado corre la gruesa capa de músculos que cubre el omóplato, mientras que el meridiano de la vesícula biliar atraviesa el conjunto de músculos de la zona superior.

El meridiano de la vejiga desciende por los lados de la columna vertebral y el meridiano de la vesícula biliar atraviesa la parte superior del hombro. El meridiano del intestino delgado cruza el omóplato en zigzag y desciende por el brazo, al lado del triple recalentador.

21 Con la mano «de soporte» sobre un omóplato, apoya todo el pulgar de la otra mano en la parte superior de uno de los hombros. Apoya el codo sobre un muslo para sostenerte mejor. Inclinándote hacia adelante, presiona suavemente desde el cuello hasta el hueso de la articulación del hombro, tres veces en cada lado.

22 Con la mano «de soporte» sobre un omóplato, apoya el codo abierto en el surco que forma la columna en el otro lado. Baja gradualmente desde la base del cuello con presiones fijas de unos cinco segundos. Trabaja así toda la zona entre los omóplatos. Luego cambia de mano y de codo y repítelo en el otro lado. Mantén las caderas bajas.

23 Apoya la palma de las dos manos sobre los omóplatos de tu pareja, con los dedos separados para co-

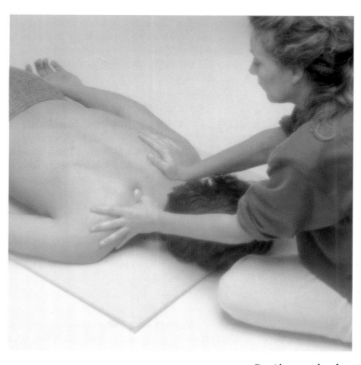

Presión con el pulgar en la parte superior del hombro (arriba), y con los codos en los omóplatos (izquierda)

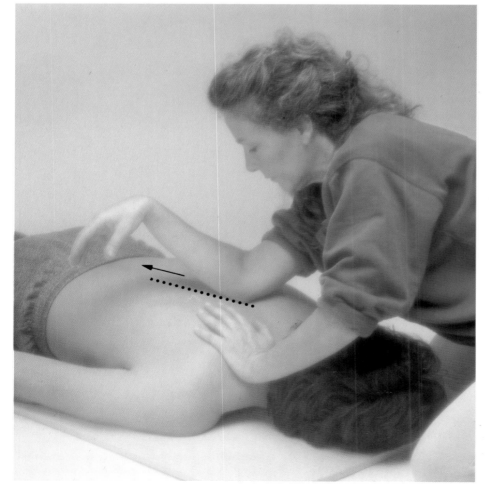

gerlos mejor. Curva los dedos por debajo de la parte exterior de los omóplatos y hazlos girar firmemente, moviendo los mismo omóplatos y los músculos que hay encima y por debajo de ellos.

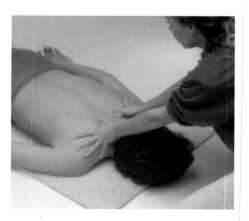

Rotación de los omóplatos

24 Siéntate con la espalda reclinada, apoyándote con las manos detrás, y coloca los pies en la parte superior de los hombros de tu pareja. Pisa toda la zona de los hombros rápidamente, pero con suavidad, empleando para ello un minuto aproximadamente.

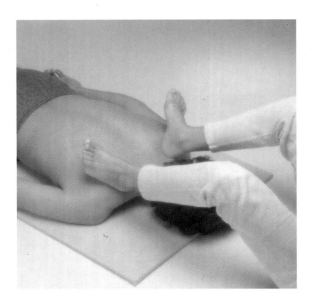 

Presión de los pies sobre los hombros y presión con el pulgar en la zona del omóplato, desviando la energía bloqueada en esa zona hacia los riñones, donde se apoya el antebrazo.

La parte frontal de los hombros y el cuello

El tratamiento del shiatsu de la parte frontal del cuerpo comienza con los hombros y el cuello. La debilidad en la parte frontal de los hombros provoca con frecuencia la tensión y tirantez de los músculos de la espalda —un típico ejemplo de kyo, o estado de vacío, que crea un jitsu, o estado de plenitud—. A menudo los hombros encorvados se producen a causa del constante encogimiento para proteger el pecho cuando es débil o, algunas veces, un corazón excesivamente vulnerable. Empieza el tratamiento inclinándote sobre los hombros de tu pareja, y ejerciendo la presión sobre los puntos del pulmón principalmente, y luego prosigue hacia el exterior, entre las separaciones de las costillas. Después de estirar el pecho y los hombros, sube para trabajar sobre el cuello, primero sobre el meridiano de la vejiga, y luego sobre el de la vesícula biliar; a continuación, sobre el vaso goberna-

dor y, por último, presionando los puntos más importantes de los meridianos del cuello en la base del cráneo. Los meridianos del triple recalentador, intestino delgado, intestino grueso y estómago, recorren los lados y la parte frontal del cuello, lo que hace que esta zona esté muy relacionada con la función digestiva (de hecho, la garganta es una de las partes más altas del aparato digestivo). Como cada meridiano tiene una función psicológica además de una función física, estos meridianos están relacionados con la «asimilación» de informaciones y datos. Cuando la vida nos enseña algo que no podemos «tragar» o «digerir», se crea tensión en la garganta y en los músculos del cuello, además de repercutir sobre el proceso de la digestión. El tratamiento en esta zona consiste en la rotación de los músculos, más que en la presión directa, que podría dañar la traquea o las arterias.

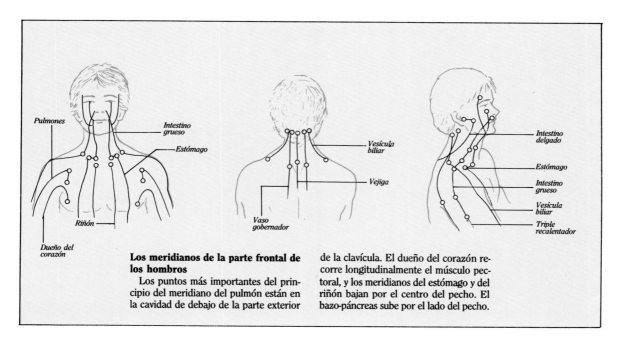

Los meridianos de la parte frontal de los hombros

Los puntos más importantes del principio del meridiano del pulmón están en la cavidad de debajo de la parte exterior de la clavícula. El dueño del corazón recorre longitudinalmente el músculo pectoral, y los meridianos del estómago y del riñón bajan por el centro del pecho. El bazo-páncreas sube por el lado del pecho.

LA PARTE FRONTAL DE LOS HOMBROS

Seguidamente, tu pareja se da la vuelta mientras continúas arrodillado con la cabeza de tu compañero entre las piernas, para inclinarte sobre los hombros y presionar sobre las separaciones de las costillas. Cuando te inclines sobre los hombros, la presión principal debe recaer en los puntos de los pulmones que están en las cavidades entre el pecho y la articulación del hombro. Luego, al presionar entre las costillas hacia los lados, no sólo se estiran los músculos intercostales que participan en la respiración, sino que también se activan los meridianos del riñón y del estómago, lo que hace aumentar la energía *ki* del pecho y contribuye a eliminar la flema. (El shiatsu aplicado en esa zona es muy aconsejable para personas que padecen problemas de asma.)

Apoya el peso del cuerpo al inclinarte sobre los hombros para estirar el pecho, pero ejerce menos presión al trabajar entre las costillas, pues es una zona más delicada.

25 Arrodillado tras la cabeza de tu compañero, apoya la base de las manos en las cavidades que se forman en la zona que hay entre el pecho y la articulación del hombro, de tal forma que los dedos queden hacia afuera, rodeando la curva de los hombros. Ahora sube las caderas y adelántalas para hacer presión desde los hombros, tal y como se indica en la fotografía inferior.

26 Coloca las manos con las palmas boca abajo sobre los lados, y los pulgares apoyados sobre el pecho, en la separación entre las costillas. Inclínate ligeramente hacia adelante y presiona con suavidad con todo el pulgar hacia afuera del esternón. Luego ve hacia la separación de las dos costillas siguientes y recorre casi toda la parte superior del pecho. Evita los senos cuando trabajes sobre una mujer.

A

Inclinación sobre los hombros (A), y presión entre las costillas (B y detalle en C)

B

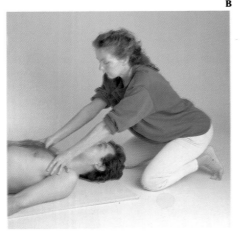

C

EL CUELLO

En general es mejor tratar el cuello desde abajo que desde encima, porque así está recto y tu pareja estará, por tanto, más relajada. El único problema es conseguir una presión firme sin levantar la cabeza de la otra persona. Como sucede siempre en el shiatsu, la solución está en adoptar la posición adecuada de manera que la presión venga del *hara*. Primero se trabajará sobre el meridiano de la vejiga, que sube a ambos lados de la columna hasta la base del cuello. El segundo meridiano sobre el que se actuará es el de la vesícula biliar, que está entre la separación de los dos músculos, y es extremadamente útil para aliviar la tortícolis, los dolores de cabeza producidos por la tensión y los problemas oculares. Uno de los puntos más importantes de este meridiano se encuentra en la cavidad de la base del cráneo, a cada lado, y al presionarlo, se alivian los síntomas del resfriado y se despeja la cabeza. En tercer lugar, se trata el vaso gobernador, en el centro, que ayuda a realinear las vértebras, presionando suavemente en la cavidad central de la base del cráneo para estimular el mesencéfalo. Y para terminar, se trabaja a lo largo de la base del cráneo, presionando puntos importantes en todos los meridianos.

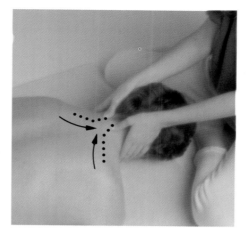

Detalle del movimiento 28

27 Con las rodillas a los lados de la cabeza de tu compañero, apoya los codos en los muslos e inclínate hacia adelante desde las caderas, a medida que vas presionando el cuello en sentido ascendente con los dedos.

28 Lleva los dedos al borde exterior de los músculos principales de la parte posterior del cuello. Presiona a intervalos de poco más de un centímetro desde la base del cuello hacia arriba, ejerciendo más presión en las cavidades de la base del cráneo. Repite estas presiones.

29 Separa los dedos y presiona con firmeza a lo largo de la base del cráneo, en dirección a los lados y con intervalos de poco más de un centímetro.

30 Usando el dedo pulgar de cada mano, presionar a los dos lados de la columna, en zonas de poco más de un centímetro, desde la base del cuello hasta la misma base del cráneo.

Presión en el cuello (izquierda) y detalle del movimiento 29 (derecha)

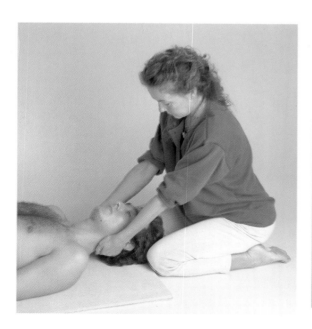

A

B

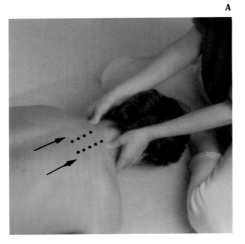
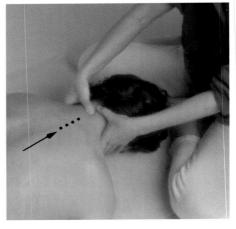

31 Vuelve a la línea central del cuello y con el dedo pulgar de una mano encima del otro, presiona en las separaciones entre las vértebras, terminando por la cavidad central de la base del cráneo.

32 Con los dedos juntos sobre los lados del cuello de tu pareja, sigue las curvas del cuello. Luego describe círculos, moviendo la carne sobre los músculos más profundos.

C

Movimiento 32

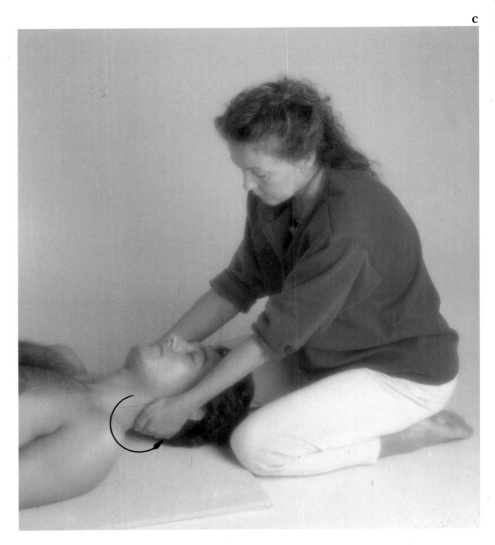

33 Pónte en cuclillas y coloca los dedos debajo del cuello, con los pulgares apuntando hacia las clavículas, y la base de las manos bajo la mandíbula.

Las rodillas deben estar por fuera de los brazos, sujetándolos. Desde esta posición, reclínate con los brazos rectos, para estirar el cuello como hemos dicho.

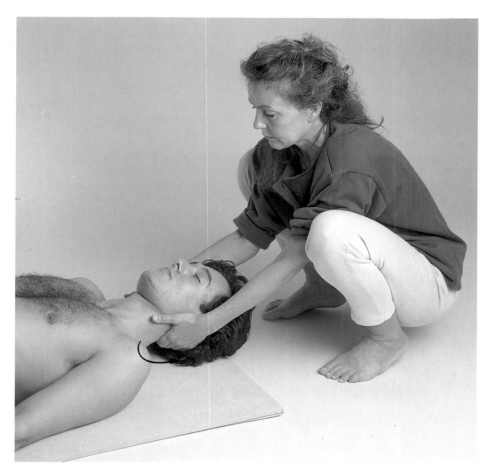

*Diversas
manipulaciones de
estiramiento de cuello*

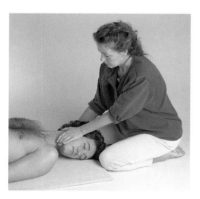  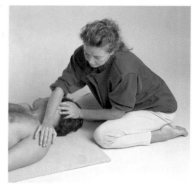

La cabeza y la cara

Para muchas personas, ésta es la parte más agradable y relajante de todo el tratamiento. Hay tantos meridianos que comienzan o terminan en la cara, que es fácil que la energía quede obstruida en algunos puntos, lo que provoca arrugas y manchas, cuando no se producen síntomas más graves. La aplicación del shiatsu en esta zona hace desaparecer estas obstrucciones y hace aumentar el flujo de ki, aliviando la tensión, y, como efecto secundario, resalta la belleza del rostro.

Los meridianos que empiezan en la cabeza y en la cara son el de la vejiga, el de la vesícula biliar y el del estómago, y los que terminan allí son los meridianos del vaso gobernador, el del vaso concepción, el del intestino grueso, el del intestino delgado y el del triple recalentador. Si tu pareja sufre migraña, es aconsejable prestar más atención a los lados de la cabeza: el meridiano de la vesícula biliar da varias vueltas sobre sí mismo al recorrer cada uno de los lados. Nuestra secuencia de shiatsu para la cabeza y la cara consiste en presiones sobre ciertos puntos importantes, más que en trabajar a lo largo de todos los meridianos. Los puntos de la cara se suelen utilizar para aliviar la tensión, el dolor y la conges-

tión de esta zona. Estas presiones sólo tendrán un efecto a nivel de la energía sutil, más que física, sobre el resto de los meridianos. Así, un punto del meridiano de la vejiga en la proximidad del ojo no tendrá efecto sobre ésta, aunque sí tendrá un efecto sutil en la energía ki del elemento Agua.

El shiatsu aplicado en esta zona ha de ser lo suficientemente suave como para relajar a tu pareja, pero también lo suficientemente firme como para liberar la energía obstruida. Las presiones deben ser firmes en general, pero más suaves al presionar sobre las cavidades. El masaje de las orejas repercute sobre todo el cuerpo, ya que en ellas hay puntos de acupuntura que se tratan para curar cualquier otra zona. Los puntos de la parte superior de la cabeza sirven para aliviar los dolores de cabeza y la congestión nasal. La secuencia del ojo no sólo beneficia a los ojos, sino que también alivia los dolores de cabeza y los problemas de los senos del hueso frontal; la secuencia de la sien produce una relajación general, y la de la nariz y la boca va bien para la congestión nasal y sirve para aliviar la tensión emocional que se concentra en esa zona.

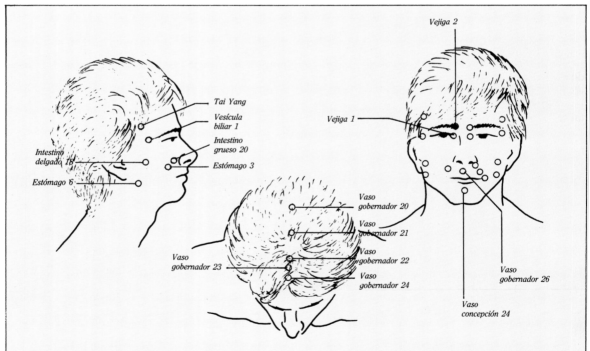

Puntos de la parte frontal de la cara

En la zona de los ojos: el 1 de la vejiga está en la parte interior de la cavidad del ojo; el 2 de la vejiga está en el extremo interior de la ceja. El 1 de la vesícula biliar se encuentra en la parte exterior de la cavidad del ojo, a la altura del vértice exterior del ojo. Alrededor de la boca, el

20 del intestino delgado está justo debajo de la parte más ancha de la ventana de la nariz. El 3 del estómago está sobre la mitad de la «línea de la risa». El 24 del vaso concepción está en el centro del surco de la barbilla, y el 26 del vaso gobernador está en el centro, entre el labio y la nariz.

Puntos de la parte lateral de la cara

El Tai Yang está en la sien. El 18 del intestino delgado se encuentra en la cavidad que hay debajo del pómulo, y el 6 del estómago está en el nudo de músculos del extremo de la mandíbula.

Ahora pasa las manos por el pelo de tu pareja varias veces, friccionando todo el cuero cabelludo, siempre haciéndolo en dirección a la nuca.

Después de la fricción del cuero cabelludo del movimiento anterior, coge un mechón de pelo cada vez y tira de él suavemente. Estira así de todo el pelo.

A

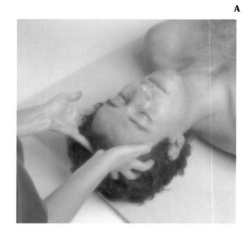

B

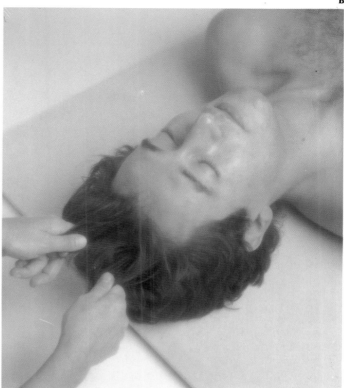

A continuación, masajea en las orejas utilizando para ello los pulgares y los demás dedos, subiendo desde los lóbulos hacia arriba de las orejas. Recorre de este modo cada una de las orejas dos veces, para así masajearlas con profundidad.

Sujeta la cabeza de tu pareja por las sienes y, con los pulgares, presiona a lo largo de la línea central de la cabeza, a intervalos de poco más de un centímetro, hasta donde puedas llegar sin cambiar de posición. Aplica las presiones en dirección a la nuca.

Fricción del cuero cabelludo (A), estiramiento del pelo (B), masaje de las orejas (C) y presión sobre la cabeza (D)

C

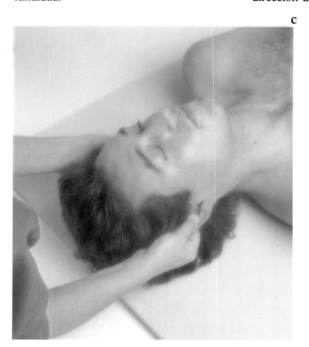

D

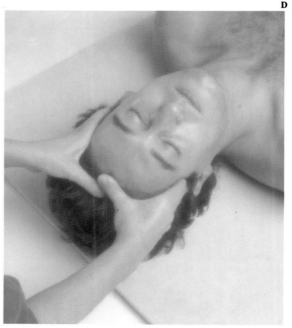

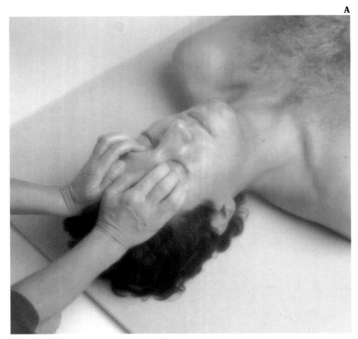

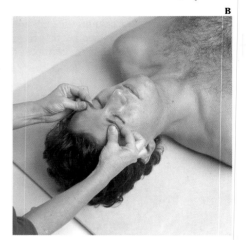

38 Presiona los puntos del extremo interior de la cavidad de los ojos entre tres y cinco segundos. A continuación pellizca ligeramente a lo largo de las cejas. Finalmente presiona los puntos de más allá del hueso de cada ceja.

Secuencia de los ojos, movimiento 38 (A, B, C)

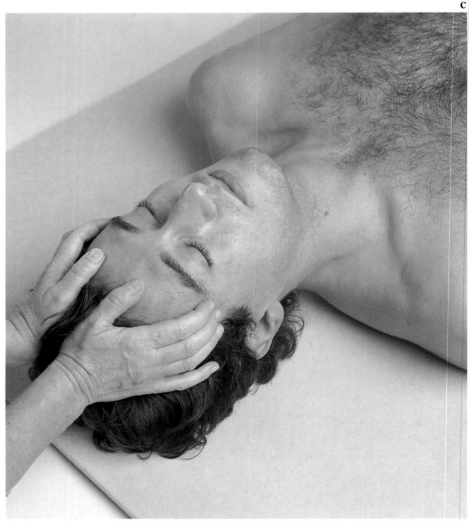

El hara

El hara, como sede de las energías del cuerpo, merece gran consideración. Incluso los animales son reacios a dejarse tocar el abdomen, excepto por aquéllos en los que confían y, en este sentido, las personas no somos muy diferentes. La presión que se aplique en esta zona ha de ser, pues, muy gradual y suave, aunque puede llegar a ser bastante profunda. Se trabajará siempre en el sentido de las agujas del reloj, alrededor del hara, fortaleciendo las zonas más débiles con presiones más profundas y tonificantes, antes de tratar las zonas más tensas y contraídas. En la mayor parte de los casos, esto significa empezar por el bajo hara. Mantén constantemente una mano en contacto con el hara, cambiándola de lugar cuando haga falta y utilizándola para «escuchar» las señales del cambio.

Por lo general, los crujidos significan que se ha transmitido energía a una zona débil, y las palpitaciones, que la presión ejercida está siendo excesiva, creándose una obstrucción (salvo en el caso de la línea central entre las costillas y el ombligo, por donde pasa una de las principales arterias y donde siempre se nota el palpitar de la sangre.

47 La postura para trabajar en el hara, es decir, cuando practiques ampuku, es sentado a un lado de tu pareja, tocándole su muslo con el tuyo.

48 Con la mano de soporte apoyada en la zona inferior del hara, y los tres dedos de la otra mano apoyados justo al final del esternón, presiona para tratar el punto del corazón.

49 Siguiendo la dirección de las agujas del reloj, y con la mano de soporte aún apoyada en la zona del hara inferior, baja un poco para presionar con el pulgar el punto del estómago.

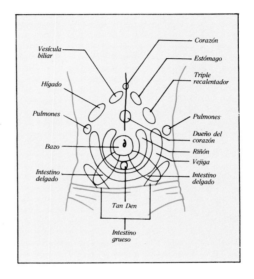

Presión sobre el punto del corazón (izquierda) y del estómago (derecha)

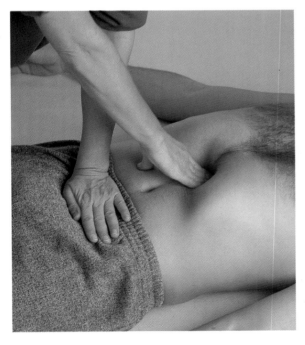

50 Siguiendo la misma dirección, baja un poco más para ir a buscar el punto del pulmón. Una vez encontrado, la mano de soporte se apoyará en el hara, y la otra ejercerá presión con el pulgar en ese punto.

51 Ahora, aún con la mano de soporte apoyada en el bajo hara, ejerce presión con el pulgar en el punto del hígado, que está descendiendo un poco desde la punta del esternón por el lado derecho, tal como muestra la fotografía.

Presión sobre el punto del pulmón (izquierda) y del hígado (derecha)

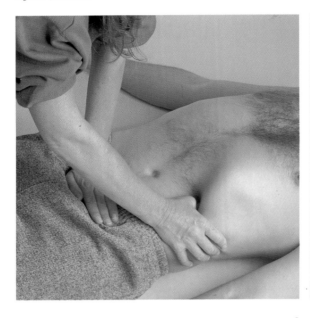
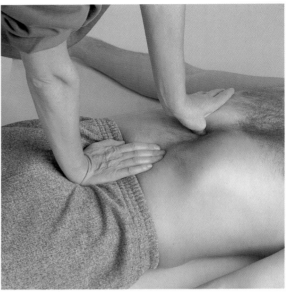

52 Sin cambiarte de lado de trabajo, y con la mano de soporte aún sobre el bajo hara, desciende un poco para localizar el otro punto reflejo del pulmón, situado un poco más abajo que el del hígado. Presiónalo con el pulgar. La presión que ejerzas deberá estar en función del dolor que sienta tu pareja.

53 Ahora cambiaremos de zona de trabajo. Vamos a manipular el hara inferior, para lo que descansaremos la mano de soporte sobre el hara superior. Con las puntas de los tres dedos de la mano presionaremos el Tan Den, que está en la vertical del ombligo, justo por encima del hueso de la pelvis.

Presión sobre el punto del pulmón (izquierda) y sobre el Tan Den (derecha)

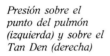

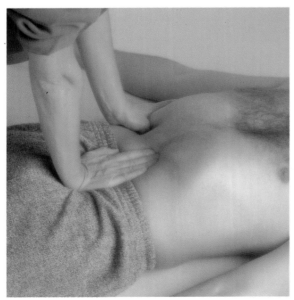
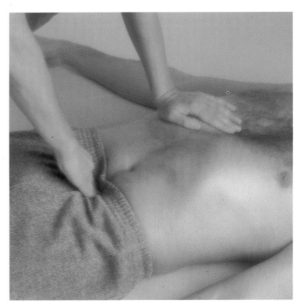

54 Seguimos trabajando el hara inferior. La mano de soporte sigue apoyada en la zona superior del abdomen. Ahora desplazamos la mano de trabajo hacia la derecha, para buscar la zona del intestino delgado. Presionamos allí con las puntas de los tres dedos.

Bajamos un poco más la mano, para buscar la zona del intestino grueso, y volvemos a presionar con la punta de los tres dedos.

55 Ahora sube un poco para arrodillarte frente al hara de tu pareja. Utilizando las dos manos, colocadas planas sobre el abdomen, procede a dar vueltas alrededor del hara, empujándolo con la base de la mano y tirando hacia ti con las yemas de los dedos en un movimiento constante. A continuación, procede a estirarlo y aflojarlo con estiramientos diagonales como el de la fotografía.

Presión sobre el punto del intestino delgado (superior izquierda) y del intestino grueso (superior derecha)

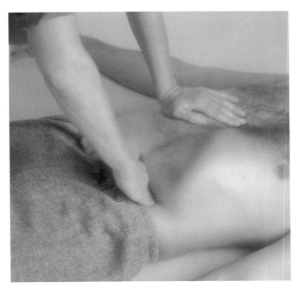
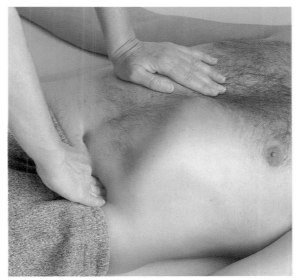
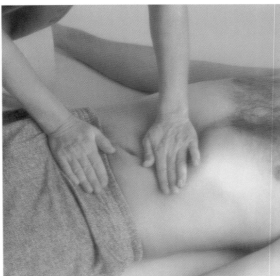
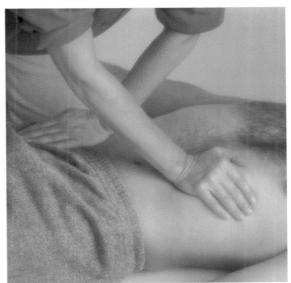

La parte frontal e interior de las piernas

En esta zona hay tres meridianos: el hígado, el bazo-páncreas y el estómago. El meridiano del hígado sirve para tratar cualquier trastorno localizado en el bajo abdomen, ya que el hígado rige el «fogón» interior. Dado que el hígado pertenece al elemento Madera, se deberá trabajar sobre este meridiano para combatir los dolores musculares y los calambres. El hígado resulta particularmente afectado por el estrés emocional y por la represión (sobre todo de la ira); está por tanto relacionado con un gran número de trastornos, catalogados en Occidente como «psicosomáticos» o de «histeria». Para la filosofía oriental, sin embargo, los problemas provocados por el estrés emocional que obstruye la energía ki del hígado son tan importantes como cualquier otro. El bazo-páncreas, que es un meridiano de Tierra, tiene relación con el proceso digestivo y mantiene, con los riñones, el equilibrio de fluido del cuerpo. También tiene un efecto sobre el ciclo menstrual. El estómago es otro meridiano de Tierra, relacionado frecuentemente con la transformación de los alimentos en energía ki. En el meridiano del estómago hay un punto en especial que favorece esta función: conocido como el 36 del estómago, es el mejor punto para los problemas digestivos, la baja energía y la resistencia del cuerpo a la enfermedad.

Al trabajar en la parte frontal e interior de las piernas, se tratan los meridianos relacionados con la digestión, de manera que la mano «de soporte» ha de estar en el hara. A menudo se sentirán los ruidos del estómago mientras se trabaja sobre los meridianos con la otra mano. Para tratar el meridiano del hígado, deberás doblar la pierna de la otra persona hacia afuera. Y si el meridiano está tenso, como suele ocurrir con casi todo el mundo, tendrás que sujetar la pierna en su punto de máximo estiramiento para evitar la tensión de la articulación de la cadera. La mejor manera de sujetar la rodilla es mantenerla cogida con los muslos. Los puntos de la parte interior de la espinilla, justo por encima del tobillo, suelen ser blandos y sensibles, así que se procurará que la presión sea más suave en esta zona.

Asimismo, en la parte frontal de la pierna se trabaja sobre los meridianos del estómago y del bazo-páncreas. El 36 del estómago, el «punto prodigioso» que se halla en la parte superior de la espinilla, es el principal de la secuencia, siendo uno de los puntos más importantes para conseguir el bienestar general. Este punto puede resultar algo difícil de encontrar al principio, pero trata de localizarlo en tu propia pierna y pronto adquirirás un sentido especial para encontrarlo en otras personas. Tan importante es este punto que, por una vez, se puede bajar la mano «de soporte» y emplearla para presionarlo. Si ves que las piernas de tu pareja tienden a caer hacia los lados, sujeta con la rodilla la pierna sobre la que estás trabajando para poder ejercer una presión vertical directa. Cuando hayas finalizado la secuencia en las dos piernas, habrás terminado el tratamiento de shiatsu. Cubre a tu pareja con una manta y déjala descansar unos minutos.

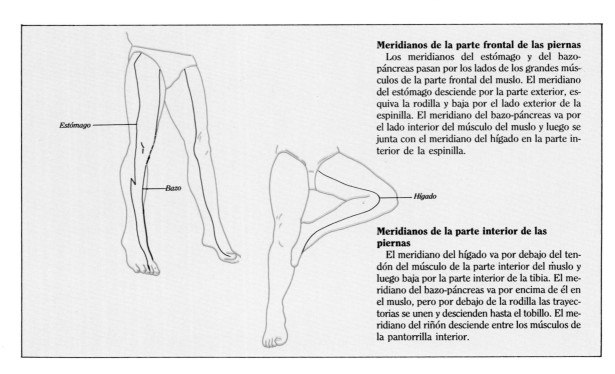

Meridianos de la parte frontal de las piernas

Los meridianos del estómago y del bazo-páncreas pasan por los lados de los grandes músculos de la parte frontal del muslo. El meridiano del estómago desciende por la parte exterior, esquiva la rodilla y baja por el lado exterior de la espinilla. El meridiano del bazo-páncreas va por el lado interior del músculo del muslo y luego se junta con el meridiano del hígado en la parte interior de la espinilla.

Meridianos de la parte interior de las piernas

El meridiano del hígado va por debajo del tendón del músculo de la parte interior del muslo y luego baja por la parte interior de la tibia. El meridiano del bazo-páncreas va por encima de él en el muslo, pero por debajo de la rodilla las trayectorias se unen y descienden hasta el tobillo. El meridiano del riñón desciende entre los músculos de la pantorrilla interior.

Estómago

Bazo

Hígado

56 Con la mano de soporte sobre la parte baja del abdomen, debajo del ombligo, dando energía a la vejiga y a los riñones, dobla la rodilla hasta que el pie alcance la altura del tobillo de la otra pierna. Con ello estiraremos el meridiano del bazo, el cual iremos presionando con el pulgar en sentido descendente.

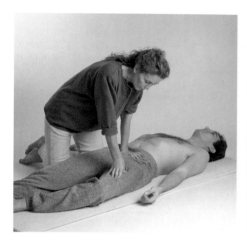

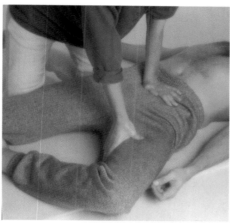

Estiramiento y presión del meridiano del bazo (derecha, detalle)

57 Continúa con la mano de soporte apoyada sobre la parte baja del abdomen. Ahora dobla la rodilla de tu compañero de tal manera que el pie le quede a la altura de la rodilla de la otra pierna.

Al hacer esto estamos estirando el meridiano del intestino delgado, cuya presión se ejerce con el pulgar a mitad del muslo interno, siguiendo todo el recorrido del meridiano hasta llegar al tobillo.

Estiramiento y presión del meridiano del intestino delgado

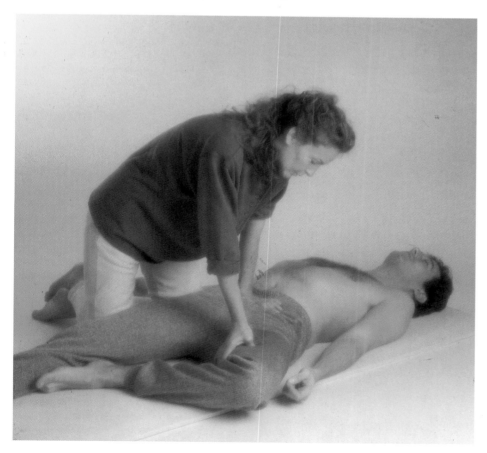

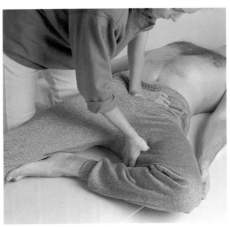

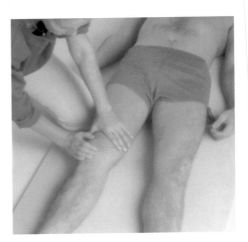

Detalle de la presión del meridiano del intestino delgado (izquierda) y rotación de la rótula (derecha)

58 Ahora debes doblar la rodilla de tu compañero tanto como puedas (dependerá de su elasticidad). Con ello estiraremos el meridiano del hígado, para poder trabajar sobre él. La mano de soporte sigue apoyada en la parte baja del abdomen, mientras la otra seguirá en sentido descendente el meridiano, ejerciendo presión.

59 Hemos trabajado ya sobre los meridianos internos de las piernas. Ahora vamos a trabajar los de la parte frontal. Emplea una mano para sujertarla cerca de la rodilla y la otra para coger firmemente la rótula y hacerla girar dos o tres veces en cada dirección.

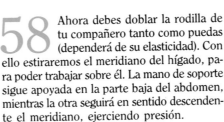

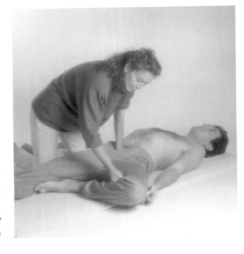

Estiramiento y presión del meridiano del hígado (izquierda e inferior, detalle), y presión en el 36 del estómago (derecha)

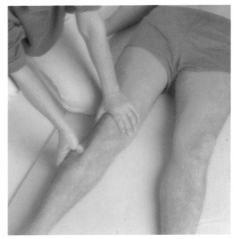

60 El punto 36 del estómago se halla en la parte superior de la tibia, en la cuna donde el hueso se hace más ancho al llegar a la rodilla. Para localizarlo, sube con el pulgar por la parte exterior del hueso hasta notar la curva. Entonces presiona con bastante profundidad y pregunta a tu pareja qué nota. Si estás presionando en el mismo punto, se producirá una fuerte sensación, que baja por el meridiano hasta el tobillo. Una vez localizado, baja la mano de soporte y presiona con el pulgar.

61 Ahora, con la mano de soporte en la misma posición, desciende con el pulgar a lo largo de la tibia, ejerciendo presión, tal como muestra la fotografía.

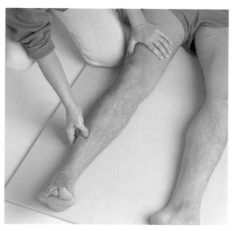

62

Adopta la posición que muestra la fotografía. Cogiendo el pie firmemente, levántalo del suelo e inclínate hacia adelante para estirar la pierna.

63

Sin soltar el pie, reclínate con todo el peso del cuerpo y estira así el pie hacia atrás. Repite los dos movimientos. Luego siéntate en el otro lado de tu pareja. Repite la secuencia sobre la otra pierna.

Presión en la parte exterior de la espinilla (A), estiramiento del pie hacia adelante (B), y estiramiento del pie hacia atrás (C)

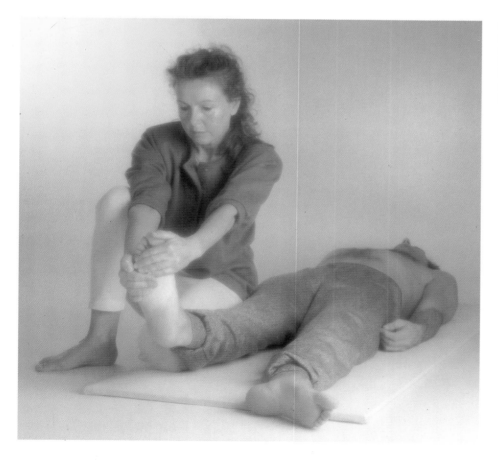

Los otros Masajes

Automasaje

Reflejoterapia

Drenaje Linfático Manual

Rolfing

Técnica Alexander

Osteopatía

Quiropráctica

Masaje y agua

El Automasaje

El Do-In o Automasaje es un arte y una técnica terapéutica. Consiste en reordenar la energía vital del cuerpo, armonizando su fluir por el interior y exterior del organismo, incidiendo así directamente sobre la persona en su totalidad. El método se basa en una serie de ejercicios, masajes, respiraciones, percusiones, martilleos y fricciones, ya sea directamente sobre el cuerpo, o a muy corta distancia. Todo ello, acompañado de una actitud individual precisa.

UN POCO DE HISTORIA

El Do-In tiene su origen en la cultura oriental. Históricamente, ya existía como disciplina en el siglo VI a. de C. en su doble vertiente: médica y religiosa. Desde la vertiente médica, como método de diagnóstico, preventivo y curativo. Y desde la religiosa, como método de purificación del cuerpo en un camino de elevación espiritual. Recordemos que en los tiempos antiguos, medicina y religión iban unidas. Y en esa época, el arte de la medicina era considerado como un dón sagrado.

Con la introducción del Yoga y del Budismo en China en el siglo I d. de C., se perdió la práctica del Do-In como terapia, y quedó sólo conservado en su aspecto religioso: la iniciación en el Do-In era precedida de un tiempo más o menos corto de purificación del iniciado, a través del ayuno y la meditación. La combinación de los ejercicios y la respiración, era ya la base esencial del método.

Hacia el siglo VI d. de C., la medicina china es exportada al Japón, recogida en diversos tratados médicos, uno de los cuales, el *Nei-King*, es un compendio de todos los conocimientos de la época sobre fisiología, etiología, patología, higiene, y todas las fisioterapias tradicionales: acupuntura, moxa, Do-In... Todas ellas basadas en el estudio y práctica de los meridianos de energía.

Fue en el Japón donde esta disciplina de un origen eminentemente médico-religioso, se convirtió en una práctica popular.

A partir del siglo XVIII, el método comienza a ser conocido por los occidentales, que comienzan a traducir, escribir y trabajar sobre él. Y ya en los comienzos de los años 60 de nuestro siglo, los rusos son los primeros en introducirlo como «gimnasia médica» en sus clínicas, junto con otras fisioterapias.

Y luego comienza a difundirse en el mundo occidental, primero a través de Estados Unidos, luego a través de Europa Occidental, como disciplina de autoconocimiento y crecimiento personal, y como terapia preventiva y curativa.

En España comienza a darse a conocer en época muy reciente. Aproximadamente, a finales de los 70, inicios de los 80.

HACIA UNA DEFINICIÓN

El sentido y la perspectiva que tiene el automasaje adopta otro cariz distinto al de su origen. Y es importante tratar de definir someramente esta perspectiva, ya que si bien los métodos son importantes, lo es mucho más la intencionalidad que los sustenta, así como la idea que los justifica.

Hay tres conceptos básicos que se barajan en cualquier terapia, y concretamente en el Do-In:

• Ser humano, como protagonista central;

• Cuerpo, como destinatario o intermediario directo;

• Salud, como objetivo terapéutico.

En función de ellos podemos establecer la siguiente redefinición: el Do-In es una disciplina e instrumento con el que cuenta el ser humano para recuperar o mejorar su salud, a través del contacto y conocimiento directo con su cuerpo.

SUS EFECTOS

La función del Do-In sería la de aumentar, disminuir, y, en definitiva, regular de modo consciente el flujo energético de todo el organismo, tanto en su superficie más externa, como en profundidad, ejerciendo así un efecto que podríamos llamar de «peinado» sobre toda la estructura energética del organismo.

Indicaciones generales

• La práctica del Do-In sería conveniente realizarla diariamente, en las primeras horas de la mañana. La revitalización que suponen el despertar de la energía y la liberación de desechos, pueden ser una ayuda eficaz y una predisposición anímica muy conveniente para comenzar el día.

• La duración dependerá de las posibilidades, tanto físicas como de espacio y tiempo de que cada uno disponga. Pero no debe nunca exceder

Dirección de la energía

Para comprender el orden que sigue el Do-In, es necesario saber, al menos superficialmente, cómo se considera que fluye la energía en el cuerpo.

Situándonos en posición vertical, con las manos y brazos dirigidos hacia el cielo, en vertical, consideramos la columna como punto de unión entre el cielo y la tierra. La energía que viene del cielo —*Yang*—, penetrará a través de las manos y de los meridianos Yang, que son los exteriores, es decir, los que corresponden a la parte de piel más dura de los brazos. A continuación se dirigirá hacia la espalda, pelvis, piernas y pie. La energía que viene de la tierra —*Ying*— penetrará a través de los pies y de los meridianos *Yin*, que suben por el interior desde los pies, por el interior de las piernas, y por el interior de los brazos, de los hombros a las manos.

Por ello, el orden a seguir respecto al cuerpo es: partir de los miembros superiores (mano izquierda, mano derecha), cabeza, y, en dirección centrípeta, seguir por el tórax, miembros inferiores (pie derecho, pie izquierdo), pelvis y *hara* (o centro vital del cuerpo).

de una hora. En realidad, una tabla muy completa de Do-In, cuando ya se conoce la técnica, no dura más de 45 minutos.

• El lugar es conveniente que sea luminoso, aireado, amplio y tranquilo. Si se procura hacerlo siempre en el mismo lugar, mejor. Sin embargo, si por algún motivo se está fuera del lugar habitual, o de viaje, se puede hacer una pequeña tabla que incluya manos, cara, y, a ser posible, pies.

• Antes de comenzar, conviene quitarse toda las joyas y artificios que llevemos.

• Cualquier momento del día, sobre todo si se tiene una actividad muy sedentaria, o una actitud corporal muy fija, es bueno para realizar unò, dos, tres ejercicios que ayuden a desentumecer, desbloquear y hacer fluir la energía de nuevo.

• La actitud con la que se hace es muy importante. Es decir, no basta hacer los ejercicios muy bien. Es necesario ser muy consciente de lo que se está haciendo, intentando estar muy receptivo a todas las sensaciones que vayan despertándose a través del masaje.

• La imaginación es conveniente utilizarla activamente: imagina cada una de las zonas que estás trabajando, cómo es, cómo se moviliza, cómo fluye la energía.

• El ritmo a seguir puede ser marcado por el propio cuerpo. Es decir, en la medida en que se disfrute con lo que se hace.

• Después de cada región corporal trabajada, es conveniente hacer un alto. Detenerse, tomar conciencia de la actitud corporal y psicológica, de la respiración...

TÉCNICA DEL MASAJE

Fundamentalmente, se trata de intentar estar atento y percibir lo que tocamos a través de los dedos, ya sea directamente, o intuyéndolo. Es preciso tener los dedos y las manos muy relajados. El pulgar es el dedo que más trabaja; debes ser capaz de transmitir energía a través de una presión directa sobre el punto que interesa a través de la yema del dedo, y manteniéndolo en horizontal, sin doblarlo. La intensidad de la presión depende-

rá de la sensibilidad del punto que se está tocando. Sin llegar a sentir dolor, se debe sentir el punto que tocamos, incluso a veces, como una ligera molestia, cercana al dolor.

La duración de cada presión es de 4 a 5 segundos en cada punto, y la intensidad de las frotaciones, percusiones, etc., la debe percibir cada uno, pero en general debe ser vigorosa, sin llegar a lastimar.

Al principio se tiene tendencia a tensar casi todo el cuerpo al realizar cada uno de los ejercicios, debido a la inseguridad, falta de práctica y a no estar conscienciados de qué es lo que estamos trabajando. Es importante, pues, prestar atención al gesto y la actitud, y recordar que sólo debemos utilizar la energía indispensable para los movimientos y ejercicios que estamos realizando. De lo contrario, puede producirse un cansancio innecesario y contraproducente.

Es preciso seguir un orden fijo en la realización de los ejercicios, es decir: mano izquierda, mano derecha, brazo izquierdo, brazo derecho, cabeza, cara, nuca, cuello, hombros, pecho, pies, piernas, pelvis, riñones, espalda, vientre, y, finalmente, relajación.

ALGUNOS EJERCICIOS

Nuestra intención es recoger una tabla mínima que sirva para comenzar a descubrir e iniciar esta práctica, y, a su vez sea efectiva. No obstante, es preciso aclarar que conviene iniciarse directamente con alguien experto, para así aprender bien los movimientos precisos y la dinámica general de esta técnica sin los riesgos que supondría emprenderla de manera autodidacta; es decir, malos hábitos e, incluso, inicidir de manera equivocada sobre el flujo energético propio.

Para empezar, es importante prestar atención a la respiración, ayudándonos al máximo con una respiración lo más completa posible, abdominal y torácica. Conviene hacer coincidir las presiones con la espiración, e inspirar cuando se deje de hacer presión.

Brazos y manos

Con el pulgar y el índice de una mano haz una especie de «tubo circular

Masaje del antebrazo

cerrado» y masajea así cada mano, de tal forma que ejerza presión y fricción a la vez. Repite el movimiento tres veces.

Luego, frota la muñeca izquierda con la mano derecha, como si ésta hiciera de «pulsera». Después sube por la parte externa del brazo, sin dejar de friccionar, hasta alcanzar el hombro. A continuación, desciende por la parte interior, sin dejar de friccionar.

Cabeza y cara

Fricciona con todos los dedos el cuero cabelludo, como si te aplicaras una loción capilar. Repítelo varias veces.

Luego, partiendo del centro de la frente, masajea hacia cada lado, con los tres dedos centrales de cada mano, intentando «estirar» la frente hacia los lados. A continuación aplica la yema de los dedos, presionando sobre el globo ocular, con los ojos cerrados. Mantén la presión unos 20 segundos.

Con el dedo índice, frota todo el reborde de la nariz, desde la base, siguiendo a lo largo de la misma, desde su nacimiento entre los ojos, hasta los orificios nasales. Y, finalmente, con todos los dedos de las manos, golpear, percutiendo por todo el rostro, como si palmetearas sobre la cara. Repítelo tres veces.

El cuello y la nuca

Sujetando la nuca con toda la mano, los dedos a un lado, ir presionando, como si dieras un gran «pellizco», y descendiendo a lo largo de toda la columna. Luego, pasando la mano derecha por delante del cuello, y llevándola a la parte más posterior izquierda de la cervical, y de forma que se adapte totalmente a la forma del cuello, haz presión y «arrastre», partiendo del centro de la columna hacia adelante, rodeando así toda la base del cuello, mientras la cabeza gira en sentido contrario. Finalmente, hacer círculos con la cabeza, tomando como eje el cuello. (Ritmo de cámara lenta.) Para ello, deja que la cabeza «cuelgue» en cada punto por el que pasa, sintiendo que el cuello se alarga en cada respiración.

Los hombros y el pecho

Con toda la mano, y de modo instintivo, acaricia, primero suavemente, y luego cada vez más enérgicamente, todo el hombro, el trapecio, el deltoides y la base del cuello, incluso aplicándote grandes pellizcos, como si estuvieras estrujando una esponja entre tu mano.

Haz giros con tu hombro hacia adelante y hacia atrás alternativamente, siguiendo una línea imaginaria que atraviese horizontalmente tu cuerpo de lado a lado, a la altura de la articulación de los hombros. Finalmente, con el puño a medio cerrar, fricciona el pecho en su parte superior, y sobre las costillas, en dirección vertical, arriba y abajo.

Los pies

Cogiendo el pie por la planta con los pulgares de las manos, torcerlo completamente, dirigiendo la planta

Masaje de la zona del pecho y las costillas

Masaje del cuello

hacia arriba. Luego, cogiendo el pie de igual forma, pero con los dos pulgares coincidiendo sobre el dorso de los pies, torcerlo completamente, dirigiendo la planta hacia el suelo. Finalmente, friccionar todo el pie con toda la mano, acariciando primero, vigorosamente después.

Las piernas

Con toda la mano, rodea la rótula y hazla desplazarse en todas las direcciones: arriba, abajo, a los lados, en círculo. A continuación, doblando la pierna de modo que tengas fácil acceso a ella, localiza el surco que existe resiguiendo el hueso tibial, desde el tobillo interno a la rodilla siguien-do la línea media del lado interno de la pierna. Con los pulgares, haz presiones de 3 a 4 segundos a todo lo largo de dicha línea. Finalmente, cogiendo con toda la mano —amoldándose a la pierna— toda la región posterior, haz una presión uniforme, como si de exprimir una esponja se tratara, desde el tendón de Aquiles, a todo lo largo de la pantorrilla, hasta la rodilla.

Cintura y abdomen

Con los puños entrecerrados, friccionar toda la región lumbar, de arriba a abajo, y de abajo hacia arriba, durante 30 segundos. En la misma posición, golpetear en toda la región renal, con vigor, durante 25 segundos. Luego sobre los huesos posteriores de la pelvis, sacro y caderas.

Localiza el sacro, y con los pulgares, haz presiones de 3 a 4 segundos, a lo largo de todo su reborde.

Ahora vamos a ir a trabajar la zona del vientre. En el suelo, con las piernas flexionadas y los pies apoyados en el suelo, haz un masaje con la punta de los dedos de una mano sobre todo el vientre.

Partiendo del ombligo, haz pequeños círculos descendentes hacia la vejiga, y desde allí de nuevo hacia arriba.

Masajea la zona de la espalda utilizando los pulgares

La espalda

En una espaldera (el borde superior de una puerta, una barra, o cualquier sustituto), agárrate con las manos y suspéndete. Procura simplemente distenderte en esta posición. Sólo tus manos están contraídas. El resto del cuerpo, suelto. Respira tranquilamente.

Ahora siéntate y sube con las manos desde la pelvis hasta donde alcances. Luego, túmbate y mueve la espalda contra un rodillo o pelota de goma.

(Los rodillos son aparatos auxiliares del masaje que pueden llegar a imitar los efectos de las manos. Aunque utilizados en técnicas diversas como la reflejoterapia y el shiatsu, sus posibilidades son dignas de destacar en el ámbito del automasaje. Los hay para el masaje de la espalda, los pies... Suelen construirse de madera, en cuyo caso se barnizan con ceras naturales, o plástico, en cuyo interior puede echarse agua caliente para conseguir un masaje más activo.)

Relajación final

Estírate de espaldas sobre el suelo, con las piernas flexionadas y las plantas de los pies apoyadas en el suelo; las manos enlazadas debajo de la nuca. Levanta la pelvis y fricciona el resto de la columna sobre el suelo; luego, levanta la región dorsal y fricciona la cervical. Finalmente vuelve a descender en sentido inverso, hasta llegar a friccionar de nuevo la pelvis y el sacro contra el suelo. Repite el ejercicio tres veces y descansa. Termina «conectando» todo el cuerpo.

Masaje del dorso de los pies con los pulgares (foto superior). Al final, termina la secuencia «conectando todo el cuerpo»

Reflejoterapia

A principios de este siglo el prestigioso médico americano, el Dr. W. Fitzgerald (1872-1942), tras largos años de observación, estudio y trabajo en París, Londres y Viena, desarrolló y sistematizó la posibilidad de tratamiento «a distancia», sobre todo en enfermedades con estados dolorosos, consiguiendo numerosos éxitos con el equipo de practicantes que colaboraban con él. Eran los inicios de la *zone therapy* o terapia zonal.

Basándose en sus enseñanzas y escritos, así como en otros discípulos de Fitzgerald, Eunice Ingham, autora del libro *Stories the feet can tell (Historias que los pies podrían contar)*, que por los años treinta se convirtió en un verdadero bestseller, tras gran acopio de experiencia práctica y gracias a sus buenas dotes de conectar con el gran público, propagó el conocimiento y manipulación de las zonas reflejas a nivel de los pies alcanzando una gran difusión en los EE.UU.

EL ORGANISMO REFLEJADO EN LOS PIES

El Dr. Fitzgerald descubrió que el cuerpo humano se podía dividir en diez zonas verticales que recorrían todo el cuerpo y que empezaban en los dedos de los pies y de las manos e iban a terminar en la cabeza. Este hecho ayudó a localizar las zonas reflejas en los pies, ya que cada órgano o estructura anatómica se refleja en el pie cuando hay un mal funcionamiento o alteración en algún punto de la zona vertical que lo atraviesa. Así resulta que los órganos que son centrales, como, por ejemplo, la columna vertebral, se reflejan en el borde interno de ambos pies, mientras que órganos muy laterales, como las articulaciones de los hombros, se localizan en los bordes externos de los pies, en este caso concretamente en la base de los dedos meñiques.

El hígado, la vesícula biliar, el colón ascendente, etc., localizados en el organismo en su lado derecho, sólo se reflejan, pues, en partes bien concretas del pie derecho. Otro tanto ocurre con el bazo, el colón descendente, etc., que localizados en la mitad izquierda del cuerpo sólo se reflejan en el pie izquierdo.

Los órganos que mejor se reflejan en los pies son los que presentan una mayor inervación sensitiva, como la piel, el aparato urogenital, el tubo digestivo, las vías biliares, la columna, etc., o aquellos que cuando se inflaman son muy dolorosos, como ocurre con los dientes, las articulaciones, los oídos, etc. Órganos más macizos y con poca inervación, como el hígado, los ganglios linfáticos, etc., se reflejan con mayor dificultad.

Las zonas reflejas sólo se manifiestan cuando hay alguna alteración en algún órgano del cuerpo, sea del tipo que sea: inflamaciones (agudas o crónicas), traumatismos (golpes, heridas), mal funcionamiento (hipo o hiperfunción), atrofias, fenómenos irritativos, degeneraciones, etc.

A veces las zonas de proyección refleja se agrandan tanto que prácticamente duele todo el pie. Sólo al cabo de pocas y cuidadosas sesiones desaparecerá el dolor generalizado y se manifestarán exclusivamente los puntos reflejos correspondientes a los órganos verdaderamente afectados y necesitados de tratamiento.

Sin embargo, la posibilidad de tratamiento reflejo a distancia no es exclusiva de los pies. Existe también en otros órganos situados en partes prominentes o terminales del cuerpo, como sucede en el caso de la oreja (auriculopuntura) o también en las fosas nasales (reflejoterapia endonasal), donde hay también proyecciones reflejas.

APRENDIZAJE SENCILLO Y RÁPIDO

Todos hemos experimentado alguna vez cómo un simple y sencillo masaje de los pies es sumamente relajante y agradable. Sin embargo, la reflejoterapia podal va mucho más allá de la exclusiva sensación placentera y de relajamiento de nuestros pies. La reflejoterapia podal (RTP) se practica con la punta de los dedos pulgares, masajeando los puntos dolorosos en los pies. El paciente nota enseguida que aunque al hacer masaje en estos puntos se le ocasiona un cierto dolor, este se aprecia incluso como agradable o «que hace bien».

El campo de acción e indicaciones de la RTP es sumamente amplio, llegando a conseguir no sólo aliviar, si-

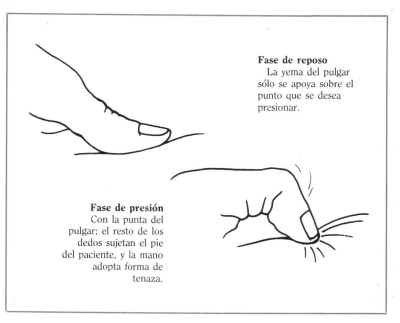

Fase de reposo
La yema del pulgar sólo se apoya sobre el punto que se desea presionar.

Fase de presión
Con la punta del pulgar; el resto de los dedos sujetan el pie del paciente, y la mano adopta forma de tenaza.

no incluso curar en multitud de casos. Hecho que constatamos día a día con su práctica habitual.

Quien entra por primera vez en contacto con este interesante método terapéutico se sorprende enseguida de que, a pesar de que su técnica se puede aprender y practicar con suma facilidad, los resultados superan muchas veces los conseguidos por otras terapias mucho más complejas.

A *grosso modo* podríamos decir que el campo de acción de la RTP son todos aquellos padecimientos, alteraciones o enfermedades en las que el organismo del paciente se halla en condiciones de restaurar la desviación o alteración del equilibrio de su organismo; de ahí que las indicaciones de la RTP sean múltiples. En general, los mejores resultados se obtienen cuando los trastornos de la salud se localizan especialmente en órganos muy inervados, así como en los órganos de eliminación de sustancias de desecho del cuerpo. Por ello combate muy bien los trastornos espasmódicos o de sobrecarga funcional.

Si bien su aprendizaje no ofrece dificultad alguna, es indispensable que quien la practique posea unos sólidos, aunque básicos y sencillos, conocimientos médicos y anatómicos.

También existen escuelas y gente que enseña esta técnica como se hacía hace muchos años, sin preocuparse en perfeccionar el método como hoy es posible hacerlo y evitar así ciertos trastornos que se puedan producir a los pacientes. Escoge bien.

FORMA Y DURACIÓN DEL MASAJE

La normalización de los puntos o zonas «anormales» (dolorosas) encontrados en los pies, se consigue realizando un masaje especial con la punta del dedo pulgar.

El masaje de cada punto será de un minuto aproximadamente, repitiéndose de forma cíclica a lo largo de cada sesión, cuya duración no será menor de quince minutos.

Localización de los puntos

Las zonas reflejas de los órganos de nuestro cuerpo se hallan situadas en las partes blandas de los pies, concretamente en la planta (la mayoría), en algunos surcos longitudinales del dorso, en la cara interna (bajo vientre), borde interno (columna vertebral) y cara y borde externo (poca importancia).

Las manipulaciones básicas

• Manipulación exploradora.
• Manipulaciones terapéuticas, que pueden ser en forma de pequeños círculos o espirales, en forma de presiones rápidas o en forma de roce lento y profundo.
• Manipulaciones sintomáticas ante un dolor corporal muy agudo.

La relajación del paciente

Podremos conseguirla combinando adecuadamente sus respiraciones profundas con presiones sobre la zona refleja correspondiente al plexo solar.

Otra buena medida consiste en masajear ambos pies durante unos minutos mediante un masaje palmodigital o movilizando bien todas las articulaciones de los pies.

Sobre todo, no hay que confundir estos masajes relajantes con la RTP, que es propiamente terapéutica.

LA RESPUESTA DEL ORGANISMO

Cuando practicamos la reflejoterapia podal lo que en realidad hacemos es normalizar puntos anómalos (en su mayoría dolorosos) mediante un masaje especial en ellos. El paciente puede sentir dolor, que será tanto más intenso cuanto mayor sea la presión que ejerzamos, por lo que habrá que ser cuidadoso, ya que no es necesario hacer un masaje desagradable para conseguir éxitos en el tratamiento. Si el estímulo es excesivo nuestro organismo no lo tolera bien, y no pocas veces se desencadenan toda una serie de síntomas neurovegetativos que se manifiestan como agitación, malestar y sudor frío en cara, manos y pies.

A medida que el tratamiento va progresando, las áreas sensibles de los pies van haciéndose menos dolorosas, lo cual se acompaña de mejoría en los trastornos de los pacientes, que incluso pueden llegar a desaparecer por completo. Como todo tratamiento de tipo fisioterápico, precisa que los estímulos reguladores que nosotros proporcionamos no sean esporádicos, sino más o menos continuos (de 2 a 3 veces por semana) durante un cierto tiempo (de 3 a 6 semanas, por término medio). Con ello conseguimos que los buenos resultados obtenidos al principio se hagan realmente estables.

En el curso del tratamiento aparecen, en muchos casos, una serie de reacciones, en su mayoría de eliminación, que suelen determinar una mejoría rápida en la dolencia que estamos tratando. Estas reacciones hay que saber valorarlas y no alarmarse injustificadamente, a pesar de que en algunos pacientes se presentan de forma muy llamativa. Estas reacciones son fundamentales:

• Mejoría del sueño, que se hace más profundo y reparador, de forma que el paciente se despierte por la mañana mucho más descansado.
• Mayor eliminación de materias fecales, no pocas veces de peor olor, color (más oscuras) y consistencia.
• Mayor cantidad de orina; muchas veces de olor fuerte, más oscura y con un mayor sedimento urinario.
• Abundante eliminación de mucosidades por la nariz o en forma de expectoración, lo cual se asemeja muchas veces a un catarro nasobronquial.
• Sudoración profunda sin causa aparente, especialmente por la noche, con peor olor que de costumbre.
• En muchas mujeres, eliminación de un flujo vaginal que suele ceder al llegar la regla.
• Otras veces la «descarga» es de tipo emocional y al paciente le saltan las lágrimas entre sollozos, especialmente en aquellos que acuden a la consulta con problemas de tensión nerviosa o estrés.

Todas estas reacciones secundarias al tratamiento acontecen normalmente cuando el paciente está en su casa, es decir, entre sesión y sesión. El tratamiento reflejoterápico deberá continuar hasta que desaparezca totalmente la enfermedad tratada o se observe un estancamiento en su progresiva mejoría, pero no hay que interrumpir nunca el tratamiento antes de la sexta sesión.

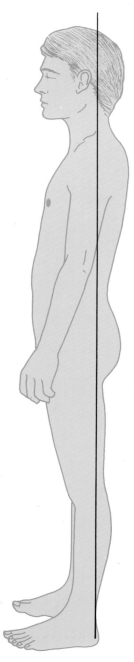

La postura correcta

Desde un punto de vista arquitectónico y topográfico, la postura correcta es aquella en que los lados del cuerpo son simétricos y podemos trazar una línea recta que pase por la oreja, el hombro, el centro de la articulación entre el cóccix y el fémur, el centro de la rodilla y el punto más alto de la bóveda plantar. Para conseguir mantener tal postura a lo largo de los años, es imprescindible conseguir un perfecto equilibrio entre todos los músculos del cuerpo, equilibrio que lograremos con la práctica de actividades físicas diversas.

Técnicas estáticas

Son aquellas, como el Rolfing, en las que generalmente el terapeuta aplica sus manos sobre la persona que está reeducando su postura, la cual está relajada y concentrándose en las sensaciones que el terapeuta le indica.

Técnicas dinámicas

Son quizá las más antiguas y las que originariamente tenían menos en cuenta el aspecto psíquico. Por ejemplo, la gimnasia correctiva clásica. Pero actualmente hay en Europa otras técnicas diámicas que sí dan importancia a la mente, como es el caso del Tai Chi Chuan.

Técnicas mixtas

Entre éstas figuran las que más se usan hoy en Occidente, como la de Alexander, las cuales emplean movimientos controlados y sensaciones para conseguir que el individuo se sienta integrado.

Es difícil recomendar una de estas técnicas por encima de las demás, ya que tan importante es la base teórica como la relación que se establece entre el alumno y profesor o la aplicación que éste hace de la técnica en cuestión.

El masaje puede ser de gran ayuda en los trabajos de reeducación postural, tanto para sensibilizar y percibir determinadas zonas de nuestro cuerpo como para relajar músculos excesivamente tensos debido a su utilización en posturas incorrectas.

Rolfing

Es un método de manipulación del tejido conjuntivo del cuerpo que busca realzar la estructura. Como terapia tiene un triple objetivo: aumentar la amplitud de movimiento, mejorar el equilibrio, y dotar al paciente de una postura «fácil». Aunque los resultados dependerán del estado inicial del cliente, los efectos de una terapia de rolfing siempre traen consigo un aumento de la vitalidad y de la estabilidad física, un alivio de las dolencias estructurales, crónicas y un fomento de la propia capacidad de curación, además de efectos psicológicos beneficiosos.

DESCUBRIMIENTO DE IDA ROLF

Ida Rolf obtuvo el doctorado en Bioquímica en la Universidad de Columbia en 1916. En algún momento de su investigación científica hizo un descubrimiento fundamental respecto al cuerpo: la misma red de tejido conjuntivo que contiene y une el sistema muscular sano puede utilizarse para devolverle su forma ordenada si por alguna tracción ha llegado a desorganizarse.

Cada músculo (y cada fibra muscular) está envuelto en un tejido conjuntivo que se llama *fascia*. Hacia el extremo de cada músculo, esta fascia se engrosa para formar las correas que llamamos tendones o ligamentos y que sirven para ligar músculo a músculo y músculo a hueso. De hecho, esta extraña materia que llamamos tejido conjuntivo debería llamarse la *materia prima* del cuerpo. Una parte de esta materia evoluciona para formar los huesos, y los músculos se desarrollan realmente como zarcillos de tejido que se extienden a través de la red facial en el embrión.

El descubrimiento de la doctora Rolf sobre la importancia del sistema fascial revolucionó el concepto del cuerpo. En vez de a los músculos, se da énfasis a sus envolturas, casi como si al contemplar una naranja se diera énfasis a la piel en vez de a la pulpa. La fascia envolvente sostiene al músculo y mantiene los conjuntos de músculo y hueso en su lugar, pero tiene una propiedad problemática: puede sostener cualquier patrón de movimiento y postura que el cuerpo adopta. La fascia puede ayudar en la postura equilibrada normal, o bien, si los músculos están sobrecargados por la tensión constante del movimiento desequilibrado, este tejido conjuntivo puede hacerse cargo de una parte de la carga acortándose y renunciando a su elasticidad. De esta manera el cuerpo realmente cambia su forma y refleja el uso que se le da. Afortunadamente, es posible devolver la salud a la fascia, alineando los músculos y huesos de forma apropiada e induciendo el movimiento adecuado.

El descubrimiento de Ida Rolf de la importancia de la fascia se basaba en la comprensión de que la gravedad es la fuerza básica que da forma al cuerpo. Tenemos que equilibrar nuestro cuerpo, de la forma que sea, contra la tracción de la gravedad. Desde el nacimiento hasta la muerte, la gravedad siempre actúa sobre nosotros. Y por esta razón, las desviaciones en el sistema oseomuscular nunca son exclusivamente locales. La influencia de la gravedad las propaga a través de todo el cuerpo. Si se estorba al equilibrio natural del cuerpo —si no se sigue la mejor geometría del esqueleto—, entonces todo el cuerpo cambiará gradualmente su forma para adaptarse a la desviación. Por ejemplo, un niño se cae de la bicicleta y se hace daño en una rodilla; para evitar el dolor, tensa los músculos alrededor de esa rodilla. Ya que el cuerpo tiene que actuar en contra de la tracción gravitatoria, el sistema entero de músculos y fascias se desplaza gradualmente para compensar el primer cambio. Esto influye en el movimiento a través de la pelvis, en las pautas de respiración y en la colocación de la cabeza. Ya que los músculos solos no pueden soportar la tensión adicional, las fascias se acortan para sostener el nuevo movimiento y, a través del tiempo, la forma y el funcionamiento de todo el cuerpo se alteran con ellos.

El cuerpo humano es como una casa. Está estructurado de tal forma que cada parte tiene su lugar apropiado y se entrelaza con las demás para equilibrar la carga de éstas. Al igual que en una casa bien construida, donde cada poste y cada viga está en su lugar, el cuerpo bien utilizado (más que bien construido) funciona de forma eficiente. Porque la gravedad tira de todo hacia abajo, tira de las partes del cuerpo que están fuera de lugar —vigas fuera de alineación y sin poste que las sostiene— hacia posiciones dolorosas e innaturales. El *rolfer* (terapeuta que practica el rolfing) intenta entonces devolver a la construcción la forma original de su estructura. Esto a menudo se compara a la imagen de coger al cliente por unos hilos y levantarlo recto hacia arriba hasta que se encuentre suspendido en una posición perfectamente vertical, y entonces ponerlo a andar de nuevo. Devolver una pieza desalineada a su lugar, por lo general, no es suficiente. Todo debe estar en su lugar para que una casa pueda permanecer estable y un cuerpo pueda funcionar sin problemas. Este tipo de disposición, a su vez, produce lo que Ida Rolf llama «el evangelio del rolfing»: si el cuerpo funciona de manera adecuada, la fuerza de la gravedad puede «fluir» a través de él. Entonces; espontáneamente, el cuerpo se cura a sí mismo.

LA GEOMETRÍA DEL CUERPO

La visión de la doctora Rolf del papel de la fascia en la postura la llevó a otro descubrimiento todavía mayor. Se podría llamar la teoría de la geometría del cuerpo. Si las articulaciones (codos, rodillas...) están adecuadamente equilibradas, la persona experimenta una sensación interna de bienestar. El cuerpo siente que está alineado «al plomo» con los planos del movimiento. Las bisagras de las piernas (caderas, rodillas, tobillos, incluso los dedos de los pies) funcionan todas dentro de un plano único. Los caminos de las piernas tienen un curso paralelo. La cabeza y la columna perciben una clara sensación de extenderse hacia arriba. Los codos se mueven de forma natural en un curso llano a través de su ángulo. En comparación con esta nueva organización, el funcionamiento previo del cuerpo parece desordenado, incluso caótico. En cambio, la nueva geometría, que es esta nueva orientación en el espacio, da una sensación de mucha más seguridad. La meta del rolfer es la de acercar el cuerpo al eje de gravedad de manera que para estar simplemente de pie o sentado se requieran menos músculos. La «postura» ya no es una acción pasiva a mantener, sino un equilibrio y una comodidad flotantes. Es esta atención a la geometría propia del cuerpo la que distingue el rolfing de aquellas formas de trabajos corporales que pretenden simplemente un masaje y la relajación de los tejidos profundos.

Naturalmente, cada persona tiene su propia versión de esta geometría ideal, que depende de la estatura, de la longitud de sus piernas y otros factores similares. Pero los rolfers consideran cinco puntos básicos cuando planifican las metas individuales para una persona. Para que el cuerpo humano pueda funcionar de forma apropiada y mantener una posición erguida, hace falta que estos cinco puntos cruciales estén alineados: la oreja, el hombro, la cadera, la rodilla y el tobillo. La cabeza, el cuello y los hombros cuentan la historia de la estructura por debajo de ellos. El cuerpo debería tener el aspecto de ir planeando en vez de parecer como si tuviera que realizar un trabajo extremadamente duro con cada paso que da. La cabeza y el cuello deben estar centrados sobre el cuerpo, y la columna que sostiene la estructura debe estar en la parte posterior de la sección pelviana. Entonces la columna debe seguir la curva natural de la espalda hasta entrar en la base del cráneo en una dirección central.

Debemos tener en cuenta que cualquier daño o presión constante estorbará en gran medida el equilibrio existente en lo que es la parte superior del torso.

LA BUENA POSTURA

Una de las principales distinciones que los rolfers hacen es la diferencia entre *mantener* y *sostener*. Cuando niños, a la mayoría de nosotros nos dijeron: «Siéntate bien derecho». Quienes normalmente dan esta orden, con toda la buena intención, intentan enseñarnos una buena postura, y por buena postura, por lo general, entienden alguna variación de «pecho afuera y hombros atrás». Probemos esta postura ahora mismo mientras estamos leyendo. Notaremos que si tiramos de los hombros hacia atrás, la caja torácica no puede *sostenerlos* y que, en vez de ello, el tronco se levanta de la pelvis y *se mantiene* en una imitación incómoda de la buena postura.

Al estar sentados, la mayoría de nosotros nos inclinamos hacia adelante y dejamos nuestros cuerpos que cuel-

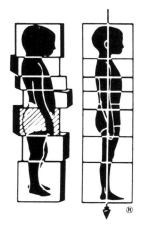

Estos dibujos, realizados a partir de fotografías, muestran los contornos de un chico de nueve años antes (izquierda) y después (derecha) de la serie de diez sesiones de rolfing.

El rolfer utiliza sus dedos, y, a veces, un codo, para mover la fascia, haciendo que se estire y recupere su tono natural elástico y toda su amplitud de movimiento.

guen de la columna en varias formas de colapso. Cuando nos acordamos de «sentarnos bien derechos», a menudo lo invertimos todo y mantenemos el pecho levantado y los hombros en alto. Hay quien mantiene esta posición siempre. Aunque al profano le parezca bien, el ojo entrenado ve que en esta postura la estructura del cuerpo no se sostiene desde abajo sino que se mantiene desde arriba. En ambos casos, tanto en la postura mantenida como en la colapsada, se gasta energía que podría conservarse con una estructura sostenida y equilibrada.

Para comprobar cómo nos sentimos en una buena postura, lo primero será sentarnos. Luego, dejaremos caer el pecho de tal manera que la columna se curve hacia adelante. Ahora sentémonos «derechos», de forma que la espina se curve hacia atrás. ¿Nos sentimos relajados o supone un esfuerzo mantener el cuerpo en esta segunda posición? Volvamos a la posición colapsada y pongamos una mano en cada cadera. *Empujemos las caderas* hacia adelante hasta que sintamos que el extremo inferior de la pelvis (los dos isquiones, los huesos para sentarse) se apoyan en la silla. Al hacerlo notaremos que el pecho flota hacia arriba mientras que la pelvis se inclina hacia adelante. Ahora descansemos sobre la parte anterior de las isquiones. Notaremos que podemos estar sentados y mantener una sensación de soporte sin colapsar ni mantener el cuerpo forzadamente en alto.

Las pautas adquiridas del cuerpo se convierten tanto en una parte de nosotros que, al principio, tal vez será difícil estar sentados de esta manera sostenida por mucho tiempo. Tal vez tendremos que ir jugando con ella hasta que sintamos cómo el cuerpo aprende a sostenerse a sí mismo. Pero la mayoría de la gente, con el tiempo, encuentra que no se siente bien del todo si no utiliza esta postura sostenida en vez de las viejas pautas mantenidas.

VISITA A UN ROLFER

El rolfing beneficia a gente de todo tipo. Es especialmente conocido entre aquellos que llevan un estilo de vida muy activo, y entre atletas, bailarines, músicos y otros artistas, que lo utilizan para fomentar y conservar sus habilidades. Después de un curso de tratamiento, algunas personas afirman que el rolfing les ha proporcionado una gran inyección de energía, otros, que ha cambiado su forma de sentirse y de moverse, así como su aspecto. Y los beneficios perduran, frecuentemente, durante toda la vida.

Clínicamente hablando, el grupo más grande de gente beneficiada por el rolfing es el de los que sufren algún tipo de dolor miofascial, es decir, relacionados con la estructura del tejido blando del cuerpo; por ejemplo, problemas de espalda, bursitis de una articulación, artritis no inflamatoria o rigidez en general. Las lesiones traumáticas derivadas de un accidente de automóvil también responden bien al rolfing, así como también lo hacen las lesiones no traumáticas, como la rodilla de atleta, codo de tenista y otros similares.

No obstante, sean cuales sean las metas o problemas con que el cliente se acerque al rolfing, el procedimiento seguido será siempre más o menos igual. El rolfing consta de una serie de diez sesiones semanales de tratamiento. Las series están diseñadas para liberar todos los componentes del cuerpo e integrarlos en un todo completo, equilibrado. Los rolfers usan sus dedos y, a veces, un codo, para mover la fascia, haciendo que se estire y recupere su tono natural elástico y toda su amplitud de movimiento. Al principio y al final de las diez sesiones, el rolfer sacará una foto al cliente, para documentar el resultado del tratamiento. Y los cambios logrados continúan: unos años después de finalizar las sesiones, el cliente parecerá, por lo general, más equilibrado que al completar la serie.

Las diez sesiones

La serie empieza con una sesión introductoria pensada para mejorar el patrón respiratorio. Al mismo tiempo, te dará la oportunidad de comprobar si el método te gusta y si deseas continuar el proceso.

Las siguientes sesiones se centran en distintas partes del cuerpo. En la segunda sesión se tratan los pies y la parte inferior de las piernas. La siguiente, la tercera, se dedicará a los costados y la parte inferior de la espalda. Durante la cuarta, se tratará la parte inferior de las piernas. En la quinta, el abdomen, para, en la siguiente, tratar la parte posterior de la pierna y la pelvis. La séptima sesión se dedicará a cabeza y cuello.

Las tres últimas sesiones son más generales, y están pensadas para integrar la cintura pelviana y los hombros con la columna, y para unir el cuerpo, de tal forma que llegue a ser un todo.

La serie de diez sesiones de rolfing se ha diseñado para descubrir una comodidad estructural y un equilibrio en movimiento que son únicos para cada persona. El rolfing no se puede describir correctamente como una terapia o un devolver el cuerpo a un estado «natural» del cual se había deteriorado. Es más bien un proceso de educación, en el cual el terapeuta intenta ayudar a quien le visita a descubrir la manera más eficaz de utilizar su cuerpo, dadas las limitaciones, tendencias y virtudes que presente. De hecho, el plan de cada grupo de diez lecciones tiene que crearse de nuevo para las necesidades de cada persona que pide ayuda, aunque existen líneas de guía y puntos que el rolfer sigue al programar las sesiones.

La técnica Alexander

Es una técnica que permite ser más consciente del equilibrio, la postura y el movimiento, así como de las tensiones perjudiciales que anteriormente nos habían pasado inadvertidas.

Propiamente no es una técnica de manipulación corporal, por lo que podría resultar extraño incluirla como «masaje». Pero con ella se aprende a evitar esfuerzos innecesarios en todo tipo de situaciones, tras un estudio y evaluación de nuestros hábitos de movimiento, a la vez que se logra también bienestar mental y emocional.

LOS ORÍGENES DE LA TÉCNICA

F. M. Alexander era un actor australiano que intentando descubrir la causa de sus problemas respiratorios y de afonía, concluyó que su aparente problema de voz se debía a pautas musculares que cargaban de excesiva tensión todo su cuerpo, tensiones que a su vez podían desencadenarse con el solo hecho de pensar en el escenario. Era, pues, un problema tanto físico como de disposición mental.

Lo que Alexander descubrió fue que cuando realizamos un esfuerzo —ya sea físico o mental, grande o pequeño—, nos imponemos tensiones dañinas que limitan nuestra actuación. Por ejemplo, tenemos el hábito de interferir en la relación establecida de modo natural entre la cabeza, cuello y tronco: los músculos tensos tiran de la cabeza hacia abajo, la mandíbula se endurece y el pecho se agarrota, dificultando así la respiración. Al comprimirse la parte superior del cuerpo, los órganos digestivos y la zona de la espalda se resienten.

«Todo hombre, mujer o niño posee la posibilidad de la perfección física: corresponde a cada uno de nosotros alcanzarla mediante nuestro entendimiento y esfuerzos personales.»

F. M. Alexander

APRENDIZAJE DE LA TÉCNICA

Con sus observaciones, Alexander elaboró una guía ligera, una especie de «clases» en las que utilizaba sus manos para reorganizar los patronos musculares existentes en los cuerpos de sus alumnos, con lo que les ayudaba a mejorar su *uso de sí mismos.*

En la actualidad, el «profesor» trabaja con el estudiante individualmente, utilizando suavemente sus manos para sentir la tensión oculta y los tirones musculares distorsionados, estimulando luego los músculos para que logren un mayor equilibrio y armonía. Diversos movimientos sencillos y cotidianos se utilizan como instrumentos para enseñarle al alumno a moverse con menos tensión.

Se trata de un aprendizaje a un nivel no verbal, con experiencia directa. Pero el profesor, a lo largo de las distintas lecciones, también te explicará la forma en que mejor puedes ayudarte entre clase y clase, evitando tensiones perjudiciales, y animando la aparición de pautas de movimiento y de postura naturales.

Aunque no es una terapia para enfermedades específicas, su aplicación se dirige fundamentalmente al campo de la prevención, para gozar de vitalidad y salud. No obstante, la técnica también puede ser buena para problemas concretos de tipo ginecológico, digestivo, circulatorio, cardíaco, respiratorio, neurológico, reumático y de psiconeurosis.

Es un proceso gradual. Cada lección dura de treinta a cuarenta minutos, y como media se necesitan unas veinticinco clases para obtener resultados duraderos.

La Osteopatía

Como hemos visto, nuestra postura nos predispone a padecer problemas estructurales. Al estar de pie la gravedad ejerce una presión continua sobre nuestra estructura, especialmente sobre las articulaciones de la columna y los discos intervertebrales, que actúan como amortiguadores, y también sobre nuestros órganos abdominales y pelvianos. Si además añadimos los efectos de las malas posturas y nuestro estilo de vida, lleno de estrés, es fácil deducir que pronto pueden desarrollarse fallos mecánicos.

Son estos problemas estructurales y mecánicos del cuerpo los que trata la osteopatía. Su campo de acción no es sólo la columna, sino toda la estructura corporal: huesos, articulaciones, músculos, ligamentos y otros tejidos blandos de apoyo. Su objetivo es restablecer, mediante presiones suaves y cierta articulación manual, el adecuado funcionamiento y movimiento del sistema locomotor.

Su fundador fue el doctor Andrew Still, quien alentado por la idea de que existían tratamientos que estimulaban los propios mecanismos curativos del cuerpo y que a la vez evitaban destruir el proceso particular de la enfermedad, llegó a la conclusión de que el cuerpo tenía mayor posibilidad de funcionar correctamente si se encontraba bien estructural y mecánicamente. Y así, en 1874 trató con éxito varios casos de disentería, logrando aliviar la tensión de los músculos de la espalda contraídos, restableciendo el movimiento de las articulaciones de la columna.

Es una disciplina que, aunque muy extendida en EE.UU., aún no se ha introducido en Europa.

PRINCIPIOS DE LA OSTEOPATÍA

El diagnóstico y tratamiento osteopático parten de tres principios fundamentales:
• La tendencia natural del cuerpo es curarse a sí mismo; sin embargo, su capacidad de mantener el funciona-miento adecuado en un ambiente de continuo cambio depende de complejos sistemas de comunicación, como son el circulatorio, hormonal o nervioso.
• Existe una relación íntima entre la estructura y el funcionamiento, entre el amplio movimiento de una articulación y cómo trabaja la más pequeña célula.
• El cuerpo tiene más posibilidades de funcionar adecuadamente si se encuentra estructural y mecánicamente bien.

Por tanto, el tratamiento osteopático de anormalidades oseomusculares consigue una mejoría clínica del conjunto de la persona, gracias a la relación existente entre la columna, el control nervioso de los órganos y otras estructuras del cuerpo.

Cuando existe un fallo mecánico en la columna, los espasmos de los músculos que rodean el lugar envían estímulos de irritación a la zona cercana a la médula espinal. Los nervios de esta parte de la médula se vuelven hipersensibles y mandan multitud de estímulos a otras estructuras relacionadas con la estimulación nerviosa anormal, lo que a menudo reduce el flujo normal de sangre al órgano, disminuyendo su eficacia y debilitando sus defensas. Es por ello que, además de tratar problemas estructurales —dolor en las articulaciones, artritis, neuritis, lesiones deportivas—, la osteopatía también se emplea con éxito en el tratamiento de cuadros funcionales en los que no se producen grandes cambios, o cuyos tejidos no han sufrido colapso alguno, como, por ejemplo, asma, problemas respiratorios, dolores de cabeza, desórdenes digestivos, dolores menstruales, palpitaciones y problemas circulatorios.

SOBRE EL TRATAMIENTO

Puesto que la osteopatía es una terapia fundamentalmente manipulativa, el tratamiento lo realiza generalmente un experto. No obstante, el tratamiento de autoayuda, como complemento al profesional, a menudo resulta esencial para obtener el éxito deseado.

Después de apuntar minuciosamente la historia clínica del paciente y de averiguar los síntomas presentes, las enfermedades pasadas, los accidentes sufridos, etc., el osteópata efectúa un examen físico. Primero utiliza métodos convencionales de diagnosis y luego empieza a examinar a su paciente como una entidad: puesto que todas las partes del cuerpo se afectan mutuamente, no se limita a examinar solamente el área que hace sufrir al paciente, sino que observa todas las estructuras del cuerpo, estudia sus movimientos y palpa las articulaciones y los tejidos blandos para averiguar cómo se coordina el cuerpo. Luego, con el paciente tendido, efectúa un sistema de observación típico de la osteopatía. (La diferencia entre la osteopatía y la quiropráctica reside en las técnicas de diagnosis y de tratamiento; la diagnosis osteopática es dinámica, mientras que el método quiropráctico suele ser pasivo.)

El osteópata mueve cada articulación en toda su gama de movimientos, utilizando los brazos y las piernas como palancas y, mientras tanto, tantea, toca y palpa todo el cuerpo, intentando restablecer el movimiento integral de las articulaciones que presentan limitaciones. Si una articulación se encuentra demasiado rígida para este examen general, el osteópata la relaja expresamente al mismo tiempo que estabiliza las vértebras inferiores. De este modo puede relajar una articulación específica cuando el cuerpo está en movimiento, con lo que su efecto traumático sobre el cuerpo se reduce.

En esto también difiere de la corrección quiropráctica, que normalmente consiste en aplicar un golpe directo sobre las vértebras, con el paciente tendido sobre el vientre. Al aflojarse la articulación se suele oír un fuerte «clic» muy satisfactorio para el paciente, pero el osteópata sabe que sólo es eficaz si se ha aflojado la articulación correcta, y por esa razón confía en su propio sentido del tacto.

Se ha descubierto recientemente que ese «clic» es provocado por el fluido lubricante de la articulación al transformarse momentáneamente de estado líquido en gaseoso bajo una presión negativa, lo que produce el ruido característico de vacío. Esta separación de la superficie de las articulaciones permite que las estructuras vuelvan a ponerse inmediatamente en funcionamiento, rompiendo el círculo vicioso que mantenían el espasmo muscular y la inflamación local.

Si la lesión tiene un origen reciente, esta manipulación suele solucionar el problema, pero cuando la dolencia es antigua es muy frecuente que las alteraciones estructurales causadas por la adaptación produzcan una re-petición de la dolencia en poco tiempo, posiblemente horas o días, en cuyo caso se requiere un tratamiento más largo para conseguir que el cuerpo vuelva a superar su adaptación anterior.

La mayoría de los pacientes con dolores de naturaleza espinal acuden a la medicina osteopática porque tiene la reputación de curar todo tipo de dolores espinales que no responden a otras formas de tratamiento. Es una lástima que los resultados positivos que se han obtenido con estos problemas hayan llevado a la opinión pública a creer que el trabajo de la osteopatía se limita a esta área. Un osteópata competente puede tratar una gama muy amplia de dolencias sin utilizar drogas ni agentes inhibidores.

Naturalmente, si se da el caso de que al realizar el examen osteopático la dolencia ya se encuentra en una fase muy adelantada, será necesaria una intervención quirúrgica u otra forma de tratamiento. El osteópata será el primero en aconsejar el tratamiento apropiado.

Como vemos, es un tratamiento que exige práctica y conocimientos profundos, por lo que es importante que se acuda a un especialista osteópata.

Las sesiones duran entre veinte y treinta minutos, y acostumbran a resultar agradables y relajantes. La duración total del tratamiento varía enormemente, dependiendo del problema, la edad y la actitud hacia la salud del paciente.

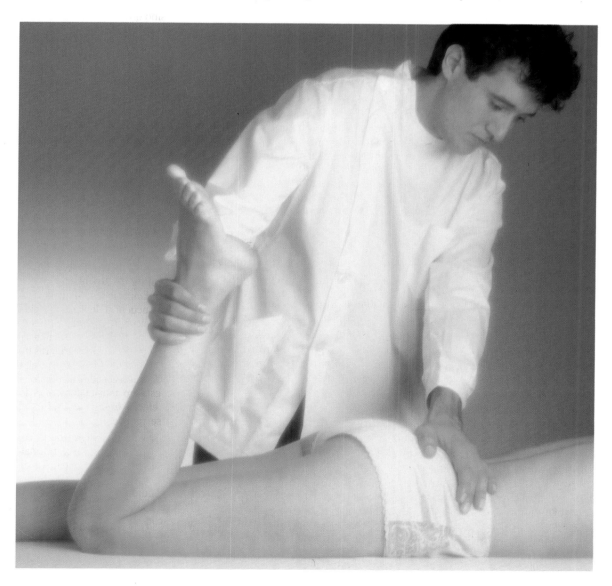

La Quiropráctica

La palabra *quiropráctica* procede del griego y significa «tratamiento por manipulación». Y, efectivamente, es una terapia manipulativa cuyo objeto son los desórdenes mecánicos de las articulaciones, especialmente las de la columna.

Sus orígenes se remontan al año 1895. Su impulsor fue el doctor Daniel David Palmer, quien habiendo pasado toda su vida investigando todo aquello que pudiera aliviar el dolor de la gente, curó a un paciente de sordera crónica tan sólo ajustándole una vértebra cervical desplazada, hecho que, unido a otras observaciones, terminó por convencerle de que la base de la enfermedad se encontraba en la columna. En base a todo ello, desarrolló la teoría de que las vértebras dislocadas restringían la acción de los nervios de la médula espinal, interfiriendo así en el fluir normal de la energía nerviosa que discurre a través del cuerpo.

En el libro *Las ciencias, la filosofía y el arte de la quiropráctica*, D.D. Palmer expone los principios de esta técnica:

«La quiropráctica está basada en la relación que existe entre huesos, nervios y músculos. Todas las funciones de nuestro organismo reciben su fuerza vital a través del sistema nervioso. Un desplazamiento de cualquier parte del esqueleto puede hacer presión contra los nervios, aumentando o reduciendo su capacidad conductora, creando un desequilibrio que se manifiesta como enfermedad. El tipo de enfermedad en cuestión depende de qué hueso de nuestro esqueleto se desplace, así como la fuerza de presión, la índole del nervio atrapado o presionado, y la edad del paciente que sufre el desequilibrio.

»Los quiroprácticos ajustan con las manos los desplazamientos de los huesos, en especial los de la columna vertebral. Al hacer esto, la transmisión normal del impulso nervioso se restablece. Cuando un quiropráctico ajusta el marco óseo a su posición normal, todos los tejidos flexibles responden a este movimiento y así se alivian las dolencias.»

SOBRE EL SISTEMA NERVIOSO

La quiropráctica ha probado, sin lugar a dudas, que cualquier interferencia de los impulsos nerviosos reduce la fuerza de los órganos. La mayor parte de dichas interferencias se producen en las ramas nerviosas que nacen de la médula espinal, y pasan por las aberturas que existen para ellas entre vértebra y vértebra (ver fig.).

Dentro del increíble cerebro humano se encuentran billones de células nerviosas. Si todas ellas pudieran realizar conexiones entre sí, habría más combinaciones que estrellas en el firmamento. La médula espinal es como otro cerebro, en el que múltiples «cables vivientes» hacen el mismo trabajo que una central telefónica. Unos cuantos cables se encargan de llevar los mensajes que reciben del organismo al cerebro (impulsos aferentes), mientras que otros transmiten información del cerebro hacia la periferia de nuestro organismo (impulsos eferentes).

Cada impulso aferente se origina en un receptor localizado en alguna parte de nuestro cuerpo: en la piel, en los tejidos subcutáneos, en los músculos, tendones, ligamentos, cartílagos, articulaciones, en los vasos sanguíneos y en las vísceras. Cada uno, según su función, capta una información diferente, como la temperatura, la presión, el dolor, etc. El total de estos receptores es incalculable. Tan sólo en la piel hay millones de ellos que son sensibles solamente al calor o al frío. Finalmente toda la información captada por estos receptores es conducida al cerebro, donde se procesa en milésimas de segundo. En caso de tomar alguna decisión, las órdenes son conducidas a través de los nervios eferentes. Por ejemplo, si ponemos la mano en una estufa muy caliente, la retiramos.

Uno se puede preguntar cómo es posible que si el cerebro controla todas las funciones del organismo, un ajuste en la columna vertebral pueda aliviar o curar enfermedades. La respuesta se encuentra en la estructura y funcionamiento de la rama especializada del sistema nervioso, conocida como el *sistema nervioso simpático*, el cual se relaciona con los nervios aferentes y eferentes, y al mismo tiempo es independiente en sus funciones.

El sistema nervioso simpático es un conjunto de nervios que rigen el funcionamiento visceral, y que junto con el sistema nervioso parasimpático forma el sistema nervioso vegetativo, cuyo funcionamiento es independiente de la voluntad.

El sistema nervioso simpático está formado por dos series de ganglios nerviosos, situadas a ambos lados de la columna veretebral. El primer ganglio se encuentra en la parte superior de la columna vertebral, y envía fibras nerviosas a todos los órganos de la cabeza. Los impulsos de estas fibras controlan la secreción de todas las glándulas y la irrigación de sangre a toda la cabeza.

Sin embargo, este importantísimo ganglio (cervical superior), también enlaza con cuatro grandes nervios que derivan de la columna vertebral. Por este hecho, un desplazamiento de las vértebras puede interferir con la función de dicho ganglio y, en consecuencia, originar un dolor de cabeza, a pesar de que la lesión esté localizada en una zona inferior. Todas estas complejidades del sistema nervioso explican e l fenómeno del «dolor referido», es decir, cuando una lesión en un lugar determinado no se percibe propiamente donde sucede, sino en otra parte del cuerpo. Pero no son solamente los traumatismos los que son capaces de interferir la transmisión del impulso nervioso. Otros factores como son, por ejemplo, ciertos fármacos, drogas y sustancias tóxicas, el estrés, la mala nutrición, y, sobre todo, una alteración de la estática articular vertebral, también son capaces de ello, predisponiendo al desarrollo de una enfermedad.

UTILIDAD DE LA QUIROPRÁCTICA

La quiropráctica corrige las alteraciones vertebrales, y permite al orga-

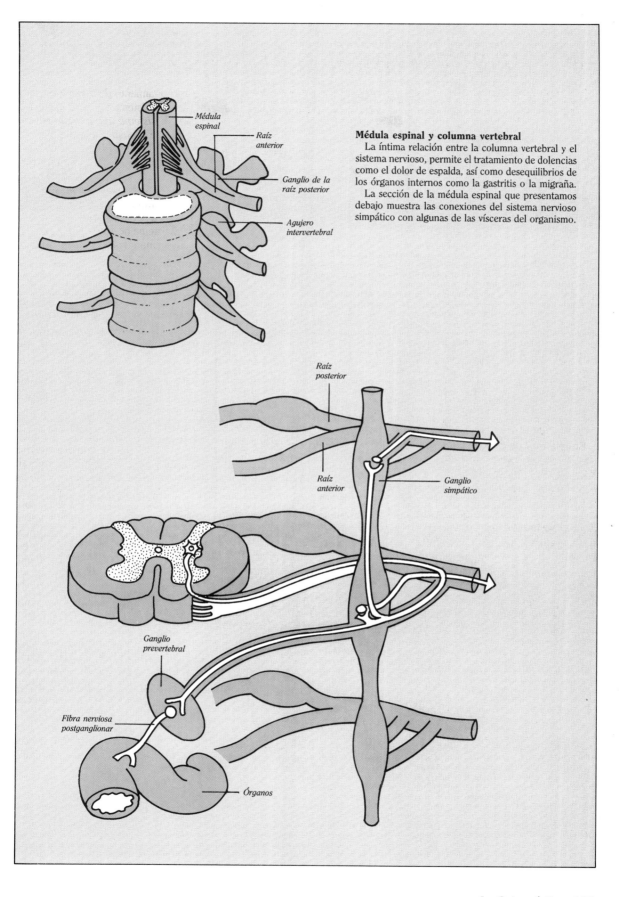

Médula espinal y columna vertebral
    La íntima relación entre la columna vertebral y el sistema nervioso, permite el tratamiento de dolencias como el dolor de espalda, así como desequilibrios de los órganos internos como la gastritis o la migraña.
    La sección de la médula espinal que presentamos debajo muestra las conexiones del sistema nervioso simpático con algunas de las vísceras del organismo.

Médula espinal

Raíz anterior

Ganglio de la raíz posterior

Agujero intervertebral

Raíz posterior

Raíz anterior

Ganglio simpático

Ganglio prevertebral

Fibra nerviosa postganglionar

Órganos

nismo reencontrar su potencial innato de funcionamiento y curarse a sí mismo.

Entre las enfermedades que se pueden tratar y curar con la quiropráctica encontramos:
• Dolores de espalda;
• Subluxación vertebral;
• Lumbago;
• Desviaciones de la columna;
• Anquilosis vertebral;
• Neuralgias, neuritis;
• Dolor articular;
• Torceduras;
• Pinzamiento o hernia del disco intervertebral;
• Artritis, reumatismo;
• Cierto tipo de migrañas;
• Esofagitis, gastritis;
• Algunos dolores de pecho y algunas formas de asma.

LA SUBLUXACIÓN

La subluxación vertebral es uno de los motivos más frecuentes por los que un paciente acude al quiropráctico. Se trata de un pequeño desplazamiento de una vértebra, que puede tener las siguientes consecuencias:
• Alteración de la función articular vertebral, con hiper o hipomotilidad.
• Alteración en la transmisión del impulso nervioso.
• Cambios en la función muscular, miopatías, hipotonías musculares, atrofias, espasmos.
• Lesión de tejidos, inflamaciones, edemas y modificación bioquímica de los tejidos, tanto vecinos como lejanos.

En muchas ocasiones la subluxación vertebral es silenciosa. La persona se encuentra bien, aunque el organismo no funciona adecuadamente; hasta que un día la enfermedad se manifiesta. Primero repercute en la columna vertebral generando dolor, pero sin tratamiento es muy probable que con los años acabe afectando a los órganos situados a distancia de la columna vertebral.

Las causas de subluxación vertebral ya se hallan en el recién nacido. Un parto difícil, en el que se haya tenido que utilizar fórceps o haya habido una mala presentación, es una causa de desequilibrio vertebral que puede manifestarse, ya sea precozmente o de una manera tardía.

El niño de meses se puede subluxar si se le levanta bruscamente por una extremidad, así como al hacer gestos bruscos de demasiada amplitud, y por falta de control de la cabeza durante la toma de leche o durante el baño.

En el niño y el adolescente la subluxación suele estar causada por peleas, bromas pesadas, entrenamiento excesivo en deportes inadecuados para la edad, caídas, accidentes, mala postura en la escuela, etc.

Entre las causas de subluxaciones en el adulto encontramos los accidentes, descanso insuficiente, deporte, mala postura en el trabajo, en la cama o al estar de pie, exceso de trabajo, y el levantamiento inadecuado de peso.

En el anciano, si la subluxación vertebral no está corregida, es un proceso irreversible, evolucionando siempre hacia un deterioro progresivo de la columna vertebral, con el consiguiente dolor, rigidez y pérdida de flexibilidad. Los discos intervertebrales se deshidratan, y los músculos paravertebrales se fatigan y atrofian, contribuyendo a afectar a los nervios espinales responsables de órganos ya debilitados.

EL AJUSTE

El ajuste es el acto preciso que realiza el quiropráctico cuando ejerce directamente sobre la vértebra subluxada una fuerza específica y no traumática para el paciente. Esta es una acción pensada, controlada e intencionada. Pero no existe un ajuste específico para la eliminación de un síntoma específico. El principio de esta técnica se basa en la velocidad más que en la fuerza. Una fuerza concentrada en una dirección concreta, en vez de una fuerza generalizada sin dirección. Así, cuando una vértebra está subluxada, los músculos del cuerpo están tratando de colocarla en su posición normal. Al ejercer una fuerza muy rápida y concentrada en la misma dirección en que los músculos están ya empujando, éstos la sacan de su posición anómala y desaparece el pinzamiento nervioso.

El número de sesiones necesarias para una total recuperación depende de la antigüedad de la lesión. Y el ajuste puede realizarse tanto con las manos como con la ayuda de aparatos precisos para tal fin. Casi siempre son necesarias también unas radiografías para poder apreciar con total claridad el alcance de la lesión. Y el ajuste se realiza en una camilla especial para poder adoptar la postura correcta.

Masaje y Agua

El masaje dentro del agua (masaje subacuático o hidromasaje) es un eficaz auxiliar terapéutico.

Para dichos masajes normalmente se utiliza un fuerte chorro de agua, con la persona colocada horizontalmente dentro de una bañera con agua, que estará a unos 36-37 °C de temperatura. Médicamente suele aplicarse como parte de un tratamiento en bañeras especiales, que suelen tener la mayoría de balnearios y centros de medicina natural, pero también es posible hacerlo en la bañera de casa. Basta con sustituir el chorro de agua de la pera de la ducha por una manguera de unos 5 mm de diámetro. El resultado será bastante aceptable, con la comodidad de tenerlo muy a mano.

Por otra parte, existen ya en nuestro país diversas empresas que importan equipos que añaden burbujas a la bañera de casa, sin necesidad de cambiarla por una sofisticada bañera de hidromasaje. Las burbujas pueden resultar relajantes, pero al añadir una especie de cepillo accesorio, dichos equipos casi convierten nuestro baño en una pequeña estación termal casera. Este tipo de masajes están muy indicados en caso de estreñimiento o trastornos digestivos, reumatismos, estrés, ansiedad y otros, como veremos.

En caso de estreñimiento, el paciente debe sumergirse en un agradable baño templado y masajearse el abdomen desde la zona de la vejiga; primero hacia la derecha, luego hacia arriba hasta el arco costal, pasando horizontalmente al lado izquierdo para bajar de nuevo hasta la región de la vejiga; en otras palabras, siguiendo el recorrido del intestino grueso, como indica la figura. El masaje durará de 8 a 15 minutos, y se efectuará cada día hasta la normalización de la función intestinal. Naturalmente, para lograr los mejores resultados lo mejor será revisar la dieta y los hábitos cotidianos: en caso de estreñimiento se tomarán alimentos ricos en fibra, como el pan integral, las ensaladas de hortalizas, las verduras y, especialmente, la fruta; si de regenerar la flora intestinal se tratase, sería muy

indicado tomar kéfir, hortalizas y verduras fermentadas (chucrut, picles), etc.

El hidromasaje es también muy apropiado en otras curas. La suave presión del chorro de agua a una temperatura entre 24 y 40 °C sólo constituye una estimulación de la piel. Con una presión mayor se estimula también el tejido celular subcutáneo, consiguiéndose una tonificación de los músculos situados por debajo de dicho tejido, con lo que se mejora su actividad. Además, de esta manera se estimula la circulación periférica, se consigue una reducción de los espasmos, se disuelven las contracturas musculares y se absorben los edemas o acumulaciones de líquido y también los derrames producidos tras una lesión o cualquier otra causa.

Desde tiempos antiguos se conoce el efecto positivo de un fuerte masaje por chorro de la región perineal, es decir, la zona situada entre el ano y el pubis, especialmente en el caso de impotencia sexual masculina. Es un complemento muy eficaz al célebre «baño vital» de las técnicas de hidroterapia.

El masaje perineal a chorro se realiza sin baño, de pie y con las piernas bien separadas. Sirve la boca de la manguera, pero funciona mejor con las duchas de chorro de los equipos de hidromasaje e incluso con el simple «teléfono» de ducha.

El hidromasaje es también muy útil en estética natural. Por ejemplo, tonifica los músculos pectorales, cosa que en el caso de las mujeres constituye una eficaz aplicación estética para sus senos. También, al actuar contra la acumulación de las grasas, aunque no resuelve la obesidad, es un verdadero auxilio en el tratamiento anticelulítico.

BAÑO DE VAPOR

Consiste en una vaporización sobre el cuerpo, que puede ser general o local.

A través de vapor húmedo, al que se le pueden añadir algunas plantas

aromáticas o esencias, esta aplicación produce una activación de la apertura del poro cutáneo y aumenta la sudoración. El tiempo de duración es de aproximadamente 15 minutos. Al término, una ducha fría.

Está especialmente indicado para enfermos reumáticos, artríticos, hipertensos, obesos, bronquíticos y respiratorios crónicos. Además, es un complemento muy interesante para el masaje, pues tiene un efecto muy relajante.

Lo más indicado son una o dos veces semanales, y en épocas no calurosas, salvo que el médico lo prescriba.

SAUNA

Consiste en una habitación cerrada en la que se produce un calor seco, que es lo que la diferencia del baño de vapor. La sudación es, por tanto, más intensa, aunque también existe alguna contraindicación.

DUCHA ESCOCESA

Es una ducha a chorro caliente y fría al final, siguiendo una dirección adecuada.

Debe disponerse de un cuarto de baño en forma de pasillo o bien intentar que la distancia entre el chorro y el paciente sea de unos tres metros.

Su duración será de tres minutos, y no debe alargarse demasiado, ya que el efecto puede convertirse en el contrario al deseado, que es provocar una estimulación sobre la corriente circulatoria, y a la vez un efecto relajante y calmante.

Se puede hacer después del masaje, y lo único a tener en cuenta es que el paciente no padezca del corazón y que no esté en plena digestión.

MASAJE EN SECO

Consiste en un automasaje cutáneo con la ayuda de un cepillo áspero que

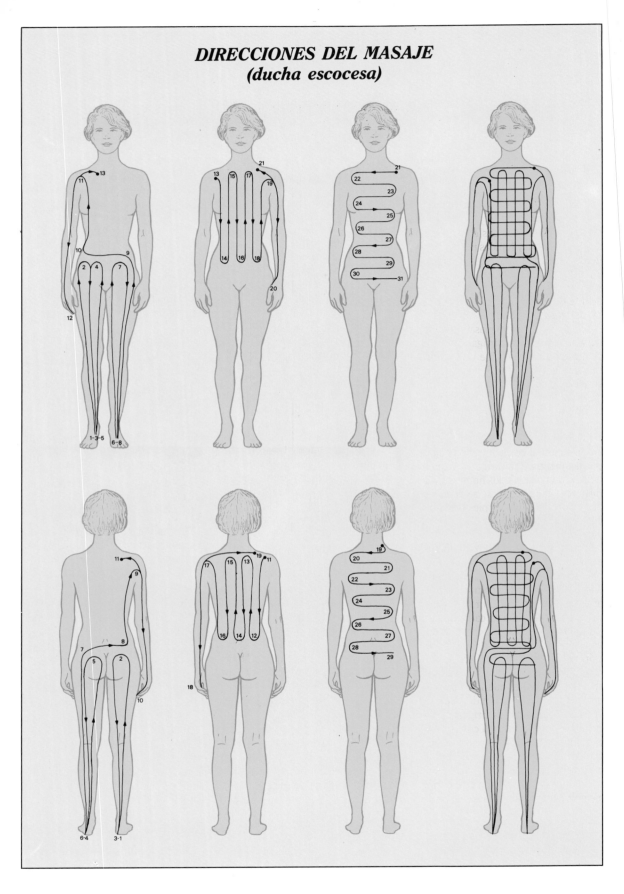

DIRECCIONES DEL MASAJE
(ducha escocesa)

Bibliografía y direcciones

La presente bibliografía, sin ser exhaustiva, procura recoger lo que creemos más interesante entre el abundante material disponible en la redacción de Integral.

Hemos intentado reproducir aquí una relación, algo somera, de los miles de excelentes profesionales en las diversas técnicas de quiromasaje. Presentamos un primer avance con datos y direcciones de interés. Agradeceremos cualquier información complementaria. Podéis escribir a:

RBA Libros, S.A.
Integral
C/ Pérez Galdós, n.º 36
08012 Barcelona

OBRAS GENERALES
Masaje sensual, sensitivo o californiano; masaje terapéutico; automasaje

ASHLEY, M., *El sentido del tacto*, Ed. Aguilar.

DENNING, L., *Automasajes y ejercicios terapéuticos chinos*, Ed. Miraguano, Madrid.

DOWNING, G., *El libro del masaje*, Ed. Urano, Barcelona.

EQUIPO CUERPOMENTE, *Masajes para la salud*, Ed. Integral, Barcelona.

ESCRIG, J., *Técnica y nuevas técnicas de masaje*, Ed. Arimany, Barcelona.

EYERMAN, K., *Técnicas de masaje*, Ed. Urano, Barcelona.

FERRANDIZ, V.L., *Quiromasaje*, Ed. Cedel, Barcelona.

RUSSELL, S. y J. KOLB, *El Tao del masaje sexual*. Ed. Integral, Barcelona.

INKELES, G., *Masaje anti-estrés*, Ed. Urano, Barcelona.

INKELES, G., *El nuevo masaje*, Ed. Urano, Barcelona.

INKELES, G., *El arte del masaje sensual*, Ed. Pomaire, Barcelona.

JACKSON, R., *Masaje holístico*, Ed. Diana, México.

LIDELL, L., *El libro del masaje*, Ed. Folio, Barcelona.

HILSWICHT, J., *Reiki. La fuerza curativa de la energía*, Ed. Integral, Barcelona.

RUFFIER, J. E., *Tratado práctico de quiromasaje*, Ed. Sertebi, Premià de Mar, Barcelona.

WALKER, P., *El masaje de los niños*, Ed. Integral, Barcelona.

THOMAS, S., *Masaje. Guía Práctica*, Ed. Folio, Barcelona.

EQUIPO CUERPOMENTE, *Técnicas de relajación*, Ed. Integral, Barcelona.

VICENTE, P., *Manual de automasaje*, Ed. Integral, Barcelona.

WEST, O., *Guía práctica del masaje*, Ed. Martínez Roca, Barcelona.

OBRAS COMPLEMENTARIAS
Ejercicios y consejos útiles para quiromasajistas y amantes del masaje y la vida sana

ANDERSON, B., *Estirándose*, Ed. Integral, Barcelona.

FERRANDIZ, V. L., *Quirogimnasia*, Ed. Cedel, Barcelona.

EQUIPO CUERPOMENTE, *Masaje deportivo*, Ed. Integral, Barcelona.

GLADMAN, G., *Medicina deportiva*, Ed. Sintes, Barcelona.

SHEN, P., *Masaje para aliviar el dolor*, Ed. Integral, Barcelona.

KIRSTA, A., *El cuerpo sensual*, Ed. Integral, Barcelona.

EQUIPO CUERPOMENTE, *Relajación y bienestar con el yoga*, Ed. Integral, Barcelona.

TOBIAS, M. y M. Steward, *Tensión y relajación*, Ed. Debate, Madrid.

TRAN VUN CHI, *El arte del Wa-Do*, Ed. Paidós, Barcelona.

ODRIOZOLA, B: *Yoga para empezar el día*. Ed. Integral, Barcelona.

VIÑAS, F., *Hidroterapia*, Ed. Integral, Barcelona.

DR. BACHMANN, R. M. y G. M. SCHLEINKOFER, *Hidroterapia Kneipp*, Ed. Integral, Barcelona.

SHIATSU

LUNDBERG, P: *El libro del Shiatsu*. Ed. Integral, Barcelona.

CHAN, P., *Guía para el masaje en puntos de acupuntura*, Ed. Elicien, Barcelona.

DÜRKHEIM, K., *Hara, centro vital del hombre*, Ed. Mensajero, Bilbao.

TEEGUARDEN, I., *El masaje japonés*, Ed. Martínez Roca, Barcelona.

OTROS MASAJES

BARLOW, W., *El principio de Mathias Alexander*, Ed. Paidós, Buenos Aires.

DURVILLE, H. y J. Busquets, *Curación por el magnetismo*, Ed. Indigo, Barcelona.

GELB, M., *El cuerpo recobrado. Introducción a la técnica Alexander*, Ed. Urano, Barcelona.

GUILLANDERS, A., *Reflejoterapia en casa*, Ed. Integral, Barcelona.

SAMBUCY, A., *Masaje vertebral*, Ed. Hispano Europea, Barcelona.

SCHWIND, P., *Plenitud corporal con el Rolfing*, Ed. Integral, Barcelona.

VIÑAS, F., *La respuesta está en los pies*, Ed. Integral, Barcelona.

VIÑAS, F., *El drenaje linfático manual*, Ed. Integral, Barcelona.

ARMONÍA CUERPO/MENTE
Masaje y nueva psicología
Integración corporal

BALASKAS, A., *La vida del cuerpo*, Ed. Paidós Ibérica, Barcelona.

BERTHERAT, T., *El cuerpo tiene sus razones*, Ed. Paidós, Barcelona.

SOUCHARD, P., *Auto gym, reeducación postural global*, Ed. Integral, Barcelona.

BROSSE, T., *Conciencia-energía*, Ed. Taurus, Madrid.

DYTCHWALD, K., *Cuerpo-mente*, Ed. Lasser Press, México.

HAXTHAUSEN, M. y R. LEMAN, *Sentir el cuerpo*, Ed. Urano.

KNAPP, M. L., *La comunicación no verbal, el cuerpo y su entorno*, Ed. Paidós.

LOWEN, A., *Bioenergía*, Ed. Diana, México.

MONTAGU, A. y F. MATSON, *El contacto humano*, Ed. Paidós.

PERLS, F., *El enfoque guestáltico*, Ed. Cuatro Vientos, Santiago de Chile, 1976.

POLSTER, E. y M. POLSTER, *Terapia guestáltica*, Ed. Amorrortu, Buenos Aires.

MÉDICOS, CENTROS Y ASOCIACIONES

ALBACETE
— Francisco Nieto Marin. c/ Torres Quevedo, n.º 10 – 02003 Albacete. Tel. 967 23 91 57.

BARCELONA
— A. Estop. c/ Sepúlveda, n.º 96, entlo. - 08015 Barcelona. Tel. 93 223 76 93.
— Ángeles. Grup 7 Psicología. c/ Consell de Cent, n.º 260 - Barcelona. Tel. 93 451 85 90.
— AMACVI Escuela de quiromasajes terapéuticos. c/ Caspe, n.º 80, pral. 1ª - 08011 Barcelona. Tel. 93 265 76 30.
— Arances. Centro de terapias sensoriales. c/ Aragó, n.º 245, 5º 1ª - Barcelona. Tel. 93 487 81 87.
— Asociación Española de Quiromasajistas. c/ Basconia, n.º 30 - 08030 Barcelona. Tel. 93 345 09 89.
— Asociación científica de médicos. c/ Valencia, n.º 342, 3º 2ª - 08009 Barcelona. Tel. 93 459 15 86.
— Integral Centre Mèdic. Pça. Urquinaona, n.º 2, 3º - 08010 Barcelona. Tel. 93 318 30 50.
— ISED & CIM. c/ Diputació, n. º 211 - 08011 Barcelona. Tel. 93 451 09 09.
— Julio Salvat Astorch. c/ Anselm Clavé,

n.º 26, bajos – 08950 Esplugues de Llobregat, Barcelona. Tel. 93 371 26 96.
— QUIROS. Asociación Nacional de Quiromasajistas y Terapeutas. c/ Caspe, n.º 80, pral. 1ª. - 08011 Barcelona. Tel. 93 232 49 50.

GIRONA
— ISED & CIM. Travessia del Carril, n.º 2 - 17001 Girona. Tel. 972 20 99 08.

MADRID
— Asociación de quiromasajistas y terapias manuales. Tel. 91 402 94 15.
— Confederación internacional de asociaciones de medicinas ancestrales naturales. Pza. de Alonso Martínez, n.º 2, 2º dcha, Madrid. Tel. 91 448 45 57.
— Doctor Andrés Cándido Herrero (especialista en vértebro terapia manual). c/ Francisco Silvela, 21, esc., A. 6º 1º - 28006 Madrid. Tel. 91 401 0891.
— Doctor Andrés Palafox Bogdanovitch. Pza. Conde Valle Suchil, n.º 7, 7º - 28015 Madrid. Tel. 91 447 74 04.
— Doctor Juan José Mengual Díez. Avda. Juan de la Cueva, n.º 27, Getafe, Madrid. Tel. 91 681 9190.
— ISED & CIM. c/ Murcia, n.º 11 - 28045 Madrid. Tel. 91 539 44 00.
— QUIES, Centro de salud. c/ Goya, n.º 25, 2º izq. – 28001 Madrid. Tel. 91 431 70 97.

MÁLAGA
— Doctor Jorge Alcalá Hernández. Edificio Madrid, 4º H, Torremolinos, Málaga. Tel. 952 38 34 07.

TARRAGONA
— Anna Julia Miralles. c/ Prat de la Riba, n.º 18, 3º 2ª - 43201 Reus, Tarragona. Tel. 95 421 82 75.

VALENCIA
— ISED & CIM. c/ Arzobispo Mayoral, n.º 11 - 46002 Valencia. Tel. 96 394 09 46.

OTRAS ESPECIALIDADES
Osteopatía, reflejoterapia,
Shiatsu, Rolfing

BARCELONA
— Asociación de Shiatsu de Barcelona. c/ Ntra. Sra. Del Coll, n.º 25 - 08023 Barcelona. Tel. 93 217 70 97.
— Brigitte Hansmann. c/ Sta. Rosa, n.º 14, Barcelona. Tel. 93 237 73 23.
— Centro de terapias japonesas Hideo Asai. c/ Rambla Catalunya, n.º 14, 4º 3ª, Barcelona. Tel. 93 302 21 36.
— Frederic Vinyes. Tel. 93 408 22 28.
— Instituto de Recuperación Elena Salvà. c/ Amigó, n.º 78-80, entlo. 08021 Barcelona. Tels. 93 209 13 30 y 93 209 11 52.
— José Luis Belil Creixell. Rolfing Reestructuración corporal. Tel. 93 414 40 12.

GIRONA
— Curhotel Hipócrates. Carretera de Sant Pol, s/n, Sant Feliu de Guíxols - 17720 Girona. Tel. 972 32 06 62.
— Jesus Gaspa Hacha. c/ Barcelona, n.º 24, pral. 2ª - 17001 Girona. Tel. 972 20 71 50.

MADRID
— Asociación osteopática. Tel. 91 445 81 63.
— Centro de Shiatsu. c/ Juan Hurtado de Mendoza, n.º 9, esc. B, 1º, apto. 107 - 28036 Madrid. Tel. 91 345 36 99.
— Centro SER-Medicina Integral. c/ Ercilla, n.º 49 - 28005 Madrid. Tel. 91 517 34 55.
— Dharma. Centro de terapias naturales. c/ Canillas, n.º 98, local B - Madrid. Tel. 91 721 87 67.
— Escuela española de Shiatsu Grupo Benkyokay. Tel. 345 71 24.
— Escuela de osteopatía Gaia. c/ Dulcinea, n.º 19 - 28020 Madrid. Tel. 91 554 92 76.
— Escuela de terapias manuales Kabat. c/ Barquillo n.º 30, 1º B - Madrid. Tel. 91 532 97 09.
— Instituto de acupuntura y fitoterapia tradicional china. c/ Churruca n.º 18, Madrid. Tel. 91 361 43 82.
— Instituto de medicina alternativa. c/ Montserrat n.º 32, 1ª - 28015 Madrid. Tel. 91 548 14 07.
— Instituto español de acupuntura Su Jok. c/ Clara del Rey, n.º 39 – 28002 Madrid. Tel. 91 415 57 56.
— Rafael Vázquez Tapia. Tel. 91 851 57 01.

MÁLAGA
— Escuela europea de Shiatsu. c/ La Torre, n.º 1 - 29000 Málaga. Tel. 288 13 74.

SEVILLA
— Pentalfa, S.L. Aptdo. Correos 7010 – 41080 Sevilla. Tel. 95 495 72 68.

VALENCIA
— Escuela superior de medicina tradicional china. Pça. Maestre Ripoll, n.º 10, entlo. Izq. – 46022 Valencia. E-mail mtcvalenc@rhconsulting.es
— Sintagma. c/ Padre Rico, n.º 8, bajo – 46008 Valencia. Tel. 96 385 94 44.

VIZCAYA
— Cayo Martín Valencia. Pza. Ernesto Erkoreka, n.º 4, 3º derecha - 48007 Bilbao. Tel. 94 445 97 02.

ZARAGOZA
— Escuela de quiromasaje Champna. c/ Sanclemente, n.º 3, 2º D - 50001 Zaragoza. Tel. 976 22 83 94.
— Vitae estudios. Av. San Pablo, n.º 25, local 28-29 - 50003 Zaragoza. Tel. 976 28 09 81.